Testamento Espiritual O El Ultimo Adios Que Un Padre Moribundo Da A Sus Hijos

Universidad Complutense (Alcalá de Henares)

TESTAMENTO ESPIRITUAL

O EL ULTIMO A DIOS,

QUE UN PADRE MORIBUNDO

DA A SUS HIJOS.

del chevallier Lasne D'Aiguebelle

TRADUCIDO DEL FRANCES, AL ESPAÑOL

POR D. ANTONINO IZQUIERDO,

Bachiller en Cánones, y Profesor en ambos Derechos en la Real Universidad de Alcalá de Henares.

CON LICENCIA EN ALCALA:

EN LA OFICINA DE LA REAL UNIVERSIDAD, AÑO DE 1794.

EL TRADUCTOR.

ESte Testamento Espiritual, es una de las obras mas excelentes que en su género hasta ahora se diéron al público; obra no solo útil, sino muy necesaria para toda clase de personas, especialmente para aquellos padres de familia, á quienes falta tiempo y talentos para educar christianamente á sus hijos, pues en ella encontrarán reglas y máximas seguras para conducir su juventud á los mas sublimes y elevados sentimientos del decoro y decencia correspondiente en las costumbres; de una christiana resignacion en la divina providencia, de una heroyca resistencia contra todas las sujestiones con que este mundo engañador solicita seducirla; y en fin, en ella les ofrece y presenta los mas fuertes y poderosos estímulos para inclinarla á abrazar todas las virtudes y cultivar todas aquellas prendas que forman una buena educacion, y que son el orígen de la felicidad así de los hijos como de los padres.

Aunque sin nombre del Autor por los años de 1779. se dió á luz despues de su muerte en la francia, no debe juzgarse como una obra puramente imaginaria, ó como una ficcion útil, ó como un título inventado, para que pudiese servir de modelo á algunas reflexiones morales sobre diversos asuntos. El Caballero que le compuso no era uno de aquellos Autores ingeniosos, quienes para hacer sus composiciones mas apreciables suelen adoptar un estado muy diferente del suyo, y aparentar unos sentimientos que jamás experimentáron; no era, no, un Celibato que apropiándose una muger y unos hijos que jamás exîstiéron, quiere representar con la mayor destreza el fingido papel de esposo y de padre.

Era real y verdaderamente un padre de familia muy virtuoso, dotado de un ingenio vasto y profundo, de una imaginacion fecunda y brillante, de una gran rectitud y solidez en sus discursos, de una discrecion exquisita, de un conocimiento poco comun de la antigüedad sagrada y profana, de una nobleza y elevacion singular en todas sus ideas y sentimientos, y en una palabra, de un fondo inagotable de piedad y de ciencia.

Tan desprendido vivia de la vida y tan adicto á todas las obligaciones de su estado, que sin cesar tenia siempte fixo su pensamiento en la instabilidad de la vida y en el término adonde van á parar todas las cosas humanas, y como amaba tan tiernamente á sus hijos, para darles las mayores pruebas de su ternura, despues de haber arreglado con la mayor discrecion y prudencia su succesion temporal, quiso dexarles en las lecciones y consejos que su religion y su amor le dictáron, una herencia mucho mas apreciable

ble

ble y preciosa, que todos aquellos bienes caducos, terrenos, y perecederos que les destinaba.

Como era tan instruido conocia muy bien toda la extension y la multiplicidad de las obligaciones de un padre para con sus hijos; sabia que estos eran un depósito sagrado que el cielo les habia confiado, y del que serian responsables á Dios, á la posteridad, y al público, si por una ciega ternura ó un descuido criminal y culpable no aplicaban su mas atenta vigilancia en inspirarles desde su niñez las ideas mas puras de la religion, de la virtud, candor, desinteres, y demas virtudes sociales. No ignoraba y tenia muy presente, que de las primeras impresiones que recibe un niño desde su infancia se forman sus primeras inclinaciones, y que de éstas por lo comun nacen los hábitos, de donde por lo ordinario dependen las qualidades ó defectos de su espíritu, y casi siempre las virtudes ó vicios de su corazon, y que si se les dexa que tomen raíz en el vicio, entónces los mas sábios consejos y aún los mejóres remedios llegan demasiado tarde siempre.

Por lo que, convencido de estas verdades, y para no incurrir en la gravísima reprehension que tan justamente se merecen tantos padres indolentes y descuidados, y cumplir con la mayor exâctitud un deber tan esencial como importante, aplicó todo su zelo y su mayor conato en ofrecer y presentar desde su infancia á sus hijos solos aquellos objetos que fuesen capaces de inspirarles los mas virtuosos sentimientos; enseñábales con freqüencia las verdaderas máxîmas sobre las que debian reglar todas las acciones de su vida; explicábales con la mayor dulzura las voluntades del Señor; instruíalos con consejos los mas sábios sacados de los tesoros de la divina sabiduría; alimentábalos continuamente con una ciencia sólida y una doctrina la mas pura, con la ciencia de la salud y la doctrina de los Santos; presentábales, en fin, las mas verdaderas ideas de los mas sublimes y sagrados mysterios de nuestra santa religion; dirigiéndolos por los caminos de la justicia y piedad para formarlos para Dios, y que lograsen llegar á la mas alta cumbre de la perfeccion.

Aunque con unas tan sábias como santas persuasiones procuró cultivar el tierno corazon de sus hijos, aún todo le parecia muy poco para su amor, sino redoblaba su vigilancia y su zelo para asegurar y preservar en lo succesivo su inocencia, que con tanto desvelo hasta entónces les habia conservado. Veía con el mas vivo dolor y sentimiento introducirse y extenderse por todas partes como un veneno contagioso la impiedad, la irreligion, el libertinage, y las falsas y pestilentes doctrinas con que tantos impios y espíritus fuertes de este infeliz y desgraciado siglo procuraban obs-

cu-

curecer las mas puras luces de la religion, convirtiendo en problemas y sofismas nuestras mas santas verdades, queriendo darnos por
verdaderos principios aun de las cosas mas sagradas los incomprehensibles sistemas que en su imaginacion desconcertada se fabricá-
ron, y que transtornando con una mano sacrílega y un furor ciego aquellas santas barreras que pusiéron nuestros padres, concul-
caban con la mayor osadía todas las leyes divinas y humanas, y en
fin, que á favor de unas falsas exterioridades y algunas huecas declamaciones de probidad, de humanidad, y de virtud, se esforza-
ban en engañar la multitud para que sacudiese el yugo santo de la
fé, y sepultarla, si les fuese posible, entre las densas y obscuras
tinieblas de sus errores y monstruosos delirios.

A vista de tantos horrores, blasfemias, y de unas máximas tan
licenciosas como la impiedad vomitava, ¿cómo es posible que se
diese por satisfecha su paternal vigilancia, ni que se aquietase su
corazon afligido al ver, como veía, la inocente juventud de unas
prendas tan queridas como eran sus hijos, expuesta en medio de la
corrupcion de un siglo que engendraba tantos y tan horribles monstruos, y mas quándo contemplaba el que en unas tan críticas como
peligrosas circunstancias le era forzoso dexarlas?

Para precaberles de sus peligrosos asaltos y que pudiesen triunfar de unos enemigos tan terribles como hediondos, y confundir
su audacia, aun despues de su muerte, con una vigilancia continua y un generoso menosprecio de todas sus sujestiones y amenazas, su amor ingenioso le hizo concebir el noble designio de dexarles por escrito en este su Testamento Espiritual todas aquellas
mismas máximas, consejos y lecciones, que les habia inspirado y
sugerido desde su infancia, las que les presenta con un estilo tan
dulce, tan llano, tan fácil, tan patético, tan elegante, tan eficaz,
y tan vivo, que enamora y aficiona, para que las abrazen sus almas sin resistencia.

Tenia asimismo el maravilloso talento de atraer siempre á la
religion aún aquellas materias y asuntos que parecian los mas distantes. Como se hallaba siempre penetrado de la presencia de su
Dios por todas partes la percibia y hacía que la percibiesen tambien
sus hijos; y así, ya sea quando les manifiesta y descubre el orígen
del hombre ó la estructura de su cuerpo, ó ya quando les presenta
el expectáculo maravilloso del universo con sus diferentes fenómenos y el curso vario de los Astros, por todas partes les hace ver al
Ser Supremo y su infinita Sabiduría, tanto en su creacion y colocacion, como en el órden ó conservacion de los diferentes seres
que se hallan en la naturaleza, y dándoles á conocer á su Criador
por las criaturas, les facilita un medio el mas suave para que le ha-

llen

llen en todas las cosas visibles por los vestigios de su grandeza infinita, de su poder, de su bondad, y demás atributos que brillan y resplandecen en todas ellas impresos.

Apoyado, en fin, no tanto sobre sus propias luces como sobre las que había sacado y bebido de las aguas puras de la Sagrada Escritura, Santos Padres, y de los Autores mas excelentes, hace que las doctrinas de sus lecciones sean tan seguras, tan sólidas, y tan fructuosas, que prueban de un modo incontrastable lo verdadero y sólido de los principios que establece; y así esta obra, no tanto debe mirarse como obra suya, sino como un tisú de todo quanto los antigüos y modernos dixéron de mejor y de mas excelente sobre los asuntos que se propone, pero con un artificio tan admirable, que con su curiosa y deliciosa variedad, viene á componer un todo tan maravilloso, que suspende, cautiva, y obliga á fixar la mayor atencion, y detenerla para fomentar aún la piedad mas distraida.

Y así el Caballero que la compuso no es un ser imaginario, sino un excelente christiano y de un grande mérito, que vivió para honor de la humanidad y de la religion como para los intereses de la piedad y caridad, y su muerte excitará por mucho tiempo tanto los pesares de quantos le conociéron, como las lágrimas de su muger, de su familia, de sus amigos, y de los pobres, pudiéndose decir con verdad, que quanto así de su muger como de sus hijos refiere, y de los sentimientos tan afectuosos con que los felicita, es cierto y muy verdadero.

Segun toda apariencia, este Testamento debia haberse impreso viviendo el Autor. Era de una edad y un temperamento que prometian una vida mas prolongada, por lo que se esperaba que daria á luz una edicion mas completa, en la que baxo la forma de codicilos dexaria nuevas lecciones, para que tanto sus hijos como el público gozasen miéntras su vida la preciosa herencia que les destinaba.

Pero para que no le faltase alguna de las circunstancias que realizasen tanto el título de la obra como lo que contiene de personal al Autor, la Divina Providencia lo dispuso de otro modo, pues apénas le habia concluido quando cayó repentinamente enfermo de una enfermedad, cuyo principio fué totalmente desconocido, y en el discurso de ella, que duró mas de seis meses, fué quando puso la última mano á su Testamento Espiritual, y en este estado tan deplorable es en donde se nos manifiesta su grande talento y sabiduría, y en donde se puede juzgar sanamente de su virtud y su mérito.

Todo el mundo sabe, que para conocer bien á los hombres es ne-

necesario no contentarse con mirarles baxo de aquellas exterioridades magníficas y brillantes que les rodean en aquellas felices y engañosas situaciones, en que la Providencia permite que se vean algunas veces colocados, sino que es necesario verlos y contemplarlos aun en aquel estado de flaqueza y descaimiento, y en aquellas situaciones tristes y desagradables, en las que hechos el blanco contra todas las flechas de la enfermedad ó de la adversidad, se despliega su alma toda entera y se muestra tal como ella es. Entónces es quando es fácil el distinguir al Sábio del que no lo es, y al hombre verdaderamente virtuoso del que solo lo es en la apariencia. La hipocresía teme y con razon esta prueba, pero la virtud se sostiene con dignidad; y tal es el punto de vista que en su última enfermedad nos presenta nuestro Autor.

Vióse en un estado de abatimiento y desfallecimiento inexplicable y casi desconocido á la medicina, y por lo comun mas penoso de sufrir que los mas agudos dolores, no obstante, enmedio de tanto sufrimiento, se mostraba tan sereno y contento con una paciencia y una resignacion que nada era capaz de alterarla. Jamás se le oyó quexarse de la vivacidad ó de la duracion de sus dolores, y si por acaso se le escapaba algun movimiento involuntario, gemía como si hubiese cometido una gran falta. Quanto mas padecia mas queria sufrir y padecer. No solicitaba sino el conformarse en todo con la voluntad de su Dios.

Tocaba ya al término de su vida, y todos los que le asistian se lisongeaban de que no era su enfermedad peligrosa. El solo, ya sea porque percibiese mejor que los Médicos su estado, ó ya porque el Señor le comunicase sus luces particulares, pues la alta opinion que se tenia de su virtud y las circunstancias de su muerte inclinan á creer esto último, conocia que se le allegaba su fin.

Por tanto, en el Lúnes de la octava de la festividad del Señor, aunque parecia que no se le hubiese agravado su mal, ni su enfermedad mostrase algun síntoma peligroso, pidió con las mayores instancias, que en el Viérnes siguiente, en el que en su Provincia se celebraba la festividad del corazon de Jesus, y por el que desde su infancia habia tenido la mas grande devocion, se le administrase á su Magestad por Viático; y así sola la condescendencia y el mucho respeto que se tenia por su virtud obligáron á su Parroco á condescender á sus fervorosos deseos. Solos aquellos qué viéron morir á los Santos podrán formarse una verdadera idea de aquellos santos ímpetus y arroyos que se le percibiéron al recibir á su Criador. Los sentimientos que como dardos inflamados del amor divino, que con tanta viveza pinta en la tercera parte de esta obra, parecian inundar toda su alma y dilatar su corazon.

Pre-

Preparóse para el dia siguiente amontonando todas quantas fuerzas de ardor y zelo tenia para disponerse para aquel momento feliz por el que tanto suspiraba, y en el que con una confianza christiana esperaba el unirse para siempre á su Dios, manifestando al ver que se le acercaba este término tan deseado los mas vivos júbilos de alegría. Habia suplicado al Cura, que despues de comer viniese á visitarle con el fin de pedirle que le leyese las oraciones de la agonía. Pero por hallarse muy distante con otras urgencias que le ocupáron, y ser la opinion comun de que no se hallaba en tanto peligro, impidió al Pastor su visita, y habiéndole por algun tiempo vanamente esperado, y percibiendo que se le acercaba su fin, suplicó encarecidamente á su querida consorte que no le desamparase, y que le leyese un artículo de los sentimientos afectuosos relativos á su situacion de una obra, que él mismo habia dado á luz con el título: *Sentimientos de un alma disgustada de la vida, y que se prepara para la muerte con los deseos los mas vivos de ver á su Dios*; y así no podemos pintar mejor la muerte santa de este Caballero, como transcribiendo la mayor parte de este artículo, como la mas viva expresion de los sentimientos que le animaban, y es como se sigue:

„ Fuente de todos los bienes, océano de delicias, hermosura „ siempre nueva, ¿quándo se llegará el tiempo en que mis ojos se „ desquiten y se enjuguen de las lágrimas, que el deseo de veros „ les hiciéron derramar tantas veces? Momento feliz en el que „ despues de mi destierro me presentaré delante de mi Dios „ en su Santo Tabernáculo, ¿os hallais distante aún? Dulce y lison- „ gera esperanza de una felicidad perfecta, ¡qué sentimientos „ tan dulces no producis y haceis nacer en mi corazon! ¡Ah! mil „ éxtasis, mil deseos; pero deseos mezclados de inquietud y te- „ mor.

„ ¿Qué hago, pues, tanto tiempo en este lugar de destierro, „ en este valle de lágrimas, en donde todo cansa, y engaña todo? „ ¿En esta morada de dolor y tristeza, obscurecida con las espesas „ nuves que ocultan á mis ojos al Sol de Justicia que quiero ver? „ Mi alma disgustada del mundo y de sí misma suspira tras „ Vos, ¡ó mi Dios! ¡Ay! ¡quién otro sino Vos podrá apagar la „ sed que la abrasa, y á la que los bienes caducos y perecederos „ no han hecho sino irritarla! ¡Ah, quando llegará aquel tiempo „ dichoso y feliz en el que me presentaré delante de Vos! ¡Quan- „ do se saciarán de placer mis ojos contemplándoos cara á cara y á „ descubierto! ¡Quando se exhalará con el arrobamiento mi cora- „ zon, se mezclará, y derretirá en el vuestro!...¡ O Vosotros los „ que me hablais de la hermosura de aquella brillante morada que
„ ha-

,, habitan los bienaventurados? no; no son los encantos de esta
,, amable morada los que me mueven y me arrastran; no es, no, el
,, paraíso lo que yo busco y por quien anhelo tanto, sino á aquel
,, que hizo el paraíso.

,, Recibid, Salvador Divino los últimos sentimientos de mi co-
,, zon. El no quiere vivir sino para Vos; él muere lleno de deseos
,, por reunirse á lo que ama; él buela entre vuestros brazos; un
,, torrente de alegría se derrama por toda mi alma; mi destierro ce-
,, sa; y ya se ven finalizadas mis desgracias todas. ¡Jesus! mi dulce
,, esperanza, yo veré vuestro semblante adorable! ¿hay ni puedo
,, haber pena ni trabajos, que una tan dulce esperanza no haga su-
,, frir, y que la vista de una tal felicidad no mude en delicias?...
,, Dexemos una casa que se arruina, y cuyos escombros podrian
,, estrellarnos. Apresurémonos á salir de este desierto árido, en
,, donde no crecen sino espinas y abrojos. Huyamos de una tierra
,, que traga sus habitantes. ¡O muerte, venid, no lo dilateis! ¡O
,, muerte!...¡Pero á esta palabra, que horror secreto se apodera de
,, mis sentidos! ¡Qué imágen tan lúgubre se presenta á mi vista,
,, ¡Ah! un sepulcro obscuro y tenebroso, que se abre; gusanos,
,, y una infeccion la mas horrorosa y espantosa...
,, ¡O cuerpo mio! ¡os extremeceis! ¿Pues qué? ¿ignorais, que
,, no tanto descansareis en el sepulcro, como en el seno de vuestro
,, Dios, cuya inmensidad contiene y llena todas las cosas? Repug-
,, nancia natural, sentimientos de tristeza y de horror, desapare-
,, ced, pues, vosotros no sois dignos de la esperanza christiana,
,, ni de las consolaciones de la fé.
,, Venid, Señor Jesus, venid á librarme de este cuerpo de pe-
,, cado, destruidle y consumidle enteramente con el fuego de vues-
,, tra caridad. Améos yo, pero con un ardor tan tierno, que des-
,, tierre todo temor en mí! que yo me esfuerze para testificaros
,, con tanto mas apresuramiento hácia la última hora del dia, co-
,, mo he podido hacerlo) miéntras todas las otras, á fin de desqui-
,, tarme, si es posible, de la indiferencia pasada, é igualar con mi
,, ardor el trabajo de las que fuéron empleadas desde la mañana.
,, ¡Amable Salvador! aquella viva confianza, y aquel amor
,, tierno y acelerado que hace que se camine á carrera tendida há-
,, cia Vos, y que en poco tiempo se ande mucho camino, aquel
,, amor que disipa todo temor, excepto el de no véros, ¿en dón-
,, de le encontraré? ¡Ah! si para adquirir esta perla preciosa es
,, necesario desprenderme de todo, y aun de la vida, yo desde
,, luego consiento con la mayor alegría; verted, pues, á este pre-
,, cio en mi corazon este amor. Hacedle córrer de las apreciables
,, fuentes de donde yo espero mi salvacion; abridme vuestras sa-

,, gra-

,, gradas llagas. ¡Ay! Vos me las mostrais en este Crucifixo para
,, asegurarme; estas son otras tantas puertas abiertas en donde pue-
,, do ponerme al abrigo contra las venganzas del cielo; ellas me
,, muestran, que Vos habeis adquirido el derecho de perdonar al
,, precio de toda vuestra sangre... Esta sangre, de la que sola una
,, gota basta para labar á todo el mundo ¿no será bastante abun-
,, dante para purificar un alma en la que tiene colocada su esperan-
,, za? ¿no podrá suplir por lo que por otra parte le falta? sí, Señor,
,, lo puede, vuestro amor me lo dice, y esos brazos que con tanto
,, amor me tendeis son una prenda la mas preciosa. ¡Ah! permitid
,, que los mios se esfuercen á abrazaros apretadamente; permitid que
,, yo rocíe con mis lágrimas vuestros pies tan cruelmente barrena-
,, dos por mi amor; permitid que mi boca se acerque y pegue á
,, vuestro costado abierto á fin de recibirme en vuestro corazon!
,, ¿En dónde encontraré un asilo mas seguro que en el seno de la
,, misericordia misma? ¡Ah, en este corazon adorable es en donde
,, quiero dar mi último suspiro!...

,, ¡O muerte! vos podeis venir á despojarme de esta carne
,, mortal, de esta parte terrestre y material de mí mismo. Yo no
,, temo el verme entre vuestros brazos; ellos deben colocarme y
,, transportarme á mi Libertador, quien en lugar de este vestido
,, de ignominia, que Vos me despojareis y que tantas veces he
,, manchado, me dará otro, cuya gloria será una imitacion del res-
,, plandor y de la magestad del suyo. ¡Cómo, pues, no veré con
,, la mayor alegría el momento que me despojará para procurarme
,, la ventaja de verme tan ventajosamente revestido!...

,, Un desterrado á quien se le llama, y levanta su destierro se
,, aflige por su llamamiento? ¿Un prisionero á quien se le abren las
,, puertas de su prision se lastima de su libertad? El mundo es un
,, destierro y una prision de la que la muerte nos libra ¿luego, por
,, qué no la miraria yo como un bien?

,, ¡O muerte! venid, no os retardeis. ¡O ceniza! ¡O gusanos! ¡O
,, podredumbre! yo os recibo gustoso y os abrazo con alegría por
,, mas horror que inspireis á la naturaleza amedrentada. Vengad los
,, intereses de mi Dios, destruid este cuerpo que tan cuidadosa-
,, mente he conservado; rasgad y consumid esta carne, en donde
,, con tanto imperio ha reinado la concupiscencia... quanto mas cul-
,, pable me hallo, otro tanto mas justo me parece el decreto dado
,, por mi Criador.

,, Sí, ¡O mi Dios! yo hago con todo mi corazon á vuestra so-
,, berana justicia el sacrificio de todas mis repugnancias, aceptan-
,, do con sumision todo quanto la muerte tiene de mas horroroso á
,, los sentidos y á la naturaleza. Recibid el homenage que doy á la
,, eter-

„ eternidad y á la grandeza de vuestro Ser con el aniquilamiento
„ del mio, gran Dios, cuyos años son eternos, y que solo Vos
„ permaneceis el mismo siempre.

„ Débil mortal compuesto de barro y cieno, justo es el que
„ yo vuelva á entrar en el polvo del que salí y he sido formado.
„ Justo es, Señor, que mi alma que ha tenido la osadía de separar-
„ se con freqüencia de Vos...se vea separada de su cuerpo, y que
„ este cuerpo llegue á ser un objeto de horror en castigo de la
„ complacencia y vanidad que ha tenido de haber sido amado. Que
„ sea cubierto de tierra, aniquilado, y olvidado en castigo de los
„ vanos deseos de los que se ha dexado llevar para distinguirse.
„ Que sea conculcado, y reducido en polvo por haber querido ele-
„ varse y ensoberbecerse. ¡O quiera el Cielo que este estado tan
„ abatido y humilde espie mi altivez! ¡O quiera el Altísimo que la
„ soledad y el horror del sepulcro reparen mis disipaciones y mis
„ diversiones! dignaos ¡ó mi Dios! el admitir la aceptacion since-
„ ra y voluntaria que yo hago de todas las circunstancias con
„ que debe ser precedida y acompañada mi muerte, para hacerla
„ preciosa á vuestros ojos, y semejante á la muerte de los justos!...

„ Venid, Señor Jesus, venid; ya no hay mas medio para sos-
„ tener vuestra ausencia y vuestras tardanzas! Venid, y que to-
„ dos los que oyen mis suspiros, os digan conmigo, Venid...Que
„ todos los habitantes de la celestial Jerusalen tomen parte en mis
„ instancias; que se junten á mí para apresurar este momento feliz
„ concediéndome todos sus sufragios! Que los Angeles me presten
„ el mérito de sus adoraciones y servicios; los Patriarcas y los
„ Profetas el de su fé y de su esperanza; los Apóstoles sus traba-
„ jos, los Mártyres sus tormentos; los Confesores su zelo; las
„ Vírgenes sus tiernos sentimientos! adornada con todas estas vir-
„ tudes, que la caridad de los Santos llevará á bien el permitir
„ apropiarselas á falta de las vuestras, id alma mia, id delante del
„ divino Esposo con vuestros deseos!...

„ ¡Ah! ¡qué alegría no sería la vuestra si vuestro amor tuviese
„ bastante fuerza para quebrantar las cadenas que os encadenan á
„ este cuerpo mortal, y que desprendida de esta triste carga pu-
„ dierais ir á arrojaros con un vuelo rápido en el seno de vuestro
„ amable Salvador en el Reyno Eterno del Padre, del Hijo, y del
„ Epíritu Santo! A sí sea. "

Era necesario conocer el gran fondo de sensibilidad de su consorte, y toda la ternura que tenía por un Esposo, que por tantos
títulos la merecía, para llegar á comprehender bien, que el esfuerzo de su valor en una situacion tan crítica no podria ser sino un
efecto de una gracia especial.

El moribundo bebió á largos tragos la dulzura de embriagarse
con los grandes sentimientos de fé, de confianza y de amor, expre-
sos en este bello trozo, reconociendo un tan gran beneficio de verse auxiliado para una buena muerte por una persona que la naturaleza, la ley, y la religion le hacian tan apreciable.

En estos últimos momentos manifestó tanta alegría por reunirse á su Criador, que su virtuosa esposa temió no le causase alguna violencia á la conformidad que el enfermo debia á la voluntad de Dios,
y la aseguró sobre esta delicadeza, que la piedad y ternura solas le
inspiraban. No obstante, poco despues llegó el Pastor tan deseado,
saludóle el Caballero con algunos pasages de la Sagrada Escritura,
que expresaban su alegría y su reconocimiento. Entró con fervor en
todos los sentimientos que el Ministro del Señor le sugería; y despues de las oraciones de la agonía, espiró con la mayor tranquilidad
entre los brazos de su Redentor.

Así la muerte del testador, que segun la ley y el pensamiento
de San Pablo pone el último sello y dá toda la fuerza al testamento,
dió á este Testamento Espiritual el último y el mas autorizado carácter de la verdad, y esta obra semejante á las disposiciones
testamentarias, vino á ser una obra postuma, y no se publicó sino
despues de la muerte del Autor, y á la que miro como una obra
verdaderamente original en su especie, por quanto es dimanada del
corazon aun mas que del entendimiento, qualidad bastante particular y bastante rara aun en las obras mas piadosas.

¡Felices los hijos de un hombre tan estimable y tan virtuoso,
que tuviéron la felicidad tan poco comun de encontrar retratados
todos sus deberes de un modo tan enérgico y tan interesante en las
lecciones, y los últimos á Dios de un Padre el mas tierno y el mas
ilustrado! ¡Y qué aliento mayor para la virtud y para la piedad,
que los exemplos y consejos de un tal padre consignados en una
obra tan apreciable! Felices, me atrevo á añadir, los que gustasen
este escrito! este gusto hará honor á su corazon, á sus sentimientos, y aun mucho mas á su religion y á su piedad.

Feliz yo mismo, si con estas cortas reflexiones puedo contribuir alguna cosa al interes que esta obra debe naturalmente inspirar, y concurrir aunque débilmente á los frutos de la virtud y de la
piedad, que no pueden dexar de producir! este será el dinero de la
Viuda arrojado en un rico tesoro.

JAmás he llegado á sentir con mas viveza lo que Dios puso en mi corazon á favor vuestro, mis queridos hijos, como al ver que se me vá acercando el momento, que debe terminar mi carrera, y arrancarme, en fin, y desprenderme de la ternura de vuestro cariño.

Pero no; este último instante, á quien es tan propio el poner fin á todos los proyectos, nunca podrá poner límites á los que yo formo en favor vuestro, hijos mios. Atenta siempre mi ternura intenta y solicita el extenderse aun mas allá de la muerte, y de sobrevivirse, por decirlo así, á sí misma. Con esta mira procuré poner por escrito aquellas mismas reglas de conducta, que desde vuestra infancia siempre os he dado. Estas, despues de haberlas sacado de las mejores fuentes, ya habia mucho tiempo que las habia juntado y recogido todas, como para hacer el testamento de mi amor; y así, solo aquí mi corazon y mi religion son los que van á hablaros, hijos mios. Bien presto me cerrará la boca la muerte, y os privará hasta la expresion de mis sentimientos; pero tendreis el consuelo de hallarlos en parte en este discurso, el que os retratará tan á lo vivo la mas querida y apreciable porcion de mí mismo, que aun quando yo me vea ya para siempre en el silencio del sepulcro, no dexará de instruiros.

Pero ¡Ah! al ver que están ya para cerrarse para siempre mis ojos, éstos no pueden sin alguna alteracion veros expuestos á tantos peligros como amenazan vuestra juventud, especialmente en medio de un siglo, en donde la seducion, como un veneno contagioso, causa los mas lastimosos estragos en todos los corazones y los estados todos; y en donde, para cúmulo de todos los males, una multitud de exambires de impios obscurecen por todas partes las luces mas puras de la razon y religion, convirtiendo en problemas los primeros elementos de nuestras mas santas verdades. ¡O y en que tan tristes circunstancias me es forzoso el dexaros!

¡O mi Dios! preservad estos hijos, que os dignasteis concederme, de estos tan espantosos y temibles escollos, en donde tantos otros van á estrellarse y precipitarse! ¡Vos solo, Señor, sois su verdadero Padre; mas son hijos vuestros que no mios. Entre vuestras poderosas manos os los entrego; sostened, pues, sus pasos vacilantes, y extended sobre ellos las alas de vuestra proteccion, para que les sirvan de broquel y de escudo contra los dardos emponzoñados de la impiedad y del libertinage de un siglo tan corrompido!

Aunque no ignoro, mis amigos, que es, segun el mundo, poner el último sello al testimonio de la paternal aficion que debe á sus hijos, el disponer en favor suyo de sus bienes, pareciéndole á un padre moribundo, que no le despoja absolutamente de todo la muerte, quando con ella no dexa desnudos á los que ama; no obstante, hijos mios, yo juzgaria que os dexaba muy poca cosa, si mis atenciones y cuidados se limitasen en aseguraros una fortuna caduca y perecedera. No, mi ambicion y mi ternura van mucho mas léjos.

Y á la verdad, ¡qué vienen á ser y son todos los falsos bienes de este mundo á los ojos de la fé, sino un cieno que ensucia nuestro corazon aun mucho mas que nuestras manos, ó un agua cenagosa y turbia que irrita la sed de nuestros deseos sin poder satisfacerlos! Y en efecto, las riquezas, las grandezas, ni placeres jamás hiciéron felices, ántes bien por lo ordinario hiciéron á muchos culpables.

Recibid, pues, hijos mios, alguna cosa mucho mejor y mas apreciable de las manos de mi afecto; recibid las lecciones de la virtud, que os conducirán, si las seguis, á una felicidad gloriosa y para siempre durable. Bien podeis, hijos mios, sí, bien podeis mirar lo que os ofrezco, como la prenda la mas querida y la mas apreciable de mis sentimientos, y como la mas sólida y durable fortuna.

¡O quiera el cielo, que vuestro desinteres fundado sobre el menosprecio del mundo y de todos sus bienes, os haga preferir una honesta medianía, acompañada de la sabiduría, á la mas opulenta herencia! ¡O quiera el Omnipotente, que vuestra primera docilidad se sostenga siempre, y que os haga adoptar y abrazar los preceptos que os dexo, como unos consejos del mas verdadero, fiel, y desinteresado amigo. ¡Y para un hijo bien nacido podrá haber otro que sea ni mas sincero ni mas apasionado que su padre!

TABLA DE LOS ASUNTOS CONTENIDOS EN ESTA OBRA.

De

TERCERA PARTE.

PRIMERA PARTE.

§. I.

Plan de la obra.

Para dar á estas instrucciones en el discurso de esta obra una conexîon y trabazon mas estrecha, mas simple, y mas precisa, las colocaré baxo tres clases de deberes diferentes, que todos dimanan de un mismo principio; quiero decir, de la ley eterna, que el Criador mismo gravó en nuestros corazones, para que en todos los tiempos pudiesemos leer y tener presentes nuestros deberes para con él, para con nosotros, y para con todos los demas. Estos tres órdenes de deberes me ofrecen una division muy natural, y por lo mismo me atendré y seguiré este método, sin que por esto me prive no obstante de la libertad de apartarme, quando mi asunto lo pidiese. Mi corazon es quien dirige mi mano, y siempre el sentimiento huye de una demasiada exâcta violencia.

Vuestra madre, mis amables y queridos hijos, os llevaba aun en su seno, quando ya mi ternura se ocupaba en los cuidados y atenciones que ella os debia. Ya desde entónces formaba yo mi designio de cómo haceros felices. Ya preparaba con anticipacion todo quanto podia para este fin contribuir eficazmente; de modo, que conocimientos, estudios de toda especie, y los libros los mas selectos, todo lo recorrí para buscar y sacar los materiales de mis lecciones. Yo no temí de aprovecharme hasta de los vasos de los Egypcios para enriquecer á los hijos de Israel.

Un Padre sábio, perspicaz y vigilante, á medida de que se le acrecientan los hijos, siempre redobla sus atenciones y cuidados para aumentar la fortuna que les destina.

La ciencia de los Santos, la sabiduría, las virtudes, y los sentimientos son los mas preciosos bienes que me pro-

A

pon-

pongo dexaros, y así recoged en esta obra las primicias. ¡Oxalá que en vosotros produzcan todos los frutos que me prometen mis deseos! Entre todos los deberes, los que miran á Dios, son sin contradiccion los primeros, los mas sagrados, y los mas indispensables, y si me es permitido el decirlo, estos fuéron hasta aquí los mas apreciables á vuestra piedad; y supuesto que han sido el objeto de mis primeras instrucciones, lo serán tambien de las últimas, y con esto vendrán á ser la coronacion y el fin de éstos consejos, que mi zelo paternal os consagra.

Este motivo me ha determinado á colocarlos en la tercera parte de este discurso : mi mano no debe comenzar á ofreceros sino un alimento ligero, y reservaros para el tiempo de vuestra mayor fortaleza los mas sólidos alimentos. A la verdad, para elevarse por grados al conocimiento de Dios, es necesario comenzar primeramente por el del hombre, como su obra la mas perfecta ; obra que puede compararse á un mundo pequeño, ó á un retrato abreviado de las maravillas del universo. Tratemos, pues, mis amigos, de formaros una idea precisa y clara de nuestro ser. ¿No es bien estraño, el que amándose tanto el hombre á sí mismo, cuide y ame tan poco el conocerse á sí propio, que llegue á temer ser para sí, y aun solicite con el mayor cuidado el huir de sí mismo? Sin duda seria muy afrentoso para vosotros, el que ignoraseis una ciencia que debe tanto interesaros. Pero para no extraviarnos en los tortuosos rodeos de este laberinto, no pondré dificultad en tomar el hilo, que los mas célebres Autores nos presentan. ¿Qué importa, pues, que otros ántes de mí hayan encendido primero la candela con que voy á alumbraros, con tal que ella nos alumbre por los reductos sombríos que vamos á recorrer sucesivamente? Yo conseguiré mi objeto, y vosotros quedareis instruidos.

§. II.

§. II.

Orígen del Hombre.

Nada erais aun, hijos mios : la nada era toda vuestra herencia, quando la bondad del Criador os sacó de esta nada: aquel que llama lo que no es, como lo que es, os miró en su misericordia, y esta mirada fecunda os dió el ser, uniendo en vosotros la materia al espíritu, substancias tan diferentes, tan distantes, y por sí mismas tan incompatibles, que solo un poder infinito pudo juntamente enlazarlas.

Yo no sé, decia una madre ilustre á sus hijos, yo no sé como fuisteis formados en mi seno. Y en efecto, una obra tan compuesta, y al mismo tiempo tan perfecta y tan regular, no podia ser el fruto de la industria de los padres; éstos no ponen de suyo sino un sentimiento ciego y natural, todo lo restante lleva el sello augusto del obrero que la ha faccionado. Si, hijos mios, la mano hábil del Criador fué la que formó y organizó vuestro cuerpo, la que la adornó de sus sentidos, y la que la perfeccionó en todas sus partes. Un soplo divino que salió de su boca, fué el que produxo en vosotros esta substancia simple, espiritual, inteligente, é inmortal, que piensa, que compara, y que quiere; tres propiedades de nuestra alma, que todos muy distintamente conocemos; porque ¿quién habrá entre nosotros, que por su propia experiencia no sepa, que es capaz de inteligencia, de voluntad, y discurso?

¡Ay, amigos mios! ¡qué orígen puede haber mas noble como el de este soplo, que salió de la boca de Dios mismo, de su corazon y de su amor, otro tanto como de su poder infinito! Conoced aquí toda la grandeza de este beneficio; admirad, pues, como el Señor juntó en vosotros á la materia el espíritu, union tan incomprehensible, que jamas podrá admirarse con demasía; union no obstante tan íntima que llega á confundirse perpetuamente con el cuerpo, y se inte-

re-

resa tan vivamente en su conservacion, que toma tanta parte
en sus bienes como en sus males, y aun parece que de sí
misma se olvida sin cesar, para participar ó de sus placeres ó de sus dolores, y por una conseqüencia aun mas admirable, el cuerpo participa de todo quanto acaece al espíritu; de modo, que su color, sus miradas, su palabra y sus
gestos toman la imágen y la tintura de la alegría, de la tristeza,
del temor ó de la esperanza, en una palabra, de todas las
pasiones que afectan el alma: luego ¡qué mayor prodigio,
vuelvo á repetir, que el de esta union de una substancia activa, que se encamina sin cesar á un fin, deliberando sobre
la eleccion de los medios, y prefiriendo á los unos mas que
á los otros, con una substancia pasiva, é indiferente para todo por sí misma! ¡de un espíritu casi infinito, quien por
la simplicidad de su ser excluye toda composicion de partes, y el de una porcion de materia, que necesariamente
contiene una infinidad en el mas mínimo de sus órganos!
¿Qué distancia no fué necesario vencer, hijos mios, para
unir dos naturalezas tan eterogéneas? ¿Un espíritu, que no
necesita de un cuerpo, ya sea para existir, ó ya para ser dichoso y felíz, y un cuerpo, que á lo mas no es sino una
hermosa estatua, que nada nos diria sin la union con el alma?

¡Qué diferencia, ó mi Dios, entre la produccion de los
demas Seres y la del hombre! Quando sacasteis de la nada to-
todas las criaturas que componen el mundo puramente material, Vos, Señor, hablasteis, y *todo fué hecho*: el cielo y
la tierra, la luz y el firmamento, el sol y los astros, las plantas y los animales; pero quando tratasteis de criar al hombre,
parece como que entrasteis en consulta con Vos mismo: Vos
no dixisteis como para los demas Seres, *hágase*, sino que
Vos mismo, si me atrevo á hablar de este modo, pusisteis
la mano, y para que mejor distinguiesemos las dos substancias que le componen, no le formasteis enteramente de una
vez, sino de dos veces. Vos construisteis primeramente un
palacio movible, aunque sólido, distribuisteis los interiores,
y adornasteis los exteriores con un arte digno de vuestra mag-
ni-

nificencia divina, y despues de haberle acabado, un soplo de vuestra divina boca derramó un espíritu de vida y de inteligencia, para que reynase baxo vuestras órdenes, y comandase en segundo lugar á todo el universo.

§. III.

De la estructura del cuerpo.

Aunque no os hallabais, mis amigos, en estado de poder apreciar el mérito de estos presentes y dones del Criador, quando ya fuisteis con ellos gratificados, y asimismo distinguiais muy poco los socorros y el crecimiento que sacabais del seno de vuestra madre, y de los que ella misma no era sino el órgano del poder soberano. A las incomodidades de una gravosa preñez, se sucediéron bien presto despues los dolores del parto, como un triste efecto de la prevaricacion de la muger primera. En fin, vosotros, hijos mios, visteis la luz del dia. Sé me viene á la memoria aquel momento, en que os recibí la primera vez entre mis brazos, y en el que me sonreía vertiendo mis lágrimas, no ménos de ternura que de alegría: entónces vuestros mas mínimos gemidos me hacian estremecer enteramente todo; para acallarlos procuraba arrimaros contra mi seno, y fixando despues sobre vuestras facciones infantiles mi vista, se entregaba mi corazon á su turno á la ternura y á la mas viva compasion, que vuestra debilidad y flaqueza me inspiraban. En efecto, ¿en qué esclavitud no se halla nuestro ser reducido al entrar en el mundo? ¡Ah! en un tal estado os ví, hijos mios, sepultados, por decirlo así, como en un profundo sueño; entónces vuestros pensamientos no eran sino como unos sueños sin conexîon ni conseqüencia; vuestros deseos sino unos impulsos involuntarios, sin eleccion ni reflexîon; vuestras palabras sino unos clamores informes prorrumpidos por vuestras necesidades, éstos se acallaban concediéndoles lo que pedian, y luego al punto os quedábais dormidos; quando despertabais no erais mas razonables que

vues-

vuestro sueño; nada se percibia de reflexivo ni de seguido en todas vuestras ideas: mirabais sin ver, escuchabais sin oir, no conociais sino los bienes del cuerpo, ni os agitabais sino por ellos. Creciais, no obstante, poco á poco, y vuestros despertamientos llegaban á ser mas freqüentes y mas prolongados, y esta es la señal primera de un alma que comienza á desprenderse de la materia. Comienza á desatarse la lengua, llega la reflexion, los pensamientos se desmezclan y se aclaran, y las ideas se extienden y se suceden; y ya se mira para ver, se escucha para oir, los objetos se disciernen, y se distingue á las personas que se allegan, y luego prontamente de esta primera infancia se pasa á otra segunda, en la que el espíritu hace otros tantos progresos como el cuerpo.

Yo no os enseñaré con individuacion la estructura, las propiedades y correlaciones de este maravilloso edificio, edificado por la mano del mismo Dios, para que sirviese de morada á vuestra alma. Yo no quiero formar con estas lecciones un tratado estéril de anatomía, mi objeto principal, instruyéndoos, es el llenar vuestros corazones de unos sentimientos de reconocimiento y de admiracion por los beneficios del Criador. Yo no hago mas que el poneros sobre los caminos, y acostumbraros desde luego, á que no mireis los objetos sino con unos ojos christianos.

La Anatomía os mostrará, si la consultais, una multitud de huesos rejuntos, que se elevan desde los pies á la cabeza, con una simetría y un órden el mas admirable, y están ingertos los unos en los otros con un arte tal, que toda ponderacion es muy corta para ponderarse. Ellos están unidos sin estar contiguos, con la sabia precaucion, de que con la misma frotacion no se gasten y maltraten, y separados al mismo, tiempo sin dexar de estar unidos, para poder inclinarse, quando la necesidad lo pidiese. Asimismo ella os hará ver con admiracion una infinidad de niervos, de tendones, de músculos, y de fibras imperceptibles, que se enlazan sin confundirse; que se cruzan sin impedirse ni dañarse; que se dan la mano

no

no y se resisten quando es necesario; y que mutuamente los unos y los otros se entreayudan y sostienen. Ella os descubrirá tambien en la construccion de la cabeza alguna cosa aun mucho mas admirable que todo lo restante: ésta viene á ser como el centro de reunion, adonde miran y van á parar un número casi infinito de canales, de caños y de ramales tan sueltos y tan sutiles, que son imperceptibles aun á la vista la mas perspicaz y penetrante; en ella es donde está encerrado el celebro, cuya substancia y sus admirables qualidades no son conocidas ni aun de los mas hábiles y famosos Anatomistas, y el que segun la expresion de un Autor ingenioso, es el mas maravilloso de todos los laboratorios; de suerte, que sobre este asunto puede decirse que parece que el Arquitecto supremo quiso como apurar su arte en la coronacion de su obra.

No pueden apreciarse los dones, de quienes se ignoran su valor y sus calidades, y este es el primer fruto, hijos mios, que debeis sacar de todas las ciencias, ocupándoos á su turno en los objetos diversos que ellas os presentan. No ceseis, pues, de bendecir y admirar al Obrero Omnipotente, de quien llevan el sello, y jamas separeis el reconocimiento y el amor de los favores y las gracias del bienhechor.

§. IV.

De las partes exteriores.

La preeminencia del hombre se anuncia particularmente en la dignidad de su garvoso ayre, y en las gracias de su semblante, en donde el Criador ha juntado las principales sensaciones con un órden y una proporcion admirables.

Desde luego se nos presenta la mas justa simetría en todo su circuito, y en aquella maravillosa ordenanza de todas sus facciones, de modo, que los títulos de la soberanía, que se le ha concedido, aunque en lo restante del cuerpo se hallan con una igual realidad, no obstante en parte alguna sobrebresalen con mas brillantez y hermosura. ¿Qué magestad, decidme, no brilla en su frente? ¿Qué vivacidad en sus ojos? El Artífice soberano que los formó, encendió no sé que llama y luz celestial, que en toda la naturaleza no hay cosa alguna con quien compararse ni que se le parezca. La nariz re-eleva tambien la graciosidad del semblante; pues sin ella quedaría disforme, y todo él liso y llano. Y ¿qué autoridad y quántas gracias no residen asimismo sobre sus lábios? su encarnado, su frescura, y su figura nos presentan mil atractivos. Sus mexillas con su carmesí y su justa redondez igualmente le hermosean. La boca por aquella correspondencia de sus movimientos con los de los ojos, le anima, le alegra, le entristece, le mitiga, le turba, y manifiesta qualquiera pasion con las mas sensibles señales.

¿Qué observaré aun? ¿veis aquella piel tierna y delicada que cubre todo su cuerpo? pues si esta se le quitase, este mismo objeto que con ella se presenta con un tan dulce como hermoso colorido, vendría á ser tan horrible, que aterraría y causaría espanto; y si estuviese ménos apretada y unida, entónces la sangre, que al traves se vería, ofrecería un expectáculo el mas despreciable y el mas hediondo; y así, tiene todo aquel tisú que le es necesario, para hacer una encarnacion graciosa, un temperamento y una mezcla de colores, que aun los mas diestros Pintores admiran, y que jamas sino imperfectamente imitan. Así, el hombre se mira como la principal obra de su Autor, quien quiso gravar sobre su frontispicio, en su entrada, y en su aspecto las señales de aquella superioridad, que sobre los demas seres le ha concedido, supuesto que qualquiera hermosura, que por otra parte tengan, nunca llega á ser ni tan viva ni tan penetrante como la suya. Aquel ayre de sentimiento, de pensamiento, y de accion que el alma derrama sobre el semblante, ¿no es un nuevo género de perfeccion superior á todos los demas objetos de este mundo visible? ¿Aquella regularidad de las facciones de un cuerpo bien dispuesto y proporcionado, aquella eleccion, aquel bruñido, aquella bri-

llan-

llantez de los colores que le adornan, aquellas graciosidades tiernas de la infancia, aquellas gracias tan brillantes de la juventud, y aquellas tan magestuosas de la edad perfecta, aquel ayre de vida y de expresion que reeleva estas mismas gracias, haciéndolas, por decirlo así, como habladoras, y que dá á la materia, de que está formado, una especie de hermosura espiritual; todo esto, decidme, ¿no debe con justa razon excitar en nosotros otra tanta admiracion como gratitud?

La liberalidad del Señor no ménos sobresale y brilla en el poder que nos ha concedido por el medio de nuestro cuerpo sobre todos los demas, para emplearle en nuestros usos. ¿Qué socorros, por exemplo, no nos proveen nuestros brazos? Considerad, pues, su estructura, su posicion elevada, sus movimientos, y sus funciones aun las mas ordinarias, y en su vista no podemos decir, que vienen á ser como una especie de cetro, que le dió la naturaleza al hombre, no so solamente para que fuese como una señal de su imperio sobre la tierra, sino para que exerciese tambien su derecho y su autoridad? Por su medio llega á domar los cuerpos los mas rebeldes, y provee á mil necesidades, y si su espíritu inventa mil máquinas para suplir á lo que por sí solos son insuficientes, no ménos tienen el honor de la execucion; de modo, que á ellos es á quienes debemos el imperio efectivo de la execucion. Con ellos encontramos Labradores para nuestros campos, Artesanos y Artistas para nuestras Ciudades, Obreros de todo género, y socorros de toda especie, entre los que puedo tambien comprehender los que me están socorriendo para que pueda hacer aquí su elogio.

Señor, consideré y contemplé vuestras obras, clamaba el Profeta, y quedé pasmado de admiracion y de asombro. No penseis, hijos mios, de que es alguna obra extraña, de la que actualmente sois los expectadores; esta obra que tanto admirais, sois vosotros mismos. Vosotros, pues, sois esta imágen, que el Obrero inmortal figuró con sus divinas manos, y el que retocó y acabó todas sus facciones con

B

uma especie de complacencia. Respetad en vosotros esta obra
augusta del Señor, mirándoos en adelante como aquellos vasos del santuario, que debian estar siempre vueltos hácia él,
y no servir sino para el uso del templo.

§. V.

De las partes internas.

Las partes internas de nuestro cuerpo nos ofrecen nuevos
motivos de admiracion : detengámonos un momento. La sabiduría y el arte infinito del Criador se muestran tan sensiblemente en los objetos que contempla la Anatomía, que
no puedo negar, mis amigos, á vuestra justa curiosidad y
á mi satisfaccion particular el indicaros, á lo ménos una parte: no por esto yo me aparto de mi objeto ; siempre la piedad sabe aprovecharse de todo quanto puede fomentarla:
ella sabe sacar xugos aun de los frutos mas salvages, y todo viene á ser útil en pasando por sus manos. Ved aquí la
ingeniosa comparacion del Autor que me sirve de guia en
este artículo.

El Señor habia colocado en medio del Jardin de Eden
una fuente de aguas vivas, de donde salian quatro rios para rociar y regar toda la tierra ; así, y del mismo modo, pero con un arte mas maravilloso, colocó tambien en medio
del pequeño mundo de nuestro cuerpo una fuente de sangre, que abrió en nuestro corazon, desde donde se derrama y corre con una circulacion perpetua desde el centro á
las extremidades, y desde las extremidades al centro, pero
cómo? atravesando mil y mil canales, que se dividen y sub-
dividen en una infinidad de ramas y de ramales, siguiendo
todas las direcciones imaginables. Ahora decidme: ¿quál debe ser la fuerza del resorte, que arroja y despide la sangre del corazon para hacerla que circúle por todas partes sin
interrupcion con la viveza y prontitud necesaria, para que
jamas dexe ni un instante aun la mas mínima parte del cuerpo

po sin movimiento, porque esto ya sería dexarla sin vida?
¿Y cómo un licor tan espeso, como lo es la sangre, pasando tan apretado por unos caños tan estrechos y por unas
bóvedas tan tortuosas, puede recibir un movimiento tan
rápido y tan fuerte de un resorte tan débil como el corazon? ¿y con qué rapidez? con una rapidez, que costaria mucho trabajo el creerlo, si ya no se hubiese demostrado por
los mas sábios Anatomistas, el que toda la sangre anda y
desanda este camino seiscientas veces al dia sin intermi-
sion alguna. Esta es una maravilla digna sin duda del Obrero soberano que nos ha formado. Otro testimonio de su arte infinito es la respiracion, que en su idea total comprehende dos movimientos contrarios, uno con el que recibimos
el ayre exterior, y el otro con el que le volvemos á su orígen; porque tal es la vida natural del hombre desde su nacimiento hasta su muerte: ella comienza con la inspiracion
y acaba con la expiracion, y con la una y la otra se conserva. Pues ahora bien; pues para producir estos dos movimientos recíprocos y alternativos, ¿quántos órganos no se
requieren, y quántos juegos concertados en todos estos órganos? ¡Ay hijos mios! aquí el sentimiento de nuestra admiracion debe ser tan continuo, como lo es el movimiento con que respiramos, y los testimonios de nuestro amor
deben corresponder, otro tanto como nos sea posible, á tantos bienes con que nos hallamos colmados.

26. ¿Veis, mis amigos, cómo se halla todo pesado en la
balanza de una atenta providencia! el ayre exterior templa
el calor interior causado con el herbor de la sangre y con el
curso impetuoso de los espíritus vitales; ¿pero qué se entiende, me diréis, por lo que se llaman en este sentido los
espíritus vitales? de qualquier modo que se les conciba, ó
ya como una viva llama, ó ya como un viento muy sutil,
no puede dudarse de la existencia de una materia espirituo-
sa, de la que se ven tantos efectos sensibles. Y pregunto:
¿qué fuerza efectivamente no reciben los músculos de estos
espíritus mensageros, rápidos y animados, que les llevan nues-

B 2   tras

tras órdenes, y les ayudan á executarlas en todos nuestros
movimientos exteriores? La formacion de estos espíritus es
en nuestro celebro, el que nos dá un motor para transportarnos por todas quantas partes nos agrade sobre la tierra;
para que volvamos la cabeza de todos modos sobre su tronco; para que removamos la lengua al rededor de sus raízes,
y las manos, los pies, y los dedos sobre sus articulaciones,
como sobre dos poleas naturales, en una palabra, para producir una infinidad de movimientos voluntarios con una fuerza movente, que está á nuestras órdenes.

Aunque pasamos muy ligeramente sobre tantas maravillas, y no hacemos aquí sino como entreverlas muy débilmente, no obstante, vuestra admiracion vá siempre en aumento. ¿Pues qué sería, mis amigos, si intentasemos el profun-
dizarlas, y que esto mi plan me lo permitiese? La Anatomía las observa, quanto le es posible, todas: á cada una
le pone su nombre, conoce la accion de las mas sensibles,
y confiesa que la estructura de la mayor parte viene á ser
un abismo, en donde la vista y la razon se confunden. Y
en efecto, ¿qué proporcion puede haber entre algunas observaciones en bosquejo é imperfectas con el Occéano infinito de las maravillas del Criador? Nosotros solo vemos
las exterioridades, y aun éstas no las vemos bien; ¿pero
descubrimos ni penetramos el secreto? ¿penetramos y descubrimos su íntima armonía, sus correlaciones y sus perfecciones? ¡Ah! nunca podré repetirlo con demasía; si nuestras
débiles luces tienen límites, á lo ménos, no los pongamos á
nuestros sentimientos.

§. VI.

De los espíritus vitales.

Una justa curiosidad os llevará acaso á preguntarme, ¿cómo nacen en nosotros estos espíritus tan activos? ved aquí
el modo como explican esta operacion algunos filósofos: el
co-

corazon, que viene á ser como un verdadero horno encendido, envia á la cabeza las partes mas volátiles de la sangre, y en llegando aquí encienden un nuevo fuego aun mucho mas sutil y mas vivo, que se distribuye por los inumerables depósitos del celebro, de donde por mil pequeños canales, estas particulas así afinadas, se conducen por todas las partes, para donde nuestras necesidades las llaman. Pero siendo necesario el proveer para la renovacion continua de estos espíritus, y reparar las pérdidas, que con las transpiraciones y con otras tantas evacuaciones padecemos en todos los momentos de nuestra substancia, esto es lo que la sabiduría del Criador hizo por medio del alimento, el que es todo á un mismo tiempo un remedio necesario para nuestra debilidad y flaqueza, y un deleyte necesario para desterrar nuestro hastío. Con la hambre es el hombre advertido de la necesidad de comer; entónces se llena deliciosamente de una materia extraña, que le causaria asco y horror, si la pudiese ver quando está introducida en su estómago.

Por tanto, la naturaleza quiso prudentemente ocultársela; pero la destemplanza disloca repetidas veces con sus excesos esta sábia y discreta precaucion de la naturaleza. Este sábio y prudente velo es causa de que nazca el mal del remedio, y las enfermedades sin número vengan siempre la frugalidad despreciada. Sea lo que fuese, la primera transmutacion de alimentos que tomamos, se hace por la digestion, que los muda en una substancia lactea, que se convierte prontamente en sangre, de la que se forman despues los espíritus, como lo hemos dicho, con la exâltacion de las partes mas sutiles de la sangre, que van á animar todos los diferentes resortes de nuestro cuerpo con su vivacidad natural, miéntras que las partes mas groseras de estos alimentos se separan, como por un tapiz se separa el salvado de la flor de la harina, y despues para aliviar al cuerpo se expelen por abaxo por las salidas las mas ocultas y las mas distantes de los órganos de los sentidos, para que no se vean incomodados.

Así, mis queridos, las maravillas de la máquina que con-

consideramos son en tan gran número, que son inagotables
aun en las funciones las mas baxas y humildes, que no se
atreverian á explicarse con individuacion.

No pertenece sino á Vos, mi Dios, el hacer con un
tan vil y despreciable polvo una obra tan perfecta como la
del hombre, y si las partes interiores no son tan agradables á la vista como las exteriores, es porque no se hiciéron para ser vistas. ¿Qué digo? era necesario para el intento del arte y para los designios de una atenta providencia
en nuestra conservacion, el que no pudiesen descubrirse sin
horror, como sin una violenta repugnancia el inclinarse á en-
centarlas: sí, mis amigos, este es pues aquí un freno que
la sabiduría del Criador quiso oponer contra los furores de
la venganza, del odio, de la crueldad, y del homicidio.

Pero la vista atenta vé en estas partes interiores un órden, una proporcion, y una industria, que encantan y em-
belesan, aun mucho mas el espíritu, que quanto la hermosura exterior podria agradar á los ojos del cuerpo; y este
mismo interior del hombre, que todo junto parece tan horroroso y tan admirable, es precisamente tal como debe serlo, para mostrar un cieno trabajado por la divina mano. En
él se vé todo junto, la nada y la fragilidad de la criatura,
y el arte y el poder del Criador.

Otro don de su magnificencia infinita es el sueño; este
dulce presente del cielo es en algun modo un segundo alimento mucho mas admirable y aun mas fecundo que el
primero. El es como un remedio eficaz y un socorro dia-
rio á nuestra flaqueza. Nosotros mismos experimentamos en
todo tiempo su poder saludable. El nos sostiene en nuestros trabajos; reanima y conforta los resortes debilitados de
nuestros órganos, y nos dá, por decirlo así, como una
nueva vida. Y aun hace mas: él mitiga los rigores, y calma la inquietud y el desasosiego; y en fin, él es el mas
grande recurso de los miserables; pues en cubriendo con
sus párpados los ojos, enxuga sus lágrimas y sollozos, y le
hace olvidar todas sus penas, y así no sin razon se dixo,

que

que aún el hombre el mas infeliz y desgraciado podria con su socorro pasar la mitad de la vida como el mas feliz y afortunado. Pero este bien, hijos mios, llega á ser peligroso algunas veces, quando se usa con exceso. El sueño del sábio es pacífico, porque no es un sueño dimanado de la destemplanza y pereza, sino un sueño reglado, que toma siempre con su vista en Dios y entre los brazos de su providencia.

§. VII.

De los órganos de los sentidos.

¿Qué arte no se descubre, mis queridos amigos, en la ordenanza exterior de nuestros sentidos? ¿Pero qué sería, pues, si pudiesemos penetrar lo interior con la misma claridad que vemos su exterior, especialmente si pudiesemos seguirlos y registrarlos hasta la parte del celebro, en donde la naturaleza ha establecido la residencia del alma? ¿y quando digo de la naturaleza, tengo necesidad de preveniros, que es siempre su Autor inmortal él que yo entiendo? Limitemonos á una justa curiosidad á este respecto. Admiremos lo que podemos conocer, y adoremos la mano que nos oculta lo que no conocemos. Para continuar lo que voy sobre este asunto á deciros, me valdré tambien de las mejores fuentes, como lo he hecho hasta aquí.

El mas noble, el mas extendido en su jurisdiccion, y el mas instructivo en las ciencias, y en las artes es la vista, supuesto que por el órgano de este sentido es como conocemos á los demas. No se puede considerar la vista sin percibir desde luego en el ojo la mano, y el mas grande Maestro de Optica y de perspectiva. La forma exterior de este órgano es bastantemente conocida, ¿pero quántas maravillas juntas se admiran en su interior, cuya superficie convexa reune en sí todos los rayos que parten desde cada punto de los objetos, que van á romperse sucesivamente, para pintar sus imágenes como sobre una tela preparada por la naturaleza para recibirlas? y lo que hay de mas admirable á este respeto es, que las imágenes que se hallan impresas al reves sobre la retina, parecen derechas y se presentan como son en sí en nuestro espíritu. Pero otra maravilla mas: cada uno de nuestros ojos recibe su imágen particular del objeto que consideramos, y no obstante, no vemos sino uno solo. Añadamos, que nuestros ojos nos representan objetos mucho mas grandes y mas extensos que sus imágenes, como campiñas, mares inmensos, y un emisferio entero con aquel número inumerable de estrellas con que está sembrado. ¿Qué os diré aún? yo sería infinito si quisiese describiros todas las maravillas de este primer sentido.

Una falsa espiritualidad algunas veces se imagina, que todos estos conocimientos son superfluos, y que importa muy poco el saber, como se hizo lo que debe perecer. Es cierto, hijos mios, y ya con freqüencia os lo he repetido, que todo quanto nos distrae, es ménos una ocupacion séria que una pérdida de tiempo; ¿pero se puede calificar de frívolo el estudio que se hace de las obras del Criador, quando él mismo se dignó de mostrarse, si me atrevo á decirlo así, el aprobador y admirador, á fin de enseñarnos la justa admiracion, que debe causar y excitar en nosotros una respetuosa curiosidad? No lo dudemos; un expectáculo digno de Dios puede sin duda ser digno tambien de nosotros, y que lo que él mira con complacencia, puede muy bien ser el objeto de nuestro reconocimiento y de nuestras inquisiciones.

El segundo de nuestros sentidos es el oído, cuya estructura, se dice, que es de un arte mucho mas exquisito que el de todos los demas. Este órgano, como sabeis, se halla duplicado como el de la vista, y está colocado con simetría como él, de un modo para recibir de todas partes la accion de los cuerpos sonoros. El oído interior es una especie de instrumento de música, que en muchas partes recibe las vibraciones de ayre exterior, como en caño de órgano, por un conducto abierto por la parte de afue-

ra.

ra. Lo que se nombra el tambor está cubierto de una membrana suelta y tendida siempre, bastante para recibir estas vibraciones, y llevarlas prontamente al ayre encerrado en la caxa, baxo la qual la naturaleza ha colocado como una especie de eco, que aumenta el resonido reflexando los sonidos: todo el fondo del oído está entapizado con una membrana, que presenta al ayre que entra una superficie variada en mil modos, para variar hasta infinito las vibraciones sonóras que recibe, y transmitirlas al asiento del alma por el medio del niervo auditivo, compuesto, como el niervo óptico, de un número infinito de hilos, que se dirigen al celebro, y que á pesar de su multitud, y la variedad de los bamboneos que reciben, llevan los diferentes sonidos hasta el alma sin confundirse por el camino. ¿Se creería si una experiencia universal no nos presentase una prueba incontestable? Nosotros oímos á un mismo tiempo y sin confusion un gran número de voces y de instrumentos de música, en donde algunas veces hay cien cuerdas que resuenan juntas; y la misma maravilla que hemos notado en el órgano de la vista, aquí tambien se encuentra: este órgano, aunque duplicado, como el otro, no nos hace oír sino un sonido. ¡Ah, hijos mios! sufrid el que os lo repita sin cesar: jamas empleeis estos sentidos y los demas, de los que luego os hablaré, sino en gloria de su Autor; consagradle cada dia las primicias á lo ménos; pero no, aún van mas léjos mis deseos: Que vuestros ojos no vean sino al Criador en las criaturas; que vuestros oídos no distingan sino su voz sola entre todas las que podrán escucharse. No hay sino la soberana hermosura que tenga derecho para fixar nuestras atenciones, ni hay sino la armonía de los celestiales conciertos que merezca embelesarnos.

C §. VIII.

§. VIII.

De las propiedades de los sentidos.

El Autor de la naturaleza no ha apurado todo su arte en
la construccion de los órganos de nuestros sentidos primeros, los otros tres, aunque mas simples y mas limitados en
sus funciones, no contienen seguramente casi ménos cada
uno por relacion á su objeto.

El órgano del olfato se avanza entre los dos ojos con
magestad, para dar un relieve al semblante, y se detiene
muy á propósito sobre la boca, para no turbar sus funciones. Dos conductos iguales y semejantes están abiertos
con arte baxo su basa; ambos á dos están entapizados interiormente con una membrana delicada para recibir la accion de los cuerpos odoríferos, y un sin número de hilos
sueltos, y de pequeños canales se reunen á la entrada del
celebro en un solo ramillete, para hacer compañía al asiento del alma.

El órgano del olfato naturalmente nos conduce al del
gusto, y aun parece que le prepara. Aquí, ¿qué nuevas
materias de admiracion no se nos presentan? su situacion y
su extension, su admirable flexibilidad, y su movilidad en
su parte principal, la multitud inumerable de niervos y de
fibras que le componen, el modo con que se encaminan al
asiento del alma, para advertirla de la presencia de su objeto que se contiene en los sabores. La naturaleza ha colocado el gusto á la puerta por donde entran los alimentos,
para exâminarlos á su tránsito. ¿Podia su posicion estár mas
sabiamente ordenada? en su parte movible es en dónde y
cómo se juzga de su calidad en primera instancia, y en el
fondo del paladar es en donde se juzga en último recurso.
La experiencia misma nos enseña, que no hay en toda su
extension punto alguno que no sea sensible á todas suertes
de sabores. Ahora decidme: ¿quál, pues, debe ser la multitud

tud de nervios por donde pasan? La Anatomía nos descubre un sin número de glándulas pegadas á un número semejante de hilos nerviosos, que por una y otra parte se elevan desde el fondo del paladar hasta la raíz de la lengua, para dirigirse é introducirse en la substancia del celebro hasta el asiento del alma, sin confundirse entre sí, ni con alguno de los demas nervios sensitivos, á pesar de su variedad multiplicada.

¡O Sabiduría y poder divino! ¿Es posible que vivamos en medio de tantos prodigios, y que nosotros mismos seamos la materia continua, sin ofreceros el justo homenage de nuestro rendimiento y de nuestras acciones de gracias? ¿cómo no clamarémos con el Profeta? ¡quán hermosas son las obras del Señor! todos los que las consideran con una atencion religiosa, obtienen la inteligencia, y descubren siempre nuevos rayos de magnificencia y de amor.

En fin, mis queridos amigos, el último órgano de nuestros sentidos es el que se llama tacto, y luego percibimos una nueva maravilla: los demas se contienen en la cabeza, éste se esparrama por todo el cuerpo, por toda la superficie exterior é interior, por todos los diferentes vasos, por todos los canales, por todas las membranas, y hasta en el tuétano de los huesos, si se cree á los Anatomistas modernos. Nosotros nos limitarémos á considerar las maravillas de las partes exteriores de este órgano en este encubierto general del cuerpo, que es nuestro primer vestido. La naturaleza siempre perspicaz le formó de una consistencia mas firme que las membranas interiores, como hallándose el mas expuesto á los golpes. Es una especie de armadura de pies á cabeza, con que nos revistió el Criador, dice un Escritor ingenioso, que me sirve de guía; pero una armadura sensible al primer tacto, para advertirnos de la presencia de los objetos extraños, amigos ó enemigos, y para instruirnos de sus qualidades relativas á nuestras necesidades ó á nuestra conservacion. Pero habiendo como hay mucha distancia desde estos órganos hasta donde tiene

el alma su presidencia, y á donde van á parar sus acciones, ¿cómo ó de qué manera, me direis, al primer tacto
del cuerpo extraño podrán hacer, que se sientan los bamboneos que reciben? Acordaos de lo que os dexo dicho
del órgano del gusto; la naturaleza trabaja sobre el mismo plan
aquí, porque en toda la superficie exterior del cuerpo no hay
punto alguno físico, de donde no parta una infinidad de hilos nerviosos, que todos miran al celebro. Apénas éstos ex-
teriormente se tocan, quando nuestra alma luego al instante recibe el contragolpe, y la experiencia nos enseña y demuestra, que ellos caminan sin confundirse por sus caminos al traves de tántos canales tan estrechos y tan varios,
supuesto que las sensaciones que recibimos en cada momento, son tan distintas, como los objetos mismos de donde
provienen.

Entre todas las diferencias, que caracterizan las obras
de Dios, se encuentra siempre un fondo de analogía, que
manifiesta y demuestra la unidad del Obrero. Si la astronomía nos anuncia la inmensidad del Ser Soberano con la
de los espacios celestiales, la anatomía no ménos sensiblemente nos demuestra su inteligencia infinita con la mecáni-
ca de los cuerpos; y la principal ventaja que debemos solicitar en las ciencias, es un conocimiento mas reflexívo de
las perfecciones y atributos del Señor.

§. IX.

De la extension de los sentidos.

Todo llega á ser sentimiento, y todo sirve de instruccion
para un corazon atento y sensible, y no son necesarios esfuerzos ni habilidad para que se nos haga percibir en nuestros
órganos el exercicio del poder mas absoluto, y los dones de
una prodigalidad sin límites. ¡Qué riquezas, en efecto, no
descubrimos en éstos sentidos, en los que acabamos de admirar su estructura y sus propiedades! la tierra y los cielos
                                                        son

son de su dominio. Con su socorro nosotros gozamos de todos los bienes diversos que produce la naturaleza, y de ellos, en algun modo, es de quienes estas producciones reciben su valor y su precio. Sin el gusto, el sabor de los frutos no podria lisongearnos. Aquellos sonidos, cuya melodía nos encanta, sin el sentido del oído nos serian inútiles y extraños; y sin el de la vista, el sol brillaria en vano, y aun las maravillas del universo y el expectáculo magnífico del firmamento nos serian desconocidos. Nuestros ojos son los que nos hacen presentes todos estos astros tan distantes y tan brillantes; por su órgano es como vemos la luz, de la que no admiramos bastante el prodigio, por haber llegado á ser bastante comun.

La luz es la madre de los colores; su presencia los hace nacer, su proximidad los anima y los hermosea; su distancia los obscurece, y su ausencia hace que se desvanezcan. ¿Llega á aparecerse? luego al instante percibimos las hermosuras y bellezas, que nos ocultaban las tinieblas. ¡Qué seréis Vos, pues, ó luz increada! ¡fuente eterna de resplandor! ¡qué objetos tan amables! ¡qué soberana hermosura no verémos en vuestra luz, según la expresion de un Profeta!

En una palabra, hijos mios, sin la magia admirable, para volver á nuestro asunto, de todos estos diferentes órganos, cuya delicadeza, tisú y juego se escapan aun á las mas sutiles y agudas observaciones, la tierra no nos presentaria sino una masa informe y sin colores, sus frutos no tendrian para nosotros ni olor ni sabor, y los objetos que contiene, no serian sino unos objetos muertos por relacion á nosotros.

Al considerar estas maravillas, ¡se puede dexar de percibir que Dios en algun modo quiso imprimir su augusta semejanza sobre el cuerpo tambien como sobre el alma? ¿es verdad que no debemos buscar esta semejanza en la forma de nuestros órganos; porque aquél que hizo y formó el ojo, vé sin duda sin el socorro del ojo; el que hizo y formó la lengua y el oído, oye y se dá á entender sin el socorro de estos sentidos exteriores; pero la impresion de la imágen

gen del omnipotente visiblemente se encuentra en la excelencia de los efectos maravillosos de estos órganos. Ellos son tales; que por su medio el hombre es verdaderamente el Rey
de la naturaleza, é imita el poder y la actividad de su Criador.

El traspasa al Aguila con sus dardos, alcanza y atrapa al
Ciervo, hace caer al Leon en sus lazos, monta sobre el Ele-
fante, somete á los mas fuertes animales, y se hace lisongear aun de los mas feroces. Los monstruos mismos del mar
no podian ocultarse y librarse de sus golpes. El atrae á sí á
la enorme ballena. Aun hace mas: él pone en contribucion
aun hasta los mas profundos abismos; como un nuevo Protheo, él hurta el fuego celestial (vosotros sabeis la fábula
de este audaz; pero la verdad se muestra algunas veces baxo el encubierto de la fábula.) La industria del hombre junta
en el hogar de un vaso los rayos del sol reunidos con la
refraccion, forzando, si me atrevo á decirlo, al astro del dia
á baxar sobre la tierra, y con la ayuda de sus llamas, sor-
prendidas con destreza, abrasa las encinas, y qualifica los
metales. ¿Qué diré aun? él opone un dique á las olas encolerizadas, y se hace servir por los vientos. Pero lo que pone el cúmulo á las prerogativas de nuestro cuerpo, notad
esto bien, hijos mios, yo no lo digo sino despues del Apóstol:
el cuerpo es el ministro de la Religion, el testigo que de-
pone en favor de su verdad, y el soldado que defiende
su causa. ¿Puedo yo terminar este artículo con un elogio
mas completo y mas glorioso?

Es necesario que para finalizar os haga aun una reflexion.
¿Hubierais podido conjeturar lo que es el tacto, el gusto, el
oído, y la vista, si os hubierais hallado privados de estas
sensaciones? Pues ahora bien: admirad y respetad el arte y
las ventajas que brillan en estos dones diferentes: admirad
y amad aun mucho mas la bondad que se dignó de grati-
ficaros. Santificadlos especialmente con un uso legítimo y conforme á las intenciones de su Autor. Glorificad su sabiduría, dad gracias á su liberalidad, y pensad que en otro estado puede daros sentidos mas exquisitos, mas extendidos,
mas variados, y aun mas admirables.   §. X.

§. X.

Del Alma.

Ved aquí lo bastante, me parece, para daros un conocimiento suficiente de las qualidades de la economía, y de la ventaja de los diferentes órganos y demas partes del cuerpo humano. Ahora es necesario mostraros la naturaleza, y la superioridad de vuestra alma. Vosotros, mis amados hijos, sabeis muy bien, como siempre me apliqué desde luego, para daros á conocer todo su precio, enteteniéndoos con su dignidad, sus deberes y sus esperanzas. Pero ¡Ay! todo en el mundo parece haberse conspirado y ligado contra nuestra alma: todo conspira contra ella en favor de los sentidos; las precauciones, las pasiones, y aun hasta nuestro propio corazon, todo le hace una continua guerra. Sola la Religion está en favor suyo, y continuamente trabaja por asegurarla un honroso dominio. Ella nos dice sin cesar: jamas el alma podrá tener sobre el cuerpo toda aquella autoridad necesaria, si quanto ántes, como le sea posible, no le hace antever su glorioso destino, y le obliga á tomar su vuelo hácia el lugar de su orígen, trayéndosele á toda hora sin cesar á la memoria; porque si desde los primeros tiempos se la desprecia y se la adormece, como por lo ordinario sucede; si miéntras la juventud se la dexa ignorar sus derechos, no hay duda, que prescribirán en una edad mas abanzada.

El alma, pues, es la que merece nuestros primeros cuidados, y nuestras primeras y mayores atenciones. El alma es á quien es necesario engrandecer y adornar; lo que la interesa, debe ser nuestro negocio de todos los dias y de todos los momentos, todo lo demas debe tenerse y contarse por nada, porque no viene á ser sino pasagero, en lugar de que lo que pertenece al alma, lleva consigo un carácter de inmortalidad.

Sí, mis amigos, no lo dudemos; nuestra alma es una

imá-

imágen de la divinidad : ella lleva los rasgos del Ser Soberano. ¿Quál es , pues , la sublimidad de un tal orígen ? ¡Ah !
¿ podria concebirse , ni llegaria á creerse , si Dios mismo no
se hubiera dignado de asegurárnoslo ? Nosotros, en algun modo , somos las emanaciones preciosas de una fuente divina.
¡Qué gloria ! ¡qué favor ! El Criador se ha vestido , por decirlo así , él mismo en nuestro espíritu. Acojamos aquí todos nuestros pensamientos ; elevémonos hasta en el seno de
la inteligencia , y en las calidades de nuestra alma descubri-
rémos unas maravillas infinitamente superiores á todo quànto
el mundo visible nos presenta de mas precioso y brillante.

¿ Qué vienen á decir , en efecto, todos los seres materiales al hombre que los admira , sino que un solo rayo de
su razon excede sobre todo quanto tienen de mas hermoso,
y que el alma que abraza en su pensamiento todo el conjunto de la naturaleza , es mucho mas grande y mas admirable que en ella en toda su variedad ?

Por mas vasta que sea nuestra alma , ella es simple y una,
porque la substancia que conoce en ella , es la misma que desea y que quiere ; la misma que siente el placer y el dolor;
la que ama al uno como un bien , y aborrece al otro como un
mal ; la misma ; en fin , que reune en un mismo punto las cosas las mas opuestas en apariencia. De aquí , aquella inmensa
capacidad que tenemos para recibir á un mismo tiempo tantas
modificaciones diferentes ; de recibirlas , digo , no como el
cuerpo , las unas en una parte de su substancia , y las otras
en alguna otra , como reunidas indivisiblemente todas en ella
misma toda entera, sin mezcla ni confusion.

Yo veo la luz, yo oigo el ruido, yo siento el calor de
aquel fuego , yo percibo la figura de aquella silla y de aquella mesa ; yo gusto de estos frutos , y distinguiendo tantos
objetos diversos , no puedo distinguirme de mí mismo ; y á
pesar de esta multitud infinita de impresiones, que á un mismo tiempo recibe mi alma, yo siento y percibo que ella siempre permanece una y simple.

La actividad del alma , que es otra prueba sensible de su
sim-

simplicidad, no es ménos admirable y prodigiosa. ¿Hay sobre la tierra y en el cielo movimiento alguno que pueda igua-
larla? Yo en un instante recorro los dos polos; yo me elevo
hasta las estrellas fixas; yo subo y baxo por entre estos tan
vastos espacios en ménos tiempo, que el que es necesario para pronunciar estas palabras. La simplicidad de nuestra alma
tiene, pues, una especie de inmensidad, que la hace presente al término y sitio en que se halla, á aquel de donde
parte, y al lugar á donde intenta llegar. Estos son aquí, como veis mis amigos, unos caractéres muy notables, que nos
muestran en el fondo de nuestra alma una imágen sublime de
la divinidad.

¿Y qué dominio tan extendido no le ha dado la liberalidad del Señor sobre todos los demas seres? ¿A quién pertenecen todos estos objetos que decoran y hermosean tan mag-
níficamente el universo? ¿Esta luz tan viva que vemos en el
sol, y aquellos colores tan agradables esparramados sobre
nuestras praderías y nuestras campiñas? y en fin, aquellos olores y aromas que exhalan nuestros jardines, ¿los atri-
buirémos á los cuerpos que se presentan revestidos? cierta-
mente los cuerpos no son capaces sino de figuras y movimientos, ellos nada tienen mas en sí; por otra parte, es cierto
y seguro que la luz, los colores y los olores no son ni figuras ni movimientos, y que por consiguiente no pueden
ser qualidades materiales: luego de aquí debemos inferir,
hijos mios, que son sensaciones de nuestra alma, instituidas
por la naturaleza, para distinguirnos los objetos visibles con
las diferentes impresiones, que su presencia causa sobre nosotros. Desde entónces, ¿quántas riquezas y propiedades, ro-
badas por la injusticia de una falsa preocupación, se le vuelven á nuestra alma, y qué mudanza de escena en el universo para un espíritu atento é inteligente?

§. XI.

De las qualidades del Alma.

Ved, pues, ya aquí á nuestra alma como transportada, por decirlo así, no solamente con su inteligencia y su pensamiento, sino con sus sensaciones tambien en todos los objetos, que percibimos sobre la tierra y en los cielos. Ella vé por todas partes, por donde vé la luz y los colores, su propia substancia; y este mundo visible, al que atribuimos tanta hermosura, no es á lo mas que un vasto edificio, que tiene muchas formas, y muchos aposentos, cuyos muros solos pertenecen á la materia; pero su colgadura, que es la que hace el mas bello adorno, nos pertenece en propiedad; es decir, á nuestra alma, la que contemplando esta rica decoracion del universo, es ella misma la expectatriz, y á algunos respectos el expectáculo, que admira, sin saberlo si, buelvo á repetirlo, mis amigos, todas las hermosuras que vemos en el mundo, y que falsamente atribuimos á los objetos que nos rodean, como colores, olores, sabores, y una infinidad de otros sentimientos mucho mas penetrantes aun, y que pueden aficionarnos, no son sino modificaciones de esta substancia inmortal, que llamamos alma. Aquella armonía que nos eleva y encanta, no está en el ayre que hiere nuestro oido; y aquellos deleytes de los que los mas voluptuosos no tienen sino un débil sentimiento, se contienen en la capacidad de nuestra alma. Si nosotros tuvieramos una idea clara de la naturaleza; si vieramos en Dios nuestro ser tal como es, ¡Ah! nosotros descubririamos tanta sublimidad, tantos dones, y tantas riquezas reales, que no podriamos ya resolvernos á mirar los cuerpos; ántes bien los despreciariamos como un cieno vil y despreciable.

¡O gran Dios! es incontestable, el que vuestra magnificencia infinita ha prodigado mil tesoros á nuestra alma, añadiéndola un dominio extendido por todas las partes del universo! Vos quisisteis que ella pudiese ponerse en posesion,

trans-

transportándose en los cuerpos terrestres circunvecinos con
las sensaciones de los colores, diversificados hasta infinito,
los que contamos para distinguirlos los unos de los otros;
con las sensaciones del gusto, del olfáto, del oído, y del
tacto, para que nos uniesen con sus diferentes objetos; en los
ayres, y hasta en medio de las nubes, en los cielos, en
fin, y hasta el firmamento, como sobre las fronteras de
nuestro imperio con las sensaciones de la luz directa ó re-
flexa! Tal es, pues, la especie de inmensidad, que Vos habeis concedido á nuestra alma, la que sin salir de su cuerpo, se halla así en un instante por todas las partes por donde le agrada, sea en el cielo ó sobre la tierra, como un Rey
que visita sus estados en medio de los oficiales destinados
para hacerle por todas partes su cortejo.

He dicho como un Rey, mis queridos hijos, porque el
hombre lo es en efecto: colocado por la mano del Señor sobre el trono de la naturaleza, y elevado por su dignidad sobre todos los objetos que le rodean, no podia avasallarse
sin degradar su carácter. Su alma hecha para abalanzarse, como la llama á lo mas alto de los ayres, no puede sin envilecerse andar tristemente arrastrando por el cieno. Pero ¡Ah!
esto no obstante es lo que ella no se sonroja de executar! lla-
mada para unos bienes sin límites, ella se contenta con un
átomo vil y despreciable; criada con el sentimiento de su
inmortalidad, ella abraza un instante fugitivo, sin acordarse que aun en su degradacion lleva, á pesar de sí misma,
sus miras, en lo venidero, que por mas que amontone siglos sobre siglos hasta lo infinito, su pensamiento los adelanta todos. Lo mismo sucede en quanto al espacio: el alma no sufre especie alguna de límites; ella recorre, y atraviesa en un cerrar de ojos el universo, y se divierte entre
los astros. ¿Y qué puede concluirse de aquella inclinacion, á
la que nada puede detener su impetuosidad, sino de que es
una prueba sensible de la sublimidad de nuestros destinos?
El ave no recibió las alas para quedarse pesadamente en la
tierra. Convengamos, pues, y persuadámonos muy bien, de

que

que todo lo que es limitado, y que todo lo que se pasa, siempre será insuficiente para un ser inmortal en su duracion, insaciable en sus deseos, é ilimitado en sus pensamientos, y que sus disgustos, sus necesidades, y sus vastos proyectos son los títulos de su grandeza.

§. XII.

Dignidad del Alma.

Sí, mis amigos, aquel disgusto eterno que persigue y atormenta en todos los lugares al hombre; aquellos deseos inquietos que agitan sin cesar su corazon, no son sino el sentimiento de su inmortalidad. Este es el clamor de un alma, que no está en donde debia hallarse, y que llama y apela al objeto de la felicidad que le falta; sus disgustos le revelan su nobleza, y su miseria le muestra la felicidad que debe buscar. Es como un Rey destronizado, que no puede acostumbrarse á una vida privada, y á quien todo le acuerda su dignidad.

¿Podemos dudarlo aun? no; nosotros no estamos aquí en nuestra patria; nosotros andamos arrastrando por una tierra ingrata, en donde nada puede satisfacer nuestros deseos. Por mas que multipliquemos nuestros gozos, siempre en medio de esta falsa abundancia quedamos ambrientos, y los mas grandes placeres nos dexan ansiosos siempre. Por todos los estados, y las condiciones todas no se oyen sino quejas, y por todas partes se extienden los suspiros, para decirnos, que no hay ni puede haber felicidad acá abaxo.

Pero me diréis: ¿es posible que solo el hombre ha de ser ménos priviligiado que aquellos mismos animales á quienes comanda? fixad la vista sobre aquellos rebaños, que retozan y se regocijan en la llanura, y veréis, que limitándose solo al momento presente, al que su mismo instinto los inclina, pastan satisfechos, y están contentos con su suerte, y el hombre, que es la obra la mas querida y apreciada de Dios, ¿ha de ser ella sola la condenada á la infelicidad y desgracia?

cia? No, mis amigos; si aquí no le dexa otra felicidad que la esperanza, es porque le reserva para lo venidero otros bienes mucho mas preciosos que los de la tierra, y porque por la superioridad de su ser es tan superior sobre todos los objetos de los sentidos, que nada de lo criado podria llenarle ni satisfacerle. Mas grande que todos los honores de un Rey, y mas noble que todos los cetros y coronas, aun la posesion de mil mundos mucho mas brillantes que el que habitamos, le dexaria aun vacío. ¡Qué sois, pues! ¡ó substancia inmortal é inteligente! ¡Quál es vuestra excelencia!

Para formaros, mis queridos hijos, una justa idea de su excelencia, tomemos el vuelo, y elevémonos hasta en el seno del mismo Dios; miremos aquí nuestra alma, no simplemente en las maravillas admirables de su creacion, sino en aquel prodigio aun mucho admirable de su reparacion. ¡Ah! para poder concebir todo el precio de este tan incomprehensible como inefable misterio, no sería bastante el deciros, que todos los recursos de su sabiduría, todas las miras de su providencia, y todas las aficiones de su caridad infinita, no tuviéron otro designio que esta grande obra, hasta darnos á su propio Hijo, á su único Hijo, para volver á nuestras almas, desfiguradas con la marca del pecado, la hermosura de su primer orígen. Llevad tambien vuestras atenciones y todas vuestras miras hácia el cielo, en donde hallareis el fondo inagotable de su rescate; acercaos al trono del Cordero sacrificado, y bajad despues al calvario, y ved aquella sangre corriendo por todas partes, aquellas manos y aquellos pies enclavados, abierto aquel costado, y aquel cuerpo rasgado, y en vista de este cruel expectáculo, quedareis convenidos y persuadidos, de que era necesario, que fuesen muy preciosas á los ojos de Dios nuestras almas, supuesto que las rescató á tanta costa; que era forzoso, que la miseria, en que estaban sepultadas, fuese muy horrerosa, y en fin, que era necesario, que la felicidad, de que eran susceptibles, y á la que queria elevarlas, fuese muy estimable, supuesto que tanto le costó para que la consiguiesen;

res en cosa alguna, solo el espíritu es quien pueda tener estas atenciones y cuidados; y así al alma es á quien era necesario interesarla en la conservacion del cuerpo. ¿Pero cómo? porque ¿qué puede importarle esta conservacion? siendo, como lo es, inmortal por su naturaleza, á lo mas ella solo deberá hallarse y mostrarse como indiferente. No obstante, el Criador sabrá muy bien el como hacerla sensible, haciendo que su felicidad, ó su desgracia actual dependa del bueno ó del mal estado de su asociado; medio indefectible para obligar y empeñar al alma en todos los intereses del cuerpo; y con este designio quiso, que ella se juzgase íntimamente presente en todas las partes en las que se hallase su cuerpo, como si le fuese inseparable, y que apreciase su union, como sino pudiese sin él subsistir, ó á lo ménos el no poder ser sin su socorro plenamente feliz, y á conseqüencia de la primera de estas leyes por juicios naturales, y en algun modo invencibles, es, porque referimos todas las modificaciones de nuestra alma á qualquiera parte de nuestro cuerpo, como si ella residiese con una presencia local; y así nuestros pensamientos referimos á la cabeza, como si en ella se formasen; nuestros efectos al corazon, como si fuese su trono; nuestras sensaciones agradables ó desagradables á los demas órganos, como si fuesen los que sintiesen el placer ó el dolor, aunque mil pruebas bastantemente nos demuestran, que el alma sola es capaz de sentimiento y de inteligencia; pero la sabiduría divina proveyó admirablemente por este medio en la conservacion de nuestro cuerpo, porque siempre el interes personal es un grande móbil.

Admirad lo que esta misma sabiduría ha hecho aún. Quanto mas se adelanta en el conocimiento del hombre, otras tantas mas maravillas se encuentran. No era necesario el encerrar de tal modo el alma en el cuerpo, que no pudiese salir para considerar y contemplar los demas objetos, pues esto hubiera sido hacerla prisionera en su propio palacio; pero tampoco era necesario el que ella pudiese salir de mo-

do

do que fuese interrumpida su union, porque esto sería abandonar el cuerpo á accidentes demasiado funestos con la ausencia de su soberana. Entre estas dos extremidades el medio era, que el alma pudiese, por decirlo así, dexar el cuerpo, permaneciendo no obstante en él; y esta es la obra admirable de la sabiduría, que el Autor de la naturaleza executó tan divinamente con las cinco especies de sensaciones, las que enlazó á los órganos, que llamamos nuestros sentidos exteriores. ¿Qué cosa mas bien ordenada, en efecto, que nuestros sentidos, para derramar nuestra alma por el universo, sin causar el mas mínimo perjuicio á su union con el cuerpo, ó ántes, para derramarse con esta union sin privarla no obstante del poder, que la subordinacion exîge que tenga sobre sus órganos, supuesto que no tiene que hacer mas, que el querer para ponerlos en movimiento, sin deliberar sobre los medios, y aun sin necesitar de conocerlos? ¿quiero volver la cabeza? ella se vuelve: ¿quiero extender los brazos? ellos se extienden: ¿quiero andar? luego al punto se ponen en movimiento mis pies: ¿apresurar el paso? corren: ¿detenedme? se detienen: ¿quiero hablar? hablo: la memoria me provee ideas, la lengua articula los sonidos, y el órgano de la voz dá el tono que me agrada. ¿Quántas operaciones juntas que no me cuestan sino un simple deseo y un solo acto de voluntad? ¿Y de dónde les proviene á unos órganos sordos, de quienes no conozco ni los resortes, ni el juego, aquella obediencia rápida, que ellos aun mucho ménos conocen? ¿De dónde ha de provenir, hijos mios, sino de una ley impuesta por el Criador, que se digna de asociarnos con él en el gobierno de nuestro cuerpo?

Nada hay en nosotros, y al rededor de nosotros, que á cada instante no nos ofrezca mil nuevos motivos de reconocimiento y de admiracion. Pero ¡ay! á fuerza de ver todos los dias las mismas cosas, el espíritu se acostumbra tambien, como los ojos, y así con afrenta de nuestra gratitud es como las mas grandes maravillas, que parecen envilecerse con su continua repeticion.

E §. XIV.

§. XIV.

De la accion de Dios sobre nosotros.

¿Somos escusables de vivir en medio de tantos prodigios, y de mirarlos con una vista inatenta é indiferente? ¡O mi Dios! ¿Es posible, que la abundancia de vuestros beneficios sea la que agote en nosotros la fuente de los sentimientos, que á tan justo título os debemos? ¿Cómo sucede el que tengamos casi siempre cerrados los ojos, miéntras que nuestras manos continuamente se abren para vuestros Dones? No obstante, el hombre ingrato no podria subsistir ni un momento sin vuestra accion soberana, sin poder mover sin ella la mas mínima parte de su cuerpo; porque Vos sois, ¡O Motor Omnipotente! quien derramais sin cesar un espíritu de vida y de inteligencia: por Vos es como el hombre obra, habla, y oye, ó ántes, en Vos es, como lo declara el Apóstol, como tiene el ser, la vida, y el movimiento. Es por Vos como oye las palabras, cuyo sonido vendria vanamente á herir su oído, si Vos mismo no representáseis el sentido á su espíritu. Débil é impotente criatura el hombre, él mismo no es sino nada. El no puede subsistir ni un instante, sino con la accion continua de aquel que le dió el ser; él es quien sustenta con alimentos su cuerpo, y su alma con la comunicacion inefable de su substancia inmortal.

Yo tendré ocasion de extenderme un poco mas sobre esto, hablándoos de la memoria y de la palabra; pero lo que no podré repetiros demasiado, mis queridos amigos, es, el que como nosotros no vemos sino en Dios, ó á lo ménos con su accion los objetos que nos hieren los sentidos, él solo es á quien debemos amar únicamente en el uso legítimo que hacemos de todas las criaturas, como el mirarle y gustarle en ellos. Nosotros hemos considerado hasta aquí, hijos mios, en la estructura exterior é interior de nuestro cuerpo un palacio digno para alojar un espíritu, por el arte con que supo el Criador sacar de una materia vil

tan

tan admirables qualidades : hemos visto en nuestra alma una
inteligencia hecha á la imágen del mismo Dios, y en la union
de estas dos substancias un todo admirable y divino. ¿Pero
es necesario admirarse, el que por todas partes hayamos en-
contrado tantas maravillas? ¡Ah! esta es la obra de una mano, de la que no pueden salir sino obras perfectas. No obstante, no dexamos de percibir, que en el estado presente
de la naturaleza es una cosa humilde y baxa para nuestra
alma, el verse atada á un cuerpo, que la turba en sus operaciones intelectuales. No hay duda que seriamos mucho mas
sensibles aun, si me atrevo á decirlo, á esta especie de
abatimiento, si concibiesemos bien toda la excelencia de nuestra alma, y que en el justo arrebatamiento que nos causaria su hermosura, olvidariamos todo lo demas, y que no
velariamos ya mas en la conservacion de nuestro cuerpo, y
aun la despreciaremos como un vil vestido. Es, pues, un
rasgo de la sabiduría de parte del Señor el no habernos dado una idea clara de la dignidad de este ser espiritual é inteligente, cuya naturaleza y propiedades son tan maravillosas. Pero este es tambien un rasgo de su misericordia; porque si el hombre no mirase á su cuerpo como una parte íntima de sí mismo, y no le juzgase invenciblemente enlaza-
do en sus intereses los mas apreciables, ¿en dónde estaría su
mérito en los sacrificios continuos, que exîge de su sumision la justicia de Dios ultrajada por el pecado? ¿Qué satisfaccion ofrecería para expiarle en el don esteril de una
víctima extraña é indiferente? Admiremos la bondad infinita que supo aliarla con su santidad. Admiremos asimismo
su magnificencia, que nos ha conservado, á pesar de nuestra caida, un privilegio precioso, que repara con ventaja
todos los inconvenientes de una gravosa sociedad; pero ¿quál
es, me direis, este privilegio? Esta es la union de nuestra
alma con la razon soberana; alianza infinitamente mas gloriosa para nuestro espíritu, que lo afrentosa que puede sernos la del cuerpo. Hay una verdad suprema y universal presente siempre á nuestros espíritus, quando se la consulta

como es necesario. Nosotros fuimos criados para contemplar esta verdad eterna, esta razon soberana, y esta substancia inteligible, que contiene las ideas de todas las cosas, y en la que conocemos y vemos todas las verdades particulares, tales como las verdades de la moral, las de la geometría, y de los números, que invenciblemente persuaden en todo tiempo los diferentes espíritus que las ven. ¿Y de dónde toman esta mutua concordancia, sino en la verdad inmutable y necesaria, que á todos los alumbra con una luz secreta y general al mismo tiempo, á la que está unida nuestra alma de un modo maravilloso? Pero tened cuidado, mis queridos amigos, que el Autor de la naturaleza aligó el descubrimiento de estas verdades á nuestra atencion, como la vista de los objetos visibles y sensibles á la accion de abrir los ojos para mirarlos. Los objetos visibles, que los mire ó no, por todas partes me rodean; del mismo modo, siempre las ideas de la razon me embisten con su luz, sea que las aplique ó que las niegue mi atencion. Mis ojos se hiciéron para ver, pero si yo no los abro, yo permanezco en las tinieblas. Así mi espíritu fué hecho para conocer, pero si no lo aplico, permaneceré en la ignorancia.

El mas bello privilegio del hombre es la razon, con el que tiene el honor, ¡O mi Dios! de hallarse inmediatamente unido á vuestra razon soberana. Pero ¡ah! su inatencion le priva de una grande ventaja, y le hace baxar, por decirlo así, de su ser, dexándole estancado en una afrentosa estupidez.

¿Qué nos dice, pues, esta razon, mis queridos amigos, quando tenemos el cuidado de consultarla atentamente, y quando nuestras pasiones en silencio nos permiten el escucharla? Cada uno de nosotros descubre en esta luz un órden inmutable de perfecciones entre los diferentes objetos de sus ideas. ¿Y qué regla mas segura puedo prescribiros para fixar vuestros deberes de qualquiera naturaleza que ellos sean? y si la seguis con fidelidad, ¿á qué sublime virtud no os elevareis?

§. XV.

§. XV.

De la ley del órden Eterno.

¿Y qué nos representa primeramente la idea de Dios? Un Ser superior á todo, presente á todo, Señor de todo, y sosteniéndolo todo. La idea del espíritu: un ser simple, inteligente, y mas noble que el cuerpo. La idea del hombre: un ser mixto, compuesto, y superior á los seres privados de razon, y de inteligencia. La idea, en fin, de un hombre justo, sábio, y lleno de virtudes, nos representa un objeto mas perfecto que aquel que no tiene estas calidades, ó que las tiene en un grado inferior; y en descubriendo este órden, ¿quál es el entendimiento bastante ciego para no ver al mismo tiempo esta ley, que interiormente dice, que debemos poner el mismo órden en nuestros juicios, en nuestros afectos, y en toda nuestra conducta, como el estimar mas lo que mas lo merece por la superioridad de su ser, y por el grado de sus perfecciones?

¿No es este aquí, mis queridos amigos, el órden esencial de la justicia? ¿Vuestra misma razon no os lo dice claramente? ¿Y los primeros axîomas son mas evidentes que esta verdad, á la que yo llamo una ley eterna? Aplicad esta ley á todas las circunstancias en que podeis hallaros, y entónces ¿qué ventajas, y qué socorros no sacareis para vuestra conducta? Vosotros amareis y preferireis á todas las cosas, y á vosotros mismos al Ser infinito, cuyas perfecciones, atractivos, y beneficios exîgen todos nuestros sentimientos; vosotros respetareis por todas partes su presencia, que llena los cielos y la tierra; vosotros le adorareis en todos los lugares, supuesto que no hay alguno que no esté lleno de su magestad, de su bondad, y de su poder. Esta suprema adoracion, y este amor de preferéncia son unos deberes sagrados é indispensables para el hombre, y esta es la primera leccion, que la ley de la razon, y si me atrevo á decirlo, la del sentimiento, nos dá quando escuchamos su voz.

No-

Nosotros encontramos en estas dos impresiones la semilla de la religion, y la regla de nuestros deberes, y el homenage que damos á la soberanía del Ser supremo, honra nuestro corazon, perfecciona nuestra razon, asegura nuestras virtudes, y causa la felicidad de nuestros dias. Nosotros volveriamos á entrar bien presto en la condicion de los mas viles animales, si quisiesemos librarnos de un culto tan justo y tan razonable.

La ley del órden, hijos mios, exîge aún, que despues de Dios deis la preferencia á vuestra alma sobre vuestro cuerpo. Pero ¡ah! al ver lo que se pasa en el mundo se pensaria, que el cuerpo es el fin y el objeto de todo quanto se hace: jamás en los proyectos que forma la ambicion se trata ni de sus derechos, ni de sus esperanzas; siempre está de la parte de la carne ó de la sangre inclinada la balanza, en la que el siglo pesa sus acciones y deseos; el alma nada pesa á su vista, y en lugar de hacer que se respete su autoridad por este cuerpo, sugeto insolente y rebelde, y que está siempre pronto á revelarse, sino se le tiene baxo del yugo, se le fomenta sin cesar su audacia, usando para con él de una indulgencia la mas infame, y cediendo cobardemente á todos sus caprichos, llega á ser indignamente el señor. No es así como obra el sábio; éste regla sobre unas justas proporciones sus deseos; él los refiere todos á aquel amor constante del órden, que somete nuestro cuerpo á nuestro espíritu, para gobernarle baxo las leyes del Criador, quien nos ha puesto como en una plaza de guerra, para mantenerla en su servicio, sosteniendo nuestra dignidad. Nosotros encontramos, es cierto, en entrando en ella enemigos, que la desobediencia del primer hombre hizo señores de la plaza; unos sentidos imperiosos que usurpáron el comando; una imaginacion fogosa que no conoce regla; unas pasiones conjuradas contra la disciplina, y unas preocupaciones engañosas, que tratan de obscurecer la razon. Pero tengamos confianza, mis queridos amigos, consultemos sin cesar la ley del órden, y armémonos de vigi-

lan-

lancia y firmeza, y en reconociendo toda nuestra flaqueza, imploremos el poder de nuestro soberano, y pidamos á su misericordia lo que nos ha quitado su justicia.

El hombre en su orígen estaba destinado á una condicion mas tranquila. Señor absoluto de todos los movimientos de su cuerpo, las impresiones que recibia en virtud de las leyes de la naturaleza, le advertian de sus necesidades con respeto, y no excitaban en él sino deseos modestos y sometidos á la razon. Revelóse contra Dios, y prontamente se reveló su cuerpo contra el espíritu. Desde entónces, y despues de este momento fatal, es quando todo quanto se halla en nosotros, y al rededor de nosotros, ha venido á ser un lazo para nuestra fragilidad. No obstante, nosotros tenemos poder para avasallar y domar estos vasallos rebeldes con una atencion continua sobre nosotros mismos, que nos mantiene de centinela siempre contra sus ataques ó sus sorpresas, y con una generosa resolucion de combatirles sin cesar, y de no hacer jamas con ellos treguas ni paz, como en una guerra, en donde la suspension sola de las armas sería para nosotros una derrota, y en donde tambien por una felicidad señalada no puede ser vencido, sino quando se cesa de defenderse, y en donde la continuacion del combate es una victoria, y el precio de la victoria un reynado pacífico.

§. XVI.

De la voz de la conciencia.

Es del seno mismo del órden eterno de donde sale aquella ley íntima y secreta; aquella voz interior de la conciencia, que nos enseña á distinguir en las costumbres entre lo bueno y lo malo; la que nos manda lo uno y nos prohibe lo otro; la que nos juzga sobre la calidad de nuestras acciones; la que nos hace percibir ó la bondad ó la malicia; y la que nos llena de una satisfaccion tan dulce en la virtud, ó de un disgusto tan amargo en el vicio. No; aquella voz que el hombre oye sin cesar en el fondo de su alma;

ma; aquella voz que el sabio escucha, y en todo tiempo consulta; y aquella voz que el insensato teme, y que no puede acallarla, no es no una ilusion. La verdad no podia establecer en nuestro seno un oráculo de la mentira.

Ministra del Soberano Juez la conciencia, tiene su silla y su lugar en medio de nuestro corazon, ó para absolvernos ó para condenarnos. Intérprete fiel de la ley suprema del órden, le dice en alta voz al voluptuoso, que un espíritu no puede sin degradarse reconocer á un cuerpo por su señor, y si llega á esta indignidad, ella no cesa de reprehenderle la afrenta de esta esclavitud. Pero ¡ay, mis amigos! la venda del error y el de las preocupaciones obscurecen con freqüencia esta luz. El ruido de las pasiones, el tumulto del mundo, y el mormullo de los sentidos se unen para ahogar y confundir la voz de la conciencia. El amor propio la desfigura, la ceguedad la palia, el hábito del crimen la interrumpe, y la impiedad, en fin, la hace callar, y este silencio es el cúmulo de todos los males.

¡O ley incorruptible escrita con caractéres divinos dentro de nosotros! mostraos siempre á estas almas tiernas, á quienes instruyo, para hacerlas dóciles á vuestras lecciones. Alumbrad todos sus pasos, guiadlos por los caminos de la sabiduria, y hacedles gustar la calma que Vos concedeis á nuestros corazones, quando siguen con fidelidad vuestras saludables impresiones.

Sí, hijos mios, quando uno no quiere cegarse, fácilmente se descubre, que la virtud es un sentimiento natural al hombre, y que las acciones que ella desaprueba, son acciones, por decirlo así, que la embriaguez del vicio y el letargo de la conciencia pueden solos cometer. Fijad la vista sobre todas las naciones, recorred todos los tiempos, y entre esta prodigiosa diversidad de costumbres, por todas partes hallareis las mismas ideas de justicia y de honestidad, y por todas ellas las mismas nociones del bien y del mal. Por mas que el paganismo adorase á unos dioses criminales, celebrando las fiestas impuras de Venus y Júpiter, se

ad-

admiraba y se alababa la castidad de un Hipólito, y la continencia de un Scipion. ¿Y no es esto, en una palabra, una prueba auténtica de la verdad que he referido? ¿Qué es lo que dexa en nuestro corazon una satisfaccion mas dulce ó mas consolatoria? ó un acto de maldad, ó un acto de beneficencia? ¿De dónde nos vienen aquellos raptos de admiracion á la vista de una accion heroica? ¿aquel interes tan vivo, aquellos sentimientos, y aquellas mismas lágrimas que tributamos á la virtud oprimida? ¿Y de dónde tambien aquellos movimientos de indignacion que nos causa la relacion, ó el aspecto del vicio triunfante?

Convengamos, pues, mis queridos amigos, que hay en el fondo de nuestras almas un principio innato de justicia, sobre el qual, á pesar de las máximas corrompidas del siglo, juzgamos nuestras acciones y las de otro sobre la regla inmutable del órden.

§. XVII.

De la fuerza de la Verdad.

La fuerza de la verdad no se dexa percibir ménos en nuestros corazones, que el imperio de la conciencia; porque á pesar de la depravacion, en que el mundo está sepultado, como debaxo de un diluvio universal, siempre puede decirse, el que aun reyna el amor de la verdad. Nada se atreve á mostrarse sino debaxo de sus insignias, y el error no puede extenderse sino baxo su nombre. La mentira no se hace creer sino disfrazándose con el nombre de la verdad. Esta se pide en el comercio de los pensamientos y de los sentimientos, que se manifiestan con la palabra, como tambien en la historia, y aun en la fábula. Las ficciones poéticas no agradan sino por la verdad que prometen debaxo de este encubierto agradable. En las conversaciones particulares, frente á frente, ó en compañía, siempre se quiere que acompañe la verdad todos nuestros discursos. Esta es la primera ley de la sociedad, y este es el

F

cla-

clamor general de todos los hombres. Yo no temo el citar
por exemplo á los mentirosos mismos, aunque su testimonio sea sospechoso. ¿Hay alguno, pregunto, que sufra con
paciencia, que se le mienta? y si él percibiese que se le
daba moneda falsa, con la que él mismo quiere pagar á
todo el mundo, ¿no seria el primero que se quejaria? ¿Y
qué es todo esto, hijos mios, sino un homenage sensible,
que la mentira, aun á pesar de sí misma, tributa á la
verdad, miéntras que él la hace traicion con la mayor audacia? ¿Qué carácter mas odioso, ni mas despreciable, que
el de un mentiroso? en él se encuentra una monstruosa
mezcla de baxeza y de desupco.

Una alma bien nacida no necesita de preceptos, para concebir un justo horror de este vicio: ella evita aun aquellas
restricciones, aquellos equívocos, y aquellos subterfugios,
mas propios para multiplicar la mentira, que para ocultar
lo que no quiere que se sepa; vuestra delicadeza á este
respecto no puede ir mas léjos. Si no siempre es necesario
decir lo que se piensa, es necesario siempre pensar lo que
se dice. El verdadero uso de la palabra es el servir á la
verdad. El hombre de bien aprecia mas el faltar á su fortuna, que á la justicia y á la verdad. Su palabra tiene toda la autoridad de los juramentos, y tiene por ella un respeto de religion. El falso en las acciones no es ménos
opuesto al amor de la verdad, que el falso en sus conversaciones. El sábio nada tiene que ocultar, y puede sin temor mostrarse á descubierto.

¡O Dios de verdad! ¿Cómo se tiene la osadía de hacer
traicion en vuestra presencia á una virtud tan querida á lo
más esencial de vuestros atributos? El atractivo que el
Criador ha puesto en nosotros por la verdad es tan fuerte,
que no puede renunciarse sin interiormente sonrojarse, y
sin experimentar los mas vivos remordimientos; y el
mentiroso, aun el mas audáz, siempre se descubre por
algun lado si se le quiere seguir hasta el fin. Aquel, dixo un Autor antiguo, es semejante á los dioses, que obra
el

el bien , y que ama la verdad. Amadla , pues , hijos mios ; respetadla aun hasta en las cosas las mas indiferentes ; no la maltrateis jamás , ni aun por juego ó por diversion. Acordaos, en fin, que no hay cosa mas gloriosa para el hombre , que la de poder unirse en todo tiempo á la verdad eterna y á la razon soberana. El Señor, mis amigos, es inagotable en sus dones, y todos igualmente llevan la impresion y sello de su magnificencia , y de su poder.

Una de las mas honrosas prerrogativas , que tuvo á bien de concedernos, es la de nuestra libertad , la que viene á ser una especie de soberanía natural , y que no depende propiamente sino de Dios , á quien le debemos el homenage. Nos ha criado libres, á fin de que pudiesemos ofrecerle el mérito de nuestras acciones. Nos crió para ser felices, y para que lo seamos por nuestra eleccion ; y por nuestros esfuerzos, sostenidos y seguidos de su gracia. El formó á su imágen nuestra alma, y á fin de que no falte rasgo alguno á la augusta semejanza , que se dignó de concedernos, nos hizo participantes, en algun modo , de su independencia. Si, hijos mios, no hay autoridad alguna sobre la tierra , á ménos que vosotros consintais, que pueda quitaros el dominio, que el Señor os ha dado sobre vuestra voluntad. Atenta su providencia estableció un donsejo en nuestro corazon para guiar esta soberanía : el órden, la verdad, la sabiduría, la equidad, y la razon con que quiere que jamás se aparte en su conducta ; y así solo por negligencia, ó despreciando los avisos de este sábio consejo, es como nuestra alma pierde el glorioso derecho de comandar sus pasiones, y de reynar sobre sí misma. Nada hagais, pues, sino conformándoos con las deliberaciones ilustradas de este consejo. Consultad en todo tiempo esta regla perfecta é inmutable del órden. Dirigios á este Maestro interior ; escuchad, y seguid sus lecciones ; temiendo siempre el que vuestra libertad , esta noble prerrogativa de nuestro ser, no venga á ser para vosotros un presente funesto.

§. XVIII.

De la Imaginacion.

Otra facultad de nuestra alma, de la que debo hablaros, y de la que es muy á propósito de haceros temer sus extravíos, es la imaginacion.

La mitad de nuestro ser es cuerpo, y los cuerpos que nos rodean influyen mucho, mis amigos, sobre la mayor parte de nuestras operaciones. Tal es nuestra condicion actual, y este es un rasgo de la sabiduría del Criador, quien quiso, que casi todos nuestros pensamientos fuesen acompañados de alguna imágen corporal, á fin que no pudiesemos transportarnos ántes de tiempo en un estado de pura inteleccion. Todos nuestros conocimientos usuales se fixan y se dirigen por signos sensibles. Sin este socorro ó no se forman nuestros pensamientos, ó prontamente se escapan, de aquí proviene que casi todos los dias toman la impresion de algunas de nuestras sensaciones, que son como otros tantos apoyos, que Dios ha dado á nuestro entendimiento. Es cierto que él ha constituido á este el Rey de la imaginacion y de los sentidos, y le ha concedido el poder de citar ante él á estos Agentes subalternos. A él le pertenece, en virtud de este derecho, el exâminarlos, el preguntarlos, y el confrontarlos, como el aprobarlos ó condenarlos.

Quando á la imaginacion acompaña la razon, y que ella se dexa gobernar por ésta, entónces esta concordancia causa su fuerza y su solidéz, pero lo mas freqüentemente ella se extravía, quando camina sola porque casi siempre hay algo de falso y de excesivo en las imágenes que nos presenta.

Una imaginacion viva y brillante se mira como un don muy ventajoso de la naturaleza; pero tambien es necesario el confesar, que algunas veces es un presente muy peligroso, á ménos que un juicio sólido sepa conducirla y sujetarla quando es necesario. Esta facultad engañosa altera y

abul-

abulta con demasiada freqüencia las ideas que recibe. Quando el alma está apasionada por el objeto mismo, no lo está ménos con su memoria. ¿Qué digo? la imaginacion en
ciertas personas va aun mucho mas léjos: ella llega á ser
sentimiento, y así no solamente se acuerda, sino que ve
y realiza todo quanto se la representa, y se halla tan con-
movida y transportada, que se avalanza, por decirlo así,
fuera de sí misma; y de tal modo se entrega á su objeto,
que dá un cuerpo aun á las fantasmas mas frívolas, y ani-
mando una vil materia, la adorna con unos colores vivos ó
sombríos, segun el sentimiento que la afecta. Unas veces se
pasea por unas riberas floridas en medio de las mas risueñas campiñas, y otras se sepulta entre los intrincados rodeos de un bosque obscuro y sombrío. Ella se asombra
con los silvidos de los vientos, se aterra con las tempestades, y se abrasa con los ardores del mediodia. ¿Qué mas
os diré? No hay cosa alguna que pueda detener su actividad, y el universo todo es demasiado estrecho para ella.
Ella se recalienta, se fecunda, y engendra otro nuevo mundo mucho mas extenso que el primero; ella propasa los
límites de los tiempos y de los lugares, se eleva á su agrado, se sumerge en el abismo, recorre toda la inmensidad
del espacio, y retrata con el pensamiento las diversas maravillas de la creacion. Pero todo lo que ha sido, y es, todo esto no es aun bastante para satisfacerla; ella vé aun
muchos mas seres, que jamás existirán. Ella dice á los nuevos mundos que se forma: *naced*, y á su voz salen de la
nada, y se le muestran con los mas brillantes colores. ¿Hasta donde no extiende la imaginacion su imperio? ella es la
que con freqüencia dá á los objetos que mas nos encantan la hermosura y la brillantez que les encontramos. Los
cuerpos, mis queridos amigos, necesitan de artificio para
buscarse por el espíritu, y este es el prestigio de la imaginacion, la que se los provee, hermoseándoselos á nuestros
ojos, y engañándonos con una especiosa apariencia. Despojadles
de aquella corteza vana, ¿y qué queda de engañoso entónces?

ces? Arrancad, por exemplo, á aquel hermoso semblante aquella piel tierna y delicada, que es la que causa el mas poderoso atractivo, y hallareis, que la mas encantadora hermosura vendrá á ser un objeto de horror y de espanto.

Y en fin, ¿de quántas ilusiones, turbaciones, y errores no es una imaginacion fogosa el orígen? Yo sería infinito, si quisiese referiros todos los efectos que ella produce en los que se entregan á sus caprichos. Ella entiende sus
pasiones, las palía, las escusa y las justifica. ¿Y en qué extravíos no se precipita algunas veces aun en los mas bellos
genios? semejante á un caballo fogoso y desbocado, vuela,
levanta una nube de polvo, salta y brinca sobre los zarza-
les y fosos, y lleva al caballero, que no es ya señor de sí
mismo, al traves de las rocas y precipicios; pues así, y del
mismo modo una imaginacion recalentada, que no escucha
la razon, es como se pierde en sus quimeras, y viene á dar
sin poder detenerse, en toda suerte de traveses, y desvaríos. Ella los lleva con demasiada freqüencia hasta en la piedad
misma. Ella nos preocupa en nuestros juicios, y nos distrae
y extravía en la oracion. La imaginacion de un escrupuloso
le consume sin cesar, obscurece y muda para él todos los
objetos, y en lugar de mostrarle al Señor como un Padre
tierno y compasivo, se lo pinta como un juez implacable y
quisquilloso, y como un Señor rígido y severo. Ella oculta á su corazon sus bondades y sus misericordias, para hacer que no luzcan á sus ojos turbados, sino rayos y furores. En fin, las ideas las mas caprichudas, y los monstruos
los mas horribles y feos son la obra de una imaginacion desconcertada.

¡Es necesario, mi Dios, que el hombre pervierta así vuestros dones, y que no haya alguno del que no abuse! ¡Es
necesario que la corrupcion, semejante á un veneno contagioso, se extienda á lo léjos sobre todos vuestros presentes, y
que tan tristemente los desfigure! La imaginacion y los sentidos debian, por las leyes de la union del alma con el cuerpo, impuestas por vuestra sabiduría, servir para nuestra fe-
li-

licidad y nuestra conservacion, y no son con demasiada frequüencia, sino la causa de nuestra pérdida, y de nuestra desgracia! Guardadnos, Señor, de su ilusion. Curad todos los males que nuestra depravacion saca de vuestros mismos bienes, y no permitais que nosotros los hagamos los instrumentos funestos de nuestra concupiscencia y de nuestros errores.

§. XIX.

De las pasiones.

El desórden de la imaginacion, y las impresiones desordenadas de los sentidos son los frutos afrentosos del pecado; el desórden de las pasiones es aun un tallo de aquel tronco corrompido. Las pasiones destinadas desde luego por la institucion del Criador para el bien de la Sociedad, y para concurrir al mas bello órden del universo, no causan por lo comun sino la confusion y la turbacion. Semejantes como aquel árbol fatal colocado en el jardin de Eden, para experimentar la sumision de nuestros primeros Padres, y que causó su pérdida; las pasiones, que en su orígen debian por una dependencia respetuosa honrar en nosotros la imágen de Dios, por la mas deplorable mudanza, son el dia de hoy la materia de nuestro deshonor y de nuestra pena. Distingamos siempre en ellas lo que tienen por su naturaleza, y lo que han venido á ser por el mal uso que se hace.

El hombre, mis queridos hijos, como lo habeis visto, es espíritu y cuerpo, de donde se sigue, que sus pasiones deben necesariamente componerse de muchos sentimientos diferentes; de emociones en la voluntad, y de movimientos en la sangre y en los espíritus; los unos y las otras acompañadas de las aficiones del corazon, que llevan nuestra alma hácia los objetos; así como las sensaciones la derraman por todas las partes de nuestro cuerpo. Tomadas las pasiones en este sentido, son la obra de la naturaleza, porque nosotros desde la mas tierna infancia las experimentamos. Nosotros ántes de reflexionar sentimos; ellas tienen por fin, el

apar-

apartar de nosotros lo que podria dañarnos, ó el asegurarnos la posesion de lo que puede sernos ventajoso; y por
consiguiente puede decirse, que el bien y el mal, yo por esto entiendo el placer y el dolor, son todo el fondo y el objeto de nuestras pasiones.

Antes que el pecado hubiese debilitado su ser, el hombre no conocia sino los verdaderos placeres. El sentimiento
del dolor se siguió á su caída, y de aquí provino la ceguedad, que causa su inadvertencia y desprecio por relacion
á los verdaderos bienes y los verdaderos males: sí, mis amigos, á este momento infeliz es á quien debe referirse, y
señalarse la época de las contradicciones continuas, que sobre esta materia experimentamos en nosotros mismos.

Semejantes á aquellas aguas benéficas que ha amontonado
la industria para derramar la fertilidad y la abundancia, y
que en llegando á romper los diques que las detienen, llevan por todas partes la desolacion y el terror, así tambien
las pasiones en saliendo de sus justos límites causan todos
los males, que estragan la tierra; porque siempre el abuso de nuestras facultades es lo que nos hace infelices, haciéndonos culpables. Nuestras penas, nuestras tristezas, y nuestros cuidados nos vienen de nosotros. El mal moral es nuestra obra, y el mal físico sin él sería muy poca cosa. En efecto, sin él, hijos mios, ¿qué es lo que unos dolores pasageros, y unos disgustos engañosos y frívolos podrian afec-
tar un ser inmortal? ¿y no hay derecho para decir, que lo
que comunmente causa nuestra mayor alegría, ó nuestros mas
amargos pesares, causa tambien nuestro mas grande error?

¿Pero en qué relacion no era necesario entrar, para hacer aun en compendio la historia de nuestras pasiones humanas, para pintar sus caractéres, para señalar sus efectos, sus
progresos, sus contrariedades, y sus correlaciones?

Cada pasion habla un lenguage diferente, y todas, no
obstante, dicen una misma cosa: todas conspiran contra nuestro sosiego; todas nos apartan de nuestra verdadera felicidad; ellas se hacen sentir y percibir en todos los tiempos;

no solamente son de todas las edades, sino tambien de todas las situaciones y de todos los estados; no hay país alguno donde sean extrangeras, ninguna condicion, ni asilo alguno donde no penetren.

Enemigas mortales de la piedad y de la virtud, todas las pasiones son atheistas. Hablad de Dios á la cólera, y blasfemará. La envidia se revela contra la providencia, pareciéndole que no se hace el bien á otros sino á su costa. La ambicion no adora sino á la fortuna, la avaricia sino al dinero, el deleyte sino á sus brutales apetitos, el orgullo no quiere superior, la pereza lo sacrifica todo á su indolencia, y el odio todo á sus furores; y así es como las pasiones, aunque opuestas las unas á las otras, se concuerdan todas, para sacudir el yugo que las violenta, y para substraerse de la ley del órden eterno. Hé dicho que son opuestas las unas á las otras; y en efecto, mis queridos amigos, para satisfacer una pasion es necesario, por lo comun, encadenar, por decirlo así, á todas las demas. La vida voluptuosa se opone á la ambicion, la avaricia no quiere pagar el deleyte, y el deleyte á su correspondencia encuentra su fin en sus excesos, ó se embota bien presto con la saciedad; así es como se combaten mutuamente las pasiones, y como desde la rebelion del primer hombre han caido en la demencia y en el mas afrentoso abatimiento. Olvidando los deseos nobles, que eran sus objetos naturales, ellas todas se limitan á la pequeñez de esta tierra, por donde andan tristemente arrastrando, y aun es muy poco el que no degraden al hombre que se hace su esclavo, hasta la condicion de los mas viles animales. Tal fué en otro tiempo el orgulloso monarca de Babilonia, quien herido por la mano de Dios, olvidando su dignidad y su cetro, se huyó entre los brutos.

La bondad de Dios, mis lecciones, mis cuidados, y vuestra juventud os han librado hasta aquí de las grandes pasiones. Quiera el cielo, mis amigos, que jamas experimenteis su cruel imperio. Si no se nos ha dado el poder arrancar enteramente todas las raíces de aquella estirpe emponzo-

G

ña-

ñada, que debe su nacimiento al pecado, la gracia, á lo ménos, puede corregir la amargura de estos frutos salvages y peligrosos, purificar sus xugos, y hacerlos útiles á las virtudes, que quisieran inficionar.

§. XX.

Ilusion de las pasiones de los sentidos.

Una falsa filosofia se lisongea de poder contener en sus justos límites las pasiones. Ella quiere que no tomemos sino la flor, sin tocar las espinas : proyecto quimérico, al que una triste experiencia desmiente. ¿Es, pues, fácil el detenerse sobre la inclinacion rápida de un precipicio? y por otra parte, ¿pueden algunas gotas de un agua turbia y cenagosa satisfacer la sed de un corazon sediento? En lugar de estrechar nuestros deseos, es necesario, para ser feliz, el extenderlos y dirigirlos hácia un objeto sin límites; ¿y á quál otro objeto que á Vos, ¡ó mi Dios! que podeis llenar los deseos infinitos de un ser inmortal?

¿Habeis penetrado en las profundidades del mar, decia otras veces el Señor á Job? pues el corazon del hombre es aun un abismo mas vasto; yo solo puedo sondearle, y como no hay sino yo, que tenga derecho para apaciguar las olas encolerizadas, yo tambien solo tengo el poder para calmar sus agitaciones y alteraciones.

El amor y la ciencia son otro tanto de la esencia del alma, como la luz y el calor lo son de la del sol. Pero lo que con tanta freqüencia nos engaña, mis amigos, y que casi siempre nos hace el tomar y abrazar la mudanza, es, el que los objetos de nuestras pasiones se hacen mucho ántes sentir, que el darse á conocer. Como perderian demasiado si sufriesen ántes el exámen de la razon, por tanto la previenen, ofuscando la luz de la razon con mil fantasmones engañosos, que nos ocultan los defectos, y así entran en el corazon á favor de las tinieblas; y de aquí proviene aquella ficcion de aquella venda fatal, que al Amor pusiéron los

Poe-

Poetas, que es la primera de las pasiones. Los sentidos espesan aun mucho mas este velo: pero, ¡Dios mio! ¿por qué deplorable fatalidad es necesario que mi cuerpo me parezca que hace mas de la mitad de mi ser? yo no, no puedo sin una extrema violencia separar mis intereses de los suyos. Sus bienes y sus males causan mutuamente mi miseria, ó mi felicidad. Yo no puedo escucharle sin emocion, violentarle y contradecirle sin pena, maltratarle sin herirme, ni verle sufrir sin afligirme. Seducido y agravado por mis sentidos, doy á los vanos objetos, que me rodean, una realidad que no tienen. Yo me detengo en ellos, los amo, y los admiro, en lugar de entregar y dirigir mi amor y mi admiracion á la mano invisible que los produce, y que sola ella contiene todas las perfecciones, que me encantan en ellos. Es verdad, Señor, que aunque en todo tiempo esteis tan presente en nuestros corazones, quando éstos quieren miraros, vos no dexais de presentar á nuestros ojos aquella mano adorable, que á cada instante prodiga mil dones y mil favores; pero nuestra ceguedad no justifica nuestra ingratitud; porque no tenemos sino el entrar dentro de nosotros mismos, y humildemente buscaros para encontraros.

Bien diferentes de los cuerpos, los objetos puramente espirituales, estos casi siempre se nos dan á conocer aun antes de llegarlos á sentir. Como un amor ciego es indigno de ellos, ántes de lisongearnos, quieren agradarnos y atraernos con el sentimiento. Así el deber agrada al sábio por la hermosura del órden que le prescribe, aun ántes que el agradarle por la satisfaccion que gusta despues de haberle seguido. Por tanto del hombre justo puede decirse, que no porque le causa placer y deleyte la virtud, le agrada, sino porque le agrada, le causa el placer y deleyte. Esta distincion es verdadera, y un corazon noble y desinteresado debe sin duda sentir la rectitud.

La primera pasion, mis queridos hijos, y la sola que nace con el hombre, y que jamás le dexa miéntras vive, es el amor de sí mismo; pasion primitiva y anterior á to-

das

das las demas; que no son sino modificaciones de ésta, ¿y
quáles son, en efecto, los diversos sentimientos, que agitan á su turno nuestra alma, sino amores disfrazados? El
deseo y la aversion, la esperanza y el temor, son impresiones del amor, que van hácia los objetos, ó que se apartan,
segun lo son agradables ó contrarios. La alegría es su descanso, y el dolor su martirio, y en estos estados diferentes, siempre es el mismo, y conserva su esencia en esta
variedad de efectos.

No se aborrece comunmente, sino porque se ama : una
misma causa produce freqüentemente los mas contrarios movimientos; semejantes á los vagíos del océano, las pasiones se empujan, se unen, y se dividen; y el corazon es
siempre el que se vé entregado al juguete de su fantasía y
de su furor.

El amor, mis queridos amigos, es una impresion, que
invenciblemente nos lleva hácia el bien; este es el mas dulce sentimiento que hemos recibido de la naturaleza, y el
mas apreciable tambien á nuestro ser; él es el alma, la felicidad, la perfeccion y la vida. ¿Pero á que otro, que al amor
sagrado pueden convenir estos diferentes epitectos? No se deben prescribir límites á este sentimiento, quando tiene por
objeto al bien soberano; el amor de los bienes finitos y limitados es vano ó indigno de la grandeza de nuestros deseos, como asimismo de la nobleza de nuestras esperanzas.

Baxo de qualesquiera colores que se oculte, especialmente el amor profano, no os dexeis engañar; hijos mios,
este es un sentimiento tan vil, como contrario á nuestra
verdadera felicidad; esta es entre todas las pasiones la mas
peligrosa y la mas ciega; la que mas altera la paz de nuestra alma, la que mas causa los desórdenes en las costumbres, y la que hace perder con mas fuerza el gusto de todos los deberes.

§. XXI.

§. XXI.

Del amor propio.

El amor propio es aquel amor por el qual todo nos lo referimos á nosotros mismos, y siempre nos buscamos hasta en los deberes que cumplimos. Este amor es siempre vicioso. La virtud verdadera no dexa caer sus miradas ni sobre sí, ni sobre los objetos de este mundo; ella no mira sino á Dios en sí y en los otros. Insensible sobre todo lo restante, ella oye con el mismo semblante las alabanzas y los menosprecios, y no aspira sino á la gloria de agradar á aquel solo, que debe ser el fin, como lo es el principio de todo bien. Ella siente su propia flaqueza, y tal como un hijo, que se apoya sobre la mano de su madre, toma para sostenerse el brazo del Omnipotente, y no cuenta sino sobre él.

Al contrario el amor propio, éste es presuntuoso y fiero; se complace hasta en su miseria, y la prefiere á la riqueza de alguno otro. El desprecia todo quanto no puede apropiarse. Si se vé forzado á percibir en sí algunos defectos, los palía, los excusa, y se apresura en apartar la vista, para no detenerla sino sobre las buenas calidades, que falsamente se arroga, y que mira sin modo, como su propio fondo y su propia substancia. Se admira sin cesar, á sí mismo, lo refiere todo, se alimenta de todo, y mucho mas deliciosamente aun de la gloria de la virtud; semejante á aquellos monstruos, que mas codiciosos son de la sangre humana, que de toda alguna otra.

Vosotros, mis queridos hijos, debeis otro tanto mas temer á este enemigo, en quanto es tan artificioso como terrible, y que vive en medio de nosotros, y toma toda suerte de formas para sorprendernos. Desconfiad de él, mis amigos, no hay sino una atenta vigilancia, que pueda ponernos al abrigo de sus seducciones. Desconfiad en todo tiempo y en todo lugar. El es el mas peligroso de todos los lisongeros, dixo un autor célebre, y yo añado, que es el mas pérfido de todos los traidores.

El

El mantiene una fatal y continua correspondencia con nuestro corazon; él se insinúa en los mas secretos dobleces de nuestra alma; unas veces como un sutil veneno, que se escapa á la vista, pero cuyos vapores malignos inficionan repentinamente todos nuestros sentidos : otras como una bebida agradable que nos endormece, pero cuya funesta dulzura es tan contagiosa, que aun el hombre mas virtuoso no debe dexar jamas de estar sobre su guarda, como aquellos caminantes que se ven forzados á atravesar llanuras apestadas, en donde el mas ligero sueño es seguido de la muerte.

Algunas veces el amor propio, como una serpiente astuta, se introduce baxo las flores de la piedad; otras se pone á cubierto baxo la sombra misma de la humildad, y entre las espinas de la mortificacion la mas rigorosa.

¿Pero qué? me diréis: ¿el amor de sí mismo no es natural y esencial al hombre? Sí, mis amigos, nosotros todos naturalmente nos amamos, y si me atrevo á decirlo, necesariamente; este amor era justo en el estado de la inocencia, porque estaba unido al amor del órden, y no es legítimo ni aun el dia de hoy, sino en quanto conserva las mismas correlaciones. Si no se puede cesar en amarse, se puede y se debe cesar en amarse mal. Se puede por el movimiento de un amor ilustrado sacrificar sus placeres presentes por sus placeres futuros; sacrificar una felicidad pasagera y mezclada de amargura por una felicidad perfecta y sin fin.

El amor es la impresion que el bien hace en nuestro corazon : esta inclinacion es natural, y este deseo invencible que todos tenemos de ser felices. El hombre criado para el Bien Soberano, suspira despues sin cesar, desconociéndole, y su error le hace abrazar todo lo que tiene la imágen; de aquí proviene el que se dexe encantar por todo lo que tiene alguna apariencia ó de bondad ó de hermosura, sin acordarse de que el impulso que experimenta, no se le dió, sino para llevarle hácia el Criador, y no para apasionarse por la criatura, y tomar, como con demasiada freqüencia lo hace, la sombra por la realidad. Se trata, pues, mis queridos

dos hijos, de corregir esta ignorancia é ingratitud, persuadiéndoos que todas las bellezas y hermosuras naturales no son sino unas gradas para elevarnos á la soberana hermosura, y unos medios para llegar al fin único, adonde debemos caminar.

El sábio solo es, sí, él solo es quien verdaderamente se ama, porque no se ama sino en Dios: su corazon está satisfecho siempre; el objeto de sus deseos no se envejece, su amor es siempre feliz, y dimana de la fuente del sentimiento y de la felicidad.

§. XXII.

Del amor de sí mismo.

Amad, pues, con este amor, mis queridos amigos, y conoced vuestros verdaderos intereses: es muy esencial el distinguirlos con cuidado: él es de dos maneras; el uno, al que la generosidad condena, y que la delicadeza desprecia como baxo y afrentoso; y el otro noble y prudente, que la sabiduría aprueba, y que concuerda con los mas bellos sentimientos. El primero demasiado activo es siempre el orígen de nuestros extravíos; y el segundo no puede ser demasiado vivo, y produce los mas nobles esfuerzos. No temais deshonraros deseando vuestra felicidad, pero sabed verla en donde se halla. No se envilece por desear una gloria inmortal, que el mismo Señor nos propone como un precio digno de su bondad infinita. Léjos de degradaros, que ántes bien un interes tan grande os elevará é inflamará vuestras aficiones, y vuestros trabajos corresponderán á la sublimidad de vuestras esperanzas, y vuestro entusiasmo por la virtud, no vendrá á ser sino mas vehemente y mas fuerte.

Vosotros, hijos mios, necesitais de este poderoso atractivo para fortificar vuestra flaqueza: vosotros comenzais una carrera, en la que casi á cada paso encontraréis mil escollos ocultos. La gracia del Señor, y el precio que promete á la victoria, pueden solos libraros de un triste naufragio.

Vo-

Vosotros vais á habitar un nuevo mundo totalmente diferente del de la infancia; un mundo, en donde todos los objetos son tentaciones, y en donde todos los discursos y todos los exemplos, son lazos; vosotros llegais y pasais á una edad, en la que, en un alma poco instruida, se forman las mas lisongeras esperanzas de alegría, de juegos, y de diversiones. Es verdad que llevais toda vuestra inocencia, pero ¡ay! ésta es un escudo muy débil contra tantos enemigos reunidos. Conoced toda su malicia para preservaros.

El placer, ó ántes, su fantasmon engañador os está esperando á la entrada de esta carrera, para presentaros con una mano la copa emponzoñada de sus engañosas promesas y de sus contagiosas dulzuras. En la otra mano tiene ocultos los mas infames cuidados, los mas agudos remordimientos, y los crímenes de toda especie. ¿Y puedo dexar de temblar á la vista de estos peligros? ¡Ah! apresuraos á evitar sus pérfidos cebos; no se triunfa de este enemigo sino con la huida. Tal, como aquellas crueles Syrenas de la fábula, él encanta, endormece, y se traga, en fin, á los que dan oídos á sus discursos.

La virtud aun la mas exercitada apénas puede defenderse de una ilusion tan funesta, y á ménos que no se aparte con la mayor presteza, experimenta en sí una ceguedad semejante á la de un hombre, á cuya vista se le hace pasar una multitud de objetos; si alguno no prende desde luego su corazon, es raro el que todos juntos no turben ni suspendan sus aficiones, y que, en fin, no le cieguen con el resplandor reunido, que unos á otros se comunican. Así es, hijos mios, como se acostumbra en el mundo á adoptar unos falsos principios, á apreciar vanas quimeras, á imponer silencio á la religion y á la razon, y á ver desfigurar en sí aquellos divinos modelos, que otras veces servian de modelos, de motivos, y de regla á nuestras acciones; y si el sábio mismo tiene necesidad de estar velando siempre sobre sí, ¿qué debe esperar, pues, el imprudente, que se entrega á esta peligrosa embriaguez, sino á caer en los lazos de toda es-

especie, que el mundo tiende á su presuncion y á su credulidad? Vosotros oiréis por todas partes decir, que las risas y los juegos son la herencia amable de la juventud, y que se nos presentan enmedio de la primavera de nuestros dias, como unas flores tiernas, y que así es necesario apresurarse á cogerlas ántes que el verano las seque y las marchite. Este lenguage insensato es tanto de los grandes como de los pequeños, viéndose derramadas por todas partes estas máximas tan corrompidas; éstas se venden en los círculos, y se cantan sobre los teatros; la ceguedad las justifica, las pasiones las apoyan, y el hechizo ó sortilegio de la bagatela, como la Escritura le llama, echa un vuelo sobre todos los ojos.

¿Pues qué hay una estacion para el vicio, y otra para la virtud? ¿todos los tiempos no pertenecen igualmente á aquel, que es el Señor del tiempo y de la eternidad? ¿La edad de los peligros sería en la que ménos deben temerse? ¿Las pasiones por hallarse en su mas alto grado de vivacidad y fogosidad, nos autorizarian para propasarnos á abrazar todo lo que las alimenta y fomenta? Vosotros veis, mis amigos, que la razon, quando se la consulta, destruye y desvanece con un soplo todos estos vanos discursos de una moral licenciosa. Las promesas que prodiga el mundo, como un cebo con el que infelizmente va á prenderse una demasiado crédula juventud, ya no tienen solidéz alguna. Si él vende, ó tiene, como él lo dice, el secreto de hacer felices, ¿porqué se quexan sin cesar sus partidarios? ¿Por qué llevan por todos los lugares el fastidio y el disgusto de su suerte? ¿Por qué corren continuamente tras de ese prestigio encantador, que les burla, sin que puedan jamas conseguirlo? mis amigos, quanto está contento y satisfecho el corazon, goza, y no desea ya mas cosa alguna.

H §. XXIII.

§. XXIII.

Continuacion de lo mismo.

Es, pues, ciertísimo y verdadero, que el mundo nos engaña con sus promesas, y que nuestra credulidad es sola la que hace todo el mérito de sus frívolas ofertas: si, mis amigos, ¿podriais, ni aun siquiera sospechar, de la sinceridad de un padre, que tanto os ama? ¿Podriais no rendiros á su experiencia? Si: el mundo es mas engañoso por el error de los bienes que promete, que por los favores que concede; él no encanta la melancolía presente de sus sectarios sino con la vana esperanza de una felicidad quimérica, y de un porvenir que nunca llega. Todo hombre siente y percibe la vanidad de los placeres pasados; solo el sábio sabe descubrir el vacío de los placeres, que vanamente promete el mundo, y que hace que brillen á lo léjos de nuestra vista como un cebo, con el qual quiere sorprehendernos.

Para fixar vuestros deseos pensad, que si hay alguna felicidad sobre la tierra, ésta no puede hallarse sino en la sabiduría, los placeres que ésta dá y concede al alma son puros y durables; éstos no pueden quitarsenos ni con la muerte ni con la adversidad; los placeres del cuerpo son frágiles, y no duran sino un instante, y uno al otro se borra; no se pueden satisfacer á un mismo tiempo todos los sentidos; es necesario dividir la impresion, y el uso, en fin, embota la punta, y los hace insípidos; al contrario, los placeres del alma no cansan, y se presentan sin esfuerzo; se gustan á un mismo tiempo todos, y llegan á ser con su hábito mucho mas punzantes, y mucho mas íntimos, que los del cuerpo; el alma se halla penetrada toda.

No por esto pretendo, mis queridos hijos, el que se deban prohibir absolutamente todos los placeres de los sentidos; los hay legítimos, y aun necesarios; nosotros hallamos en el fondo de nuestro ser una inclinacion natural que

nos

nos inclina á ellas; el Criador por un rasgo admirable de
su sabiduría ha aligado este sentimiento á las acciones mas
necesarias de la vida. ¿Quién podría resolverse á cómer,
sino fuese combidado por la hambre y el deleyte de satisfacerla? ¿Quién se dexaria llevar entre los brazos del sueño, si
su dulzura y la necesidad de reparar las fuerzas abatidas,
no le causasen una complacencia, y le sirviese de socorro?
Pero es necesario el confesarlo, que es propio de los placeres de los sentidos el tocar desde muy cerca al dolor,
principalmente quando son excesivos y estremos, en lugar
que los deleytes espirituales jamas son mas agradables, sino quando no tienen límites, y tienen por objetos los encantos y atractivos del Ser Soberano, quien no tiene mas límites, que su inmensidad y su infinidad.

Si nuestra flaqueza, pues, pide, que tomemos algunos
placeres permitidos, usemos, como se usa de los remedios,
que se toman pocos y por necesidad. Gustemoslos sobria-
mente, y con la misma moderacion, que un caminante ansioso de volver á ver quanto ántes su patria, mira las campiñas floridas, que se le presentan por el camino; él las
admira y coge una flor, y sin detenerse continua su camino.

Pero usando, mis queridos amigos, de las dulzuras,
que la bondad del Señor nos permite, demos las gracias
siempre á su liberalidad, la que mas felíz y poderosa que
la medicina, nos provee unos remedios tan agradables
como simples, y cura los males que nos causan la flaqueza del cuerpo, ó las solicitudes del espíritu, sin exercitar
nuestra paciencia; y no olvidemos jamas, que él solo es
nuestro fin principal y nuestra verdadera alegría, y que es
ultrajar á su amor el buscar otro motivo, ni otra recompensa, que á él mismo en los objetos que acá abaxo se
nos presentan.

¿Quántas gentes vereis en el mundo, que se entregen
sin reserva á todos los placeres, y que hacen su último
fin de un medio, que no es bueno, sino en quanto es necesario y legítimo? El hombre inocente podia justamente gus-

tar el deleyte; pero el hombre pecador ya no puede sufrirle sin
pena; porque desde nuestra caida no trae ya el carácter de
bueno, ni nos inclina sino á lo malo; porque todo se halla transtornado, y desde este instante fatal el vicio ha
venido á ser el hijo funesto del placer, y esta es la causa, hijos mios, porque el sábio le huye con otro tanto cuidado,
como con el que el necio y el insensato le busca. El sábio
no ignora, que las alegrías temporales no pueden tener alianza con las de la eternidad, y por tanto sacrifica las menores por las mas grandes. El lleva todos sus deseos hácia
los deleytes futuros, y se los hace á sí mismo presentes con
la vivacidad de su fe, y la firmeza de su esperanza. Haced otro tanto, mis amigos: esta especie de gozo nos es
permitida. No entreguéis vuestro corazon sino á estos consuelos tan dulces como puros, de los que el espíritu de
Dios es la fuente: alegría deliciosa, alegría santa, que no
pueden quitarnos los hombres; alegría que se aumenta sin
cesar, á medida que se le acerca el término que debe co-
ronarla, miéntras que el disgusto, la saciedad, y el fastidio se mezclan bien presto con la posesion de los deleytes
engañosos de este mundo, y que se acaban por lo ménos
con la muerte.

§. XXIV.

De las diversiones.

Un desahogo inocente, que sirve para reparar las fuerzas fatigadas y debilitadas con un trabajo util y continuo,
no es incompatible con la prudencia. Solamente se pretende su regla, su eleccion, y su uso, de modo que es necesario, que la moderacion le acompañe siempre, que la
razon lo apruebe, y que la paz le siga. Yo no podré colocar entre las diversiones permitidas un juego excesivo y
ruinoso, las danzas con personas de otro sexô, ni los expectáculos en que hay peligro de encender las pasiones, y en
donde el amor especialmente se ofrece y presenta baxo los

ras-

rasgos los mas engañosos; en lugar de que las reglas mismas del dracma pedirian, que se le representase con sus mismos colores, quiero decir, con la baxeza de sus deseos, el horror de sus excesos, la infamia de los atentados que inspira, sus furores, sus estragos, sus traiciones con todos sus males, en una palabra, todas las tristes y lastimosas conseqüencias que le acompañan. La institucion de la tragedia entre los antiguos tenia un fundamento de religion, que la autorizaba. No ponia á la vista de los expectadores, sino asuntos instructivos y magestuosos, como el poder soberano de la divinidad, los efectos terribles de su justicia en castigo del vicio, el mérito de la virtud, y el de una constancia magnánima en los reveses de la fortuna; tales eran los asuntos que celebraban. La gloria de los heroes, el amor de la patria, el respeto filial, y el desinteres de la amistad, estos eran tambien sus asuntos ordinarios.

El teatro reformado sobre este plan, causaria sin duda un interes muy vivo, sin necesitar de mezclar algun lance ó enredo postizo de amor, aun del que es el mas legítimo, porque con qualesquiera circunspeccion que se le pinte, acaso no sería sino un lazo mas para la inocencia. Estas representaciones así castigadas, vendrian á ser una escuela útil para el público: ellas se apoderarian de los ánimos, les harian verter lágrimas, inspirarian sentimientos nobles, y con esto entrarian en los designios de una sociedad decente y reglada. Los actores disolutos, y aun sospechosos, se desterrarian, la religion no los proscribiria ya mas, y la piedad no se veria aterrada y sobresaltada. No se quitarian sino los falsos adornos, el escándalo de los vestidos poco modestos, y el de las máximas licenciosas, que igualmente hieren las reglas del pudor y del gusto.

La comedia, cuyo objeto debe ser el de instruir con lo ridículo las faltas y las travesuras que presenta al natural, al modo que como las manchas de su semblante se quitan delante de un espejo, ya el dia de hoy por lo comun no sirve, sino para derramar y extender el mal exemplo, en lugar de extinguirle y desterrarle. No tanto se va á una comedia para reir las locuras de otro, quanto para imitarlas. Las comedias modernas, por la mayor parte, no son sino unos compendios, en donde el bello espíritu quiere siempre mostrarse hasta en los papeles que menos lo piden, con unos discursos alambicados, sembrados de equívocos y de retratos, y aun de sentimientos filosóficos; hablo de esta filosofia á la moda, que se gloría de no creer cosa alguna, ni se sonroja de nada, y que en lugar de corregir las costumbres, las inficiona.

Los juegos de comercio, cuyo motivo es un desahogo inocente, no están prohibidos por la religion, con tal que no se emplea mucho tiempo, ni demasiado dinero. No es lo mismo de los otros. Los hombres acostumbrados á lisongear sus pasiones, han dado el nombre de juego á un furor, cuya fuente es una oculta avaricia, que por lo comun tiene las mas funestas conseqüencias. Un jugador, dixo uno de nuestros Autores, nada tiene de humano sino la figura. El se complace cruelmente en despojar tanto al amigo como al indiferente. El juego con exceso es un transporte de todas las decencias, y contiene todos los defectos de la sociedad. No se dá para ciertas horas la palabra, sino para arruinarse y perderse. Se sacrifica su salud y su fortuna, y aun algunas veces el honor á una afrentosa codicia. El juego sirve de pretexto y de fomento á la ociosidad y al desórden, y llega á ser la ocasion de los mas horrorosos desórdenes. ¿Es necesario mas para inspiraros su aborrecimiento?

Los juegos de exercicio, casi abandonados en nuestros dias, apartaban otras veces á las gentes jóvenes de estos juegos perniciosos, á los que la vida deliciosa ahora les entrega. ¿Se encuentran muchos, que despues de haber acabado el curso de su Academia, se diviertan y complázcan en cultivar lo que han aprendido? No obstante, nada hay mas propio para fortificar el cuerpo, para desatar y desembarazar los miembros, para dar gracia y facilidad al andar, co-

mo

mo estos exercicios, de los que los antiguos hacian, y con razon, una de las partes esenciales de la educacion de la juventud. Yo no os diré quán afrentoso es el perder la razon con el vino. Este vicio que degrada al hombre que se dá á él, despues que ha venido á ser la moda entre las gentes regalonas y deliciosas, ha caido en el menosprecio, que tan justamente se merece; y seria de desear, que la embriaguez general de las pasiones pudiese corregirse tambien. La templanza es el mas eficaz de todos los remedios; ésa mantiene y conserva la salud tanto del alma como del cuerpo: el alimento sirve lo mas comunmente de pretexto para el deleyte, y llega á ser la semilla de la mayor parte de las enfermedades. El agua, la dieta, y la paciencia, son tres grandes médicos, segun el testimonio de uno de los mas celebres Médicos de nuestro siglo.

La danza puede mirarse como una poesía muda, caracterizada con los gestos, la cadencia, y los pasos; por la impresion que ella puede hacer, queria un ilustre Pagano, que fuese exâminada y reglada por los conservadores de las leyes. ¿Qué debe pensar, pues, un christiano de todas aquellas danzas indecentes, que un uso insensato, y una alegría retozona han introducido en las asambleas profanas del mundo, y principalmente en aquellas fiestas nocturnas, en donde reyna el libertinage, en donde el vicio se resvala con el favor de un disfraz prestado, y en donde el pudor aprende, en fin, á no sonrojarse baxo la máscara, y se familiariza por grados con la desverguenza y el descoco?

La música, mis queridos hijos, tiene tambien sus peligros, no en sí misma, sino por el uso que de ella se hace. Ella toca al corazon lisonjeando al oído, y las pasiones abusan con freqüencia para ablandar el alma, y verter con la ayuda del encanto secreto de la armonía su fatal veneno. La música antiguamente tenia por objeto el cantarlas la grandeza de Dios, la virtud de los heroes, y las maravillas de la naturaleza. Ella podria aun, siguiendo esta institucion, elevar y purificar nuestros sentimientos, dulci-

fi-

ficar, y mitigar la ferocidad, calmar las inquietudes, di-
sipar la tristeza, y darnos, en fin, los mas nobles placeres. ¿Y son estos ahora los efectos que produce la música
de los teatros? ¿No hay razon para compararla con aquellas syrenas, cuya pérfida voz inspiraba un desmayo mortal en todos aquellos, que tenian la imprudencia de escu-
charlas?

¡Ah! hijos mios, miéntras los amantes del siglo están tan
apasionados por estas vanas diversiones, el sábio reserva toda su atencion para el brillante expectáculo de la eternidad.
El reusa y se niega á cantar sobre los bordes y riberas del
rio esteril de Babilonia, temiendo el profanar los sagrados
cánticos de Sion. Léjos de mezclar su voz con la de los autores de su triste captividad, no tiene sino indignacion por
sus fiestas impuras, y gime por sus locas alegrías. Los conciertos inmortales pueden solos encantarle, esperando el ser
admitido en ellos; él los anticipa con sus arrobos, y se avalanza ya en medio de los conciertos celestiales.

§. XXV.

Del espectáculo de la naturaleza.

Si se ama lo maravilloso, ¿puede haberle mas digno de
nuestra admiracion, que las obras del Señor, donde su poder, su bondad, y su sabiduría tan visiblemente se nos
pintan y representan? Sí, mis amigos, las maravillas de la
naturaleza nos ofrecen mil deleytes cada dia, que pueden
gustarse sin remordimientos ni gastos. No hay sino aquellos,
á quienes corrompiéron su gusto las pasiones, que sean in-
sensibles.

¿Qué mas bello, ni mas hermoso expectáculo, ni aun
mas encantador, que el que todas las mañanas nos presenta la salida del sol? Se le vé anunciarse desde léjos con los
rayos que arroja y despide de sí, tal como un Rey, que
precedido por su corte, se adelanta con magestad; se le espera, y en fin se le vé, y entónces mil rayos parten de

un

un punto brillante, que llenan todo el espacio, y el oriente parece rodeado, y abrasado en llamas todo. El velo de
las tinieblas desaparece con su vista, el universo renace con
su presencia de nuevo; se hermosea la tierra; la verdura
parece volver á tomar un nuevo vigor; el dia que sale, y
á quien alumbra, le muestra un rosicler de diamantes. Las
aves unas á otras se responden, como para saludar en co-
ros de concierto al astro, que les vuelve la luz, y celebrar con su canto su vuelta.

¿Qué placer mas delicioso y sensible tambien, como el
contemplar despacio en una bella noche aquella soberbia bóveda del firmamento, sembrada de un número infinito de
estrellas, cuyo oro puro y brillante se reeleva, y sobresale mucho mas con el fondo azul, en que parece que están como enclavadas? ¿Y cómo dexará de enternecerse pensando en la mano, que adornó con tanta profusion los cielos?

¡Ah, hijos mios! Todo nos descubre, y todo nos muestra esta mano soberana y liberal: nada hay en la naturaleza, que
no eleve á un espíritu atento, y que al mismo tiempo no
le mueva y admire. La noche quitándonos la vista, y pri-
vándonos del uso de mil objetos, nos instruye otro tanto
como el dia, dándonos á conocer mejor su precio, retra-
tándonos el estado de las tinieblas, que precediéron á la creacion de la luz. La obscuridad nó solamente está destinada
para reelevar con sus sombras las hermosuras del retrato magnífico del universo, sino que por un nuevo beneficio del Señor, lo que ella parece que cercena de nuestra vida, pri-
vándonos por algunas horas de un expectáculo tan alegre
como gracioso, nos lo desquita con un descanso necesario
á nuestra flaqueza, y por las ventajas que sacamos de este
descanso. ¿Están satisfechas nuestras necesidades? pues luego al punto viene la Aurora á correr la cortina, y á volvernos todo quanto habiamos perdido. Ella abre con sus dedos de rosas, segun la expresion de los Poetas, el templo
del sol, ó por mejor decir de Dios, que ha formado este astro.

¿Qué rica colocacion de colores, y que matices tan ad-

I   mi-

mirables no se perciben en el arco del cielo? Fixemos al presente la vista sobre la tierra, y sobre los profundos abismos del mar, y no veremos sino una escena movediza vacilante, y tumultuosa. ¿Pero qué? ¿unos objetos perecederos deben mover á un alma inmortal? ocupémonos en un estudio mas digno del hombre; contemplemos aquellos Seres, cuya duracion triunfa de todos los siglos, y cuya substancia es inalterable. Aquellas obras mas preciosas del Eterno, que llevan de un modo mas visible, y mucho mas admirable un retrato de sus perfecciones.

¡Qué expectáculo magestuoso y terrible al mismo tiempo ofrece el océano encolerizado! sus olas echando espumas y agitadas se elevan como montañas, y van á quebrantarse con un horrible mugido contra las arenas de las riberas, en donde el dedo de Dios ha señalado, como dice el Profeta, el órden que detiene su furor.

A vista de las inumerables riquezas, que descubriremos en el seno de la mar, y en las entrañas de la tierra, ¿podrémos no reconocer la inagotable fecundidad, y la liberalidad sin límites de un Criador tan magnífico como poderoso? Aquellas conchillas mismas que pisamos, hijos mios, ¿no han atraido algunas veces vuestros atenciones? mas rica que todos los parques de un suntuoso palacio, la tierra os presenta debaxo de vuestros pies á la vista tesoros de toda especie; tomad el trabajo de levantar una conchilla, y decidme; ¿qué cosa mejor ni mas bien torneada que sus exterioridades? ¿Qué gracia y que delicadeza en su circuito? ¿Qué spirales con tanta regularidad impresas con aquellos pliegues y repliegues que vuelven sobre sí mismas? Ved aquella sucesion de anillos, que se elevan sobre la superficie, y aquellos ligeros cursos, que las separan y la dan su relieve. ¿El pincel de Praxiteles hizo obras tan perfectas? Considerad su interior, y hallareis la morada de un vil animalejo; ¿pero qué porcelana es mas brillante ni bruñida con mas arte? ¿Qué variedad y que armonía en estos matices? El oro, el fuego, y el azul brillan entremezclados de púrpura. A pesar de esta variedad de tintura se reconoce sin trabajo, á qué género y especie pertenece, aunque tanto se parece por los colores y por las manchas, así como por la forma, á todas las demás de la misma clase. Confesadlo, este colorido es infinitamente superior al de Apeles. ¿Qué trabajo, y qué riquezas derramadas á manos llenas en una produccion tan despreciable en la apariencia?

Un bosque alegre, y un punto de vista variado son, para los amantes de la bella naturaleza, una decoracion mucho mas viva y mas agradable, que todas las pompas del mundo, y que las fiestas tumultuosas, que presenta á la vista de sus partidarios. El sábio, hijos mios, tiene unas complacencias que no turban la paz de su alma. El las encuentra todas en su corazon, y en los dones de una atenta providencia. El las recoge sin esforzarse, y las gusta sin tener la molestia de buscarlas. El prefiere al tumulto de las ciudades los encantos de la vida campestre, quando sus deberes le permiten la eleccion y la libertad. Aquí pasa unos dias tranquilos, y goza á su turno de los presentes, que la primavera produce y le presenta, de los aromas que derrama, de las noches deliciosas del verano, en las que los zéfiros refrescan la tierra, y de los dorados frutos con que el otoño se corona. Unas veces se pasea por las riberas de un rio que corre con un dulce mormullo sobre unos prados sembrados de violetas y amarantos, otras, se entra por unos caminos cubiertos de un bosque sombrío, para ponerse al abrigo de los ardores del mediodia; algunas veces con un libro en la mano se sienta sobre la verdura de un cesped á la sombra de una encina, ó bien sobre la inclinacion de un costado bordado de pámpanos y de raíces; desde aquí mira los rebaños brincando en la llanura, ó sigue la vista sobre los ágiles cabritillos trepando sobre la cima de las rocas escarpadas.

El vé enmedio de sus jardines mil tiernas florecitas, sobre las que el arco en el cielo parece haber vertido todos sus colores en las lluvias dulces, con que la rocía. Cultiva mil plantas curiosas y saludables, que le prometen, y aún le dan ya los mas

dul-

dulces frutos. Su reconocimiento por el Autor de estos diversos bienes le despierta y le aviva á esta vista; y sus vergeles son para él un parayso terrenal, que le queda aún á su virtud.

Detengámonos un poco enmedio de este paseo, y ved lo que el cincel de un Escultor puede hacer con la ayuda del arte. Aquella Estátua, que en este momento enamora tanto vuestra vista, sería aun una cosa basta, muda, é informe, si la mano del Obrero no la hubiera faccionado, formando aquellas dobleces naturales, y aquella lienzería fina, empleada con tanta gracia que os encantan; ¿con qué delicadeza no ha imitado el tierno tisú de la piel, y como ha dado la vida á una figura inmóvil? El la hace brillar en todos sus rasgos, y con una ficcion maravillosa sabe derramar sobre un semblante inanimado la pasion y el sentimiento.

El campo es un vasto teatro, cuyas decoraciones se mudan en todas las estaciones, aquí el brillante expectáculo de la naturaleza se representa baxo los mas vivos y variados colores; unas veces nos ofrece unos bosques, cuya sombra agradable nos convida al descanso; rios que serpentean en la llanura, y unas praderías risueñas, en donde la abundancia corre del seno de las aguas que las rocían. Aquí mil aves, que encantan á un mismo tiempo los ojos y los oídos. Allí numerosos rebaños retozando por los pastos abundantes; el sonido de las churumbelas anuncia el ponerse el sol, y atrae las inocentes fiestas de los pastores. La naturaleza sola las prepara, y reyna una pura y simple alegría. En una palabra; de qualquiera parte que se lleve la vista, las riquezas, que la liberalidad del Señor ha sembrado á manos llenas, presentan en todo tiempo nuevas materias de reconocimiento y de admiracion, sea que se considere el conjunto y la disposicion general, ó que se exâminen las propiedades y las ventajas en particular. Todo eleva un espíritu atento hácia el Autor Soberano de los bienes diversos, que baxo sus pies vé succesivamente crecer; todo, pues, respira una inocente alegría, y una paz dulce y deliciosa. Las sombras, amigas del recogimiento y de la meditacion, favorecen el santo comercio, que el sábio mantiene con su Criador. El, á exemplo de los tres Jóvenes Hebréos, bendice la

mag-

magnificencia y la sabiduría de sus obras, y convida, como
ellos, á la tierra, á la mar, á las bestias del campo, á las aves del
cielo, á los vientos, las nubes y tempestades, y á todos los seres
animados é inanimados á alabar las obras de su poder. El le vé
en todos los lugares, le adora por todas partes, admira
los cuidados de una atenta providencia en las producciones
de este vasto universo, y en los socorros gratuitos que recibe de tantos animales domésticos, destinados para socor-
rer al hombre en sus trabajos, para suplir lo que le falta á
sus fuerzas, y para proveerle de vestidos y alimentarle. Percibe y reconoce, que es á sus órdenes supremas, á quienes les debe el servicio que saca, y que es por obedecer
á sus leyes, el que la oveja le dé su leche y su lana, la
que emplea en mil suertes de usos; que el buey labre y are
continuamente sus tierras, y le prepare una cosecha abundante. Y en efecto, ¿sin la docilidad que ha impreso sobre
la frente del toro furioso, baxaria baxo del yugo su cabeza? ¿Se podría atar al arado para formar los sulcos, y hacerle arrastrar el rastrillo para allanarlos, y obligarle á andar despacio delante del labrador, ó á seguirle atemperán-
dose á sus pasos? ¿Quán admirable es, Señor, vuestro nombre? clama el Profeta: ¿Vos habeis sometido á los mandatos
del hombre los mas indóciles y los mas fuertes animales? ¿Y
de qué utilidad no es el caballo tanto para el hombre, como para la Ciudad y para el campo? ¿Hay un carruage mas
cómodo ni mas agradable? ¿No merecería con mas justo título, que el Leon, el llamarse el rey de los animales? ¡Qué
vivacidad en sus ojos! ¡Qué nobleza en sus posturas! ¿Se
puede ver una talla mejor dispuesta, una crin mas magestuosa, y unas piernas que se doblen ni con mas prontitud ni
mas gracia? Yo lo confieso, hijos mios, este es mi animal
favorito, y mas quando pienso, que el Señor me parece que
habla á Job con una suerte de complacencia: „Sois vos, le
„dice, quien habeis dado al caballo la fortaleza y la agi-
„lidad que le distinguen? soberbio con el Caballero que le
„monta, escarva con el pie la tierra, impaciente por pre-

„sen-

,, sentarse al combate, hecha y arroja fuego por las narices,
,, se enderezan y levantan sus orejas, y manifiesta con su re-
,, lincho su alegría, y apénas se puede detener su ardor";
no espera sino la menor señal de la mano para partir; si se
le afloxa la brida parece que tiene alas, buela y levanta por
todos los lados el polvo, brinca por enmedio de los zar-
zales, por los caminos los mas escabrosos, y por los rios
los mas rápidos; nada le detiene, la vista de las espadas y
de hombres armados no podrian hacerle volver atras, él se
rie del miedo y del peligro.

Despues del elogio del Caballo, el del perro merece
aquí su lugar: se le toma por el symbolo de la fidelidad,
y parece que Dios le ha puesto cerca del hombre, para que
le sirva de compañía, de diversion, y defensa. Si algunos
dias se ha hallado ausente su señor, y despues vuelve, ¿hay
alguno que le manifieste una mas viva alegría que su perro?
¿Quién le acaricia con mas tierno apresuramiento, ni que
imite mejor, en una palabra, los movimientos apasionados
del corazon, que los que él le demuestra? Si este mismo
perro se le lleva á la caza ¡qué destreza! ¡qué prudencia! ¡y qué
capacidad, si puede decirse! El bate á una justa distancia de los
cazadores la campiña toda; él encuentra prontamente la caza,
y en lugar de levantarla, se detiene, corre tras de lo que
se ha muerto, lo busca y lo trae: todo lo entiende y comprehende hasta la mas mínima señal, que casi se hallaría qualquiera tentado, al verle obrar, á concederle una suerte de
inteligencia.

Así es, mis amigos, como el Señor, cuyo poder se
anuncia en todas sus obras, quiso hacernos comprehender
hasta donde se extiende, imprimiendo en la materia todas
las exterioridades de la reflexion y de sentimiento, sin con-
cederla el principio. Este poder soberano se muestra aún en
los mas viles insectos, en aquellos mismos que pisamos, y
que siempre se nos presentan en el campo á la vista. ¿No
ha dado á la hormiga una especie de inteligencia profética,
que la advierte, que el grano maduro no está mucho tiempo

po expuesto en los campos, y que es largo el invierno? Ella
dá lecciones de perspicacia así como de vigilancia al pere-
zoso, como nos lo dice la Escritura. ¿Qué modelo tambien
para éste, como el de la industriosa abeja? la que por mas
abundancia que vea con que están llenos sus almacenes, no
obstante, no descansa, sino quando el tiempo de la labor
y de la recoleccion se ha pasado. Hasta entónces se la vé
revolotear sobre las flores, para extraer á su turno los ju-
gos, con que compone su miel. ¿Hay, pregunto, una re-
pública mas bien ni mejor gobernada? Todo es aquí comun;
no se vé, ni la envidia, ni la indolencia, ni la avaricia: á
todas se las concede lo necesario; para ninguna es lo super-
fluo; todo para el bien comun se conserva.

Si exâminamos desde cerca á los mas pequeños animales é insectos, percibirémos prodigados los mas ricos adornos con tanto arte, como profusion. La cabeza de una mos-
ca se halla mas cargada de perlas y de ramilletes de diamantes, como tantas cabezas como conocemos, y que afectan
estos adornos sin poder sino muy imperfectamente imitarlos.
¿Pero qué hago, mis queridos hijos? ¿Pretendo referir todas
las maravillas, que se ofrecen á montones á nuestras atenciones, aun en las mas mínimas obras del Señor? no, escri-
be el Sábio: ,, Quando el hombre se hallase al fin de esta
,, inquisicion, hallará, que aun no ha hecho sino comenzar;
,, y despues de haberse aplicado mucho tiempo, no le que-
,, dará sino una profunda admiracion ".

El Sábio, hijos mios, prefiere tambien, quando es señor de sí mismo, la conversacion de los muertos á la de
los vivos. Con qué satisfaccion no se divierte con aquellos
hombres escogidos de los siglos pasados, que siempre se nos
muestran con lo que tienen de mas instructivo y de mas bello, cuyo agradable comercio no está sujeto á violencia alguna, y á ninguna desigualdad; se les encuentra, y se les
dexa quando se quiere; se llega á ellos sin ceremonia; se
les pregunta en todo tiempo, y siempre están prontos para responder; ellos solos tienen aliento para decir la verdad

á

á los grandes; no lisongean sus defectos, les dan á conocer sus vicios sin alterar su delicadeza; no se desdeñan con
los pequeños, y hacen la misma acogida al menesteroso que
al rico.

Amigos desinteresados, despues de habernos hecho continuamente la corte en la prosperidad, no nos abandonan
en las desgracias; instruyen nuestra juventud, nos guian en
la edad varonil, y consuelan en fin nuestra vejez. En una
palabra, nosotros podemos servirnos de ellos en qualquiera situacion que nos hallemos, llevarlos de dia, y de noche
con nosotros, en la ciudad y en el campo, miéntras la enfermedad ó la salud, y distraen en fin nuestras inquietudes.

De todos estos placeres, mis queridos hijos, he procurado el haceros una pintura viva, para distraeros é incli-
naros á que los prefirais á las diversiones peligrosas, que os
ofrecerá el mundo. Todos estos placeres por mas inocentes que
sean, no obstante, no deben apasionar nuestro corazon; ellos
no se hiciéron para satisfacerle, ni pueden divertirle sino
algunos momentos, y yo os engañaría, si lisonjease vuestra
credulidad con la esperanza de una felicidad, que no se encuentra sobre la tierra. No: este dulce fruto, abierto apénas en el jardin de Eden, fué corrompido ántes de su madurez con la mordedura inficionada de la serpiente enemi-
ga, y desde este instante fatal, las espinas ingertas sobre
este árbol, otras veces tan hermoso, no producen ya sino
frutos amargos y corrompidos.

§. XXVI.

Del dolor.

La constitucion de nuestro ser, mis queridos amigos, se
halla desde entónces tan alterada, que somos mucho mas sensibles al dolor, que al placer. No hay parte alguna de nuestro cuerpo que no esté sometida á él, miéntras que hay muy
pocas que puedan gustar la dulzura del placer; ¿y aun como le gustan? un punto y un instante, que ya no existe,
quan-

quando se quiere fixarle. Una triste experiencia nos dice, que
por un vano deleyte experimentamos mil dolores reales. Los
placeres se hacen buscar á grandes gastos, se les paga siempre mas de lo que valen; y muy rara vez se hallan sin alguna mezcla de dolor. Así la rosa, que en un momento se marchita, está rodeada de espinas.

Al contrario los dolores, éstos vienen sin llamarse; ellos
se diversifican, y algunas veces se unen para agravarnos, y
sus puntas agudas se hacen siempre sentir mas vivamente, que
los débiles aguijones del deleyte. El rico voluptuoso, tan prontamente como le acomete la gota, pierde el sentimiento de
la alegría que se prometia, y el dolor embiste al alma y al
cuerpo juntamente, y hace con un mismo golpe dos heridas. El Stoico orgulloso, fingiéndose insensible, no experimenta ménos la vivacidad y el ardor. La virtud es indiferente á los honores; la moderacion reusa las riquezas; y
la templanza sabe pasarse sin los placeres. Ninguna persona
ama al dolor. El alma toma otra tanta parte del dolor como el cuerpo por la ley de su union mútua, y dividiendo
todos sus males, sufre aun los que le son personales y particulares, y que algunas veces se extienden aun mas allá de
lo presente, trayéndole á la memoria lo pasado, y anticipán-
dole lo por venir. El temor, la compasion, la imaginacion,
y la perspicacia de que comunmente la acompañan, aun hallándose tranquilo el cuerpo. Es en vano, en vano, mis queridos
amigos, el que nos arrojemos entre los brazos del deleyte,
para escaparnos del dolor; él nos sacrifica con él en su propio asilo: por mas que hagamos por huirle, siempre por todas partes nos sigue: por mas que corramos, la tristeza monta en la grupa y galopea con nosotros, como dixo uno de
nuestros Poetas. Así, Aquila, que se aloja dentro y
Sí, mis amigos, nosotros andamos arrastrando y suspi-
rando siempre por una tierra estraña y salvage, en donde
nada puede satisfacernos: en vano solicitamos el multiplicar
nuestras alegrías, siempre quedamos hambrientos; y si los
consuelos sólidos de la fé y de la esperanza christiana no

mitigasen nuestra indigencia, y quál sería nuestra suerte en este valle de lágrimas? Ah, mis queridos hijos! jamás podré preveniros demasiado sobre esto: los males previstos y prevenidos sorprehenden ménos; esta vida está sembrada de espinas, y vosotros no podeis esperar el ser solos los exentos de esta triste ley; mi ternura por vosotros sufre, y padece ya perdones en vano el que ella quisiera substraeros de las desgracias que os amenazan. Todo quanto ella puede hacer en favor vuestro, es el enseñaros desde luego á cubriros, como dixo un Antiguo, con la capa de vuestra virtud.

Dios desde lo alto de su eterna sabiduría regla todos los destinos de los hombres; él confunde sus consejos, sorprehende sus precauciones, desconcierta sus deseos, aniquila sus vanos proyectos, y diversificando sus caminos, instruye cada dia nuestra vigilancia; contando nuestras horas, vé cortar en un momento con accidentes imprevistos el hilo de la mas bella vida.

Aquel que estaba robusto y fuerte se vé repentinamente con la muerte; el otro consumido de desfallecimiento y de enfermedades, percibe á lo léjos el aparato de su sacrificio, y exhalando á cada instante con sus dolores una porcion de su alma, se siente morir mil veces ántes de morir una sola. El otro blandamente dormido en el seno del deleyte, se vé prontamente despierto con los golpes redoblados de la adversidad y de la infamia. Vosotros teneis á la vista un exemplo bien reciente de la fragilidad de las cosas humanas, y de la inconstancia de la fortuna. Aquel ciudadano, en quien parecia que ella habia colocado su mayor complacencia en elevarle, se vió precipitado de un golpe desde el fausto de las grandezas y de la opulencia, en el polvo de la humillacion y pobreza. Así el Aguila, que se señoreaba por lo mas alto de los ayres, se la vé caer con el plomo mortal, que despide la escopeta. Quántos otros exemplos no podria yo citaros de las vicisitudes á que están expuestos los hombres! ¡Gran Dios! que dexais derramar este diluvio de males sobre la tierra, para hacernos derramar lágrimas virtuosas, vos quereis por misericordia, que el dolor y da desgracia pregunten al sábio, para saber y aprender de él, sino hay reveses, que puedan alterar las disposiciones de su alma. ¿Cómo llegaría á conocer si él tiene la resignacion y firmeza, sino hubiera sido puesto á la prueba? El fuego de la tribulacion purifica el oro de la virtud.

Vosotros sin duda me preguntareis, si el sábio puede ser infeliz y desgraciado? No por cierto, hijos mios, propiamente hablando no lo es, no, y esta pregunta que con bastante freqüencia se hace, no tiene su origen sino del error de nuestros juicios ordinarios sobre la naturaleza de los bienes y de los males. El Señor parece que le quita los bienes falsos, para darle los sólidos y verdaderos; y así no hay ya que preguntarme, por qué la Providencia permite, que la adversidad sea por lo comun la herencia de las gentes virtuosas? La verdad es, que ella aparta de ellos los males verdaderos, como los crímenes, los remordimientos, y las turbaciones, y así es como ella los protege y defiende.

Volved vuestras atenciones hácia el justo, y en efecto, en él vereis la paz y la calma que goza, penetrad en el fondo de su corazon, y aquí hallareis, como residen las mas dulces consolaciones, y los mas nobles y generosos sentimientos. Escuchadle como habla en los mas horrorosos accidentes de su vida.

¡O gran Dios! clama, yo vivo alegre y contento en presencia de los males, que vos me presentais para que sufra. Qualesquiera que sean vuestras órdenes, ellas son igualmente apreciables á mi obediencia, y aun me atrevo á decir, que á mi ternura, porque es la vuestra la que las dicta siempre. Yo no me violento sometiéndome, porque amo y aprecio vuestras voluntades, y entro plénamente gustoso en vuestros designios. ¿Quereis mis hijos? yo no los criaba sino para Vos. ¿Mis bienes? estos no eran sino para los pobres. Exîgid que los sacrifique qualquiera parte de mi cuerpo, del que mil accidentes pueden privarme, yo no os doy demasiado, supuesto que yo debo bien presto dexar enteramen-

te todo este cuerpo. ¿Pedis, en fin, lo que tengo de mas
apreciable, como mi honor, mis sentimientos, y mi vida?
vuestro amor me desquita ampliamente de todas estas pérdidas. El dolor, la ignominia, y hasta la muerte misma, en
pasando por vuestras manos, mudan de naturaleza, y nada
tienen sino de dulce para mí. Ordenad, en una palabra, todo quanto os agrade, que no lo obtendreis tristemente y
de mala gana. ¿Se quita alguna cosa al que no tiene derecho á cosa alguna? ¿Pero qué digo? los bienes, que á mi
sumision vuestra bondad promete, son tan elevados, que
ningun accidente puede quitarmelos. Yo sé que no fuí criado para este mundo frívolo, caduco, y perecedero, y que
un destino mas glorioso me llama á la posesion de una felicidad sin medida y sin fin, y todas las miserias de esta vida se desvanecen delante de esta dulce esperanza, como los
átomos ligeros, que el menor soplo dispersa.

        Tales son, mis amigos, las disposiciones constantes del
sábio en las mas penosas situaciones. Su alma ilustrada con
la gracia, y purificada con el fuego de la tribulacion, nada encuentra acá abaxo, que la turbe y obscurezca; ella
igualmente se eleva sobre las amenazas y las caricias de la
fortuna. Nada puede faltarle, porque cosa alguna criada no podria llenarla; ella busca en otra parte en donde ifixarse, y
llevando sus deseos mas allá de las cosas visibles, encuentra un nuevo resorte, que la avalanza rápidamente hácia el
cielo, y que la substrae de los mas dolorosos sucesos de
esta condicion mortal, y desde este alto punto de vista es
como percibe las nubes de las aflicciones correr por debaxo de sus pies, y disiparse al instante, como un humo vano.

§. XXVII.

De la muerte.

De todos los males que ha engendrado el pecado, la
muerte es el que mas teme el hombre. Le es natural el te-
merla, y no puede mirarla á sangre fria, quando se le acer-

ca con el lúgubre aparato que le rodea, y el triste cortejo de sus dolores, de sus inquietudes, y de los demás sín-
tomas funestos que le acompañan. La sabiduría mundana
por mas que se prepare de firmeza, se pone pálida á su presencia, y todas sus falsas exterioridades pierden sus engañosos colores delante de este objeto sombrío, y así solicita, quanto le es posible, apartar de ella sus atenciones.
Ella no puede contemplarla de cerca, y su obscuridad produce el mismo efecto, que el rayo del sol sobre los que
se fixan en él. Pero ¡ay! es en vano : ¿se evita, pregunto,
un precipicio con cerrar los ojos por no verle? La muerte
por todas partes nos sigue; se la encuentra tanto en el seno mismo de la paz, como en el tumulto de las armas. El
cazador mismo es perseguido persiguiendo su presa, y miéntras que viene á ser su ministro respecto de las aves del ayre, la cruel con un paso ligero le alcanza, y le atraviesa
con sus dardos formidables; de modo, que el rico con el
menesteroso, el esclavo con el señor, y el sábio con el ig-
norante, todos caen confundidos y mezclados en sus redes.

Sí, mis amigos, este mundo, propiamente hablando, no
viene á ser sino un vasto sepulcro; todo quanto nos rodea, y todo lo que nos alimenta, todo es tomado de la substancia de los muertos. Los objetos mas placenteros, aquellos que mas lisonjean nuestros sentidos, están, en algun
modo, ingertos en el tronco fatal de la muerte; nosotros
no podemos dar un paso sin encontrar su imágen pálida y
lívida, que se oculta baxo la máscara coloreada con los placeres y grandezas. Ellos cubren los artesonados de nuestras
salas, y decoran nuestras galerías. Hasta la ambicion y el
luxo se adornan con los despojos de los muertos. Nosotros
los pisamos, y se hallan por todas partes presentes, excepto en nuestro pensamiento.

¡O muerte tan visible en todos los lugares! ¡qué sois,
pues, quando la mayor parte de los hombres no se atreve á
miraros, y que los mas atrevidos no se acercan á vos sino temblando! No obstante, sobre vuestros saludables avi-

sos

sos es como sabe el sábio reglar su conducta. Vos podeis,
quando atentamente se os considera, enderezar y dirigir nuestras inclinaciones. El hombre pecador os teme; pero es el
pecado á quien debe temer, y el que solo puede haceros
terrible á los ojos de la fé.

La muerte, mis queridos hijos, nada tiene de horroroso en
en su ayre natural; nada tiene de fealdad, sino otro tanto
como nosotros se la damos. Nosotros solos somos los que
hacemos fea ó graciosa su imágen; el vicio ó la virtud forman sus diversos colores; el pincel se halla entre nuestras
manos; otras tantas acciones de nuestra vida, son otros tantos rasgos y líneas. Es nuestra gloria, ó nuestra desgracia
lo que dibujamos; es en fin para la eternidad lo que pin-
tamos, y el Arbitro Soberano de nuestros destinos no los
reglará, sino sobre el plan que hubiesemos dibujado. Abor-
rezcamos el pecado, y no temeremos la muerte; esta no es
temible sino para aquel que mira como bienes los objetos
de los sentidos que ella les quita; no está, no, lo repito,
desfigurada sino con el crimen.

¡Ah! ¿Se puede aborrecer el pecado, y amar demasiado
una vida, en que hay tantos y tan poderosos motivos para
el pecado? ¿Se puede ver sin dolor un alma inmortal, y una
substancia espiritual, sujeta á un cuerpo vil y despreciable, y
esclava de tal modo á la materia, que no puede obrar, segun lo que es por su dignidad, ni acordarse de su elevacion sin sentirse maltratada, y sin que quánto ántes se le
borre de la memoria, para obligarla á qualquier oficio y
servicio afrentoso?

¡O muerte, que nos libras de este cuerpo, que nos hiere, y nos inquieta sin cesar! no, no eres tú de temer por
tí misma; el pecado solo es, lo repito, sí, el pecado solo es á quien es necesario temer. En cerrando nuestros ojos,
tú haces que desaparezcan y se desvanezcan todos los vanos prestigios, que nos cegaban con su resplandor engañoso; tú nos abres á nuestra vista el brillante espectáculo de
la eternidad; tú rasgas el velo importuno, que nos oculta las
be-

bellezas y hermosuras reales , cuyos atractivos son siempre nuevos.

Yo no pretendo el negarlo : Es cierto que los preludios , que preceden á la muerte , se nos ofecen como frutos amargos , que no se gustan voluntariamente. Es necesario , mis amigos , que los miremos como un remedio violento , pero necesario , para desprendernos de la vida , y desarraigar estas reliquias de corrupcion , que todos dentro de nosotros mismos llevamos. Porque ¿ cómo podriamos revestirnos de los adornos preciosos de la gloria , sin despojarnos de este vestido de ignominia , con que estamos cubiertos? No puede aliarse lo uno con lo otro : ¿Luego qué hay que dudar sobre la eleccion? Yo abandono una materia vil que tenia esclavizada mi alma ; yo llevo conmigo lo que piensa, lo que conoce , lo que ama , y lo que desea. Yo llevo la dulzura del gusto , la armonía de los sonidos , la hermosura de los colores , el deleyte de los olores , y todo quanto tiene la tierra de mayor embeleso ; yo nada dexo pues. Yo no pierdo sino este cubierto grosero ; que me impedia el elevarme. Yo no pierdo sino la miseria y la pena , que me hacian desfallecer debaxo de su gravoso peso. Mi alma sostenida por el amor y la esperanza , es llevada como en triunfo sobre las alas de la inmortalidad á aquella feliz morada, que hace el objeto de los mas fervorosos deseos del sábio. Y aquí , ¡qué brillante expectáculo se presenta á mi vista! ¡Qué nuevo motivo se ofrece á mis ansiosos deseos , y á mis colmados júbilos! ¡O amable region de los espíritus, tierra gloriosa de los vivos , y patria inmutable de los Santos , en donde los deleytes y placeres son sólidos y puros, los bienes durables y sin límites , y las hermosuras un embeleso siempre! ¡Ahí en vuestra casa es , en donde habitan la verdad , la paz , la abundancia y la alegría , el deleyte casto y perfecto , y la mas continua y colmada felicidad.

Pero estos bienes tan dulces , me direis , no pueden ser la herencia de los pecadores , y es en esta calidad como todo hombre teme la muerte. Confieso , hijos mios , que sería

ría cierto este discurso, sino tuviesemos otro fondo sobre
que apoyarnos, que el de nuestra propia justicia; pero quando es sobre la de nuestro Redentor divino sobre la que únicamente contamos, y que este es todo el fundamento que
nos sostiene, ¿sobre quién se puede apoyar mejor, que sobre aquel á quien es posible todo? ¿Hay alguna llaga incurable para un tal Médico? Discurramos ménos, y amemos
mas; el amor cubre la multitud de los pecados. Animados
con estos sentimientos, digamos á nuestro Señor Jesu-Christo con el pecador justificado al lado de su Cruz: Vos, Señor, lo podeis todo; Vos sois Rey; Vos me amais, ¿y
pereceré yo? No, mi corazon concibe mejores esperanzas.
¡Ah! si yo á mi solo me mirase, entónces bien podria te-
merlo todo; pero es en Vos, Señor, en donde yo encuen-
tro todos los títulos de mi confianza; ¿y quién se atreverá
á quebrantarlos?

　　¡Ah! yo nada he hecho, que no sea criminal; pero Vos
no habeis sufrido, sino para lavar mis delitos con vuestra
preciosísima sangre. Mi vida ha sido hasta aquí esteril en toda suerte de bienes; pero la vuestra desde el primer momento es un sacrificio continuo, y una fuente fecunda de justicia. Yo, pues, tomo de Vos lo que me falta; Vos sois la
plenitud, y yo la indigencia misma; yo me sepulto, y me
pierdo entre vuestras sagradas llagas, seguro de encontrar la
vida, supuesto que no ha sido sino para curarme de mis
heridas, porque consentisteis el ser herido.

　　Ved aquí, mis queridos amigos, lo que podemos, y lo
que debemos decir todos. El Señor nos ha impuesto un precepto de esperanza, que obliga igualmente al mundo todo,
y no necesitamos ni de mas razon, ni de mas motivo para
asegurarnos de su voluntad y de su bondad. Cerremos, pues,
los ojos á qualquiera otra consideracion, para arrojarnos entre sus brazos paternales; este es el solo y el único medio
para vernos sin temor en los de la muerte. Ella acabará nuestros deberes para con vosotros, y coronará el cumplimiento; y yo termino y finalizo con este artículo la primera parte de mis lecciones.　　　　　　　　　　　　　　　SE-

SEGUNDA PARTE.

§. I.

De nuestros deberes para con la sociedad.

Es cierto, que los deberes, que nos reglan por relacion á nosotros mismos, no ayudan poco para reglarnos tambien por relacion á la sociedad, y estas dos suertes de deberes encuentran una nueva fuerza en nuestra exâctitud para cumplir nuestros deberes para con Dios. De este cumplimiento y de este concurso mutuo es de donde nace y tiene su orígen la virtud sólida. Quitad este fundamento, y echareis por tierra todo el edificio de la vida moral y civil. Bien presto se desmoronará y cperá, porque no se sustentaba y fixaba sobre cosa alguna sólida. No basta el sujetarse extoriormente á todas las decencias, que exîgen de nosotros los diferentes estados de la sociedad; es necesario aún, que el amor del órden sea el principio; entónces todas las virtudes correrán y traerán su orígen de esta fuente, y todos los deberes se colocarán cada uno en su lugar.

Es de la mayor importancia el no ofrecer ni presentar al corazon y al espíritu sino objetos, que sean cápaces de inspirar los mas virtuosos sentimientos. Así es como el alma se enciende con los nobles exemplos, y ella misma se franquea y se abre para recibir las semillas de la sabiduría que se derrama, y que á medida que ellas crecen se las pueden cultivar por los mismos medios que las hiciéron nacer. No hay, pues, cosa mas mal entendida, que la educacion que el dia de hoy se les dá á la mayor parte de los hijos: se comienza confiándolos desde luego á unos criados, que siendo tomados del pueblo, no pueden inspirarles sino los mas baxos sentimientos. Las primeras cosas que se les muestra, no son

L pro-

propias sino para lisonjear su sensualidad, ó para fomentar
su vanidad. Si les hacen algunas preguntas, se les engaña; si
quieren divertirlos, se les dicen mil absurdos y disparates.
Si se les obedece, comandan, y que hablen á diestro ó si-
niestro, ó que hablen con juicio, siempre igualmente se les
aplaude. Se les enseña á mofarse, á arremedar, y aun á decir injurias. Lo que se les recomienda como razonable, se
les permite y tolera que no lo practiquen. Lo que se les prohibe como condenable, se les tolera que lo hagan, y aun
ellos mismos les dan con freqüencia el exemplo. Se les acaricia por flaqueza, y se les riñe por humor y muy fuera de
propósito. Y en fin, lo que se les niega á su súplica, se les
concede á su obstinacion, ó á sus sollozos, ó á sus violencias.

Y por lo que respeta á los principios, que se juzga que
dan á un niño, ¿qué impresion quieren que hagan en él, quando todo contribuye á destruirlos? ¿Cómo respetará la Religion, quando despues de haberle enseñado los deberes, no
se les obligará á que los practiquen con toda la exâctitud
y veneracion que exîgen? ¿Cómo llegará á saber lo que debe á la sociedad, á sus padres, á sus maestros, á sus iguales, y á sus inferiores, quando verán, que los que les acompañan siempre á sus lados, no se ocupan sino en ellos solamente, sin que ellos se ocupen para ninguna otra persona?
Abandonado á sus nacientes ideas, y al desórden de sus
primeros gustos, querrá satisfacer aquellas débiles inclinaciones que tendrá, formándose poco á poco el hábito y costumbre de tener y contar por nada á la razon, y de no
escuchar sino á su capricho ó á su voluntad.

Un Maestro ó un Gobernador, á quien al salir de su
infancia se le confiará, podrá, si se quiere, cortar hasta un
cierto punto la superficie de sus malas costumbres; pero
quedarán las raíces, y producirán acaso en lo sucesivo los
mas funestos retoños. Y la lástima es, que así se crian, no
digo solamente los hijos de los particulares, sino los hijos
tambien de los grandes, que son la esperanza de la pátria,
y quienes por su fortuna y su clase influyen siempre mu-

cho

cho sobre el destino y las costumbres de la sociedad.

Si he puesto á vuestra vista estos defectos de una educacion, que por nuestra desgracia es el dia de hoy muy ordinaria, es á fin de hacer que los eviteis, si llegais á tener hijos algun dia, y para obligaros á bendecir al Autor de todo don, que ha permitido, que se haya empleado un método contrario con vosotros; porque no pudimos, como sabeis, resolvernos á abandonaros á la conducta de estos maestros mercenarios y extraños, de cuyos cuidados nunca se puede esperar sino una educacion muy imperfecta. Nuestra tierna solicitud nos obligó á no dexaros ni siquiera un paso, temiendo siempre, que no se alterase la pureza de vuestras primeras costumbres con instituciones viciosas ó con exemplos aun mucho mas contagiosos. La mayor parte de los padres groseramente se engañan en los objetos que se proponen, pues por querer omitir algunas contradiciones á un hijo, se las preparan mucho mas fuertes en lo sucesivo. No ménos yerran sobre sus propios motivos; se juzgan tiernos, y no son sino débiles. Su amor mal reglado por sus hijos, produce á su respecto los efectos del odio.

Despues del respeto y el amor de la divinidad, se debe trabajar en fomentar quanto sea posible en el corazon de un niño las virtudes mas propias de su edad: es necesario, que aprenda á ser compasivo, generoso, dulce, afable, y que reciba con agradecimiento los favores que se le hacen. Que persona alguna sea su adulador ni complacedor; que no mande despóticamente á qualquiera sea quien se fuese; que pregunte y pida con dulzura; que se muestre agradecido con cortesanía, que dé siempre con buena gracia, y que reciba siempre con repugnancia, y que esté persuadido de quan dulce es el dar, y que esta es una obligacion para los que se hallan en la abundancia. Que se le acostumbre á no alabar sino la virtud y las calidades, que llevan consigo su carácter, y á pensar noblemente siempre. Se encontrarán mil medios de premiarle con dignidad, ó de castigarle con suavidad y dulzura, proporcionando la sensibilidad de su alma,

y

y manejando con destreza su carácter, el que es muy esencial el estudiar para conocerle.

Nó nos ha confiado los hijos el cielo para que sean el objeto de una ternura ciega, ó de una negligencia culpable; este es un depósito del que somos responsables á la posteridad, y á nosotros mismos; y así aquellos Padres ciegos ó negligentes pagarán algun dia bien caro su flaqueza ó su indolencia. ¿Qual será, pues, debiende, su dolor y su desesperacion, quando viesen, que el ídolo de su afiolon vino á ser el objeto del desprecio público, y quando este mismo hijo, á quien una suave complacencia fué causa de su total perversion, será el primero en reprehenderle todos sus vicios, como la obra y efecto de su floxedad y cobardía? ¡Ah! verterán lágrimas de sangre; acusarán en su desesperacion á todo el mundo, y no obstante, no tendrán de quien quejarse sino de sí mismos.

§. II.

De la importancia de la educacion.

Se mira con un justo horror el crimen de aquellas madres desnaturalizadas, quienes por ocultar su afrenta abandonan el desgraciado fruto de una pasion culpable; y no se hace caso, y se vé á sangre fria los mortales perjuicios, que una mala educacion causa en las costumbres de un hijo, que por otra parte tanto se quiere. No obstante, es cierto y seguro, el que de las primeras impresiones que recibe, se forman sus primeras inclinaciones, y que de éstas por lo comun nacen sus costumbres, de dónde por lo ordinario dependen las qualidades ó defectos de su alma, y casi siempre las virtudes ó vicios de su corazon. ¡Ah! ¿Se le puede escuchar y prevenir demasiado temprano contra los peligros que amenazan su inocencia, y no debe una atenta vigilancia apartarle aun de los mas mínimos escollos? Quando se dexa al mal que se arraigue, los mas sábios consejos y los mejores remedios llegan demasiado tarde siempre. La indulgen-

gencia del amor paternal debe saberse ocultar algunas veces
baxo los colores sombríos de la severidad. Es necesario, pues,
oponerse á las inclinaciones de una naturaleza corrompida,
y muy preciso con rigores aparentes reprimir unos nacientes deseos. Así el labrador vigilante rodea con espinas el tierno
tallo que quiere criar con cuidado, y así también es forzoso el hacer que la infancia adquiera con un trabajo necesario y constante las virtudes y los mas sólidos conocimientos.
Las pasiones, mis amigos, nacen con nosotros, y no son
jóvenes mucho tiempo. Ellas saben prevalecerse de la flaqueza de la razon, y de las complacencias que se tienen por
esta primera edad, y así debe procurarse el domarlas ántes
que se halle en estado de temerlas. Hasta en la fábula se
encuentran exemplos de esta verdad. Un Hércules, que aho-
ga los monstruos desde la cuna. Una Thetis, que chapuza
en las aguas del Stix á su hijo, á fin de hacerle invulnera-
ble: estas son unas alegorías sensibles.

Es necesario, pues, comenzar desde luego á inspirar á
un niño el gusto por todos sus deberes, y presentárselos
baxo de una forma la mas amable: es necesario darle á entender, que la sabiduría aparta léjos de nosotros la tristeza,
que los mas puros y mas sólidos placeres nacen del seno de
la virtud, y que siempre está anexa una dulce satisfaccion
á la piedad. Mas no por esto se le debe dexar de advertir
que al principio cuesta alguna violencia, y que ántes que llegue á formarse bien el hábito ó costumbre, es necesario
que tome sobre sí el cuidado de reprimir, y mortificar las
inclinaciones que le son opuestas.

Colocados en el universo, como en el jardin de Eden,
si el Señor nos prohibe el uso de algunos frutos, no los
aceptemos, mis amigos, ni dexemos de mostrarnos ménos
reconocidos, como por aquellos que no nos son permitidos.
Gozemos de lo que se nos ofrece, sin tenernos por infelices
por lo que se nos niega; porque á la soberanía del Criador
debemos el tributo de una perfecta sumision á todas sus leyes, y á su sabiduría el homenage de una persuasion íntima,

ma, de que si fuéramos admitidos á sus consejos, aplaudi-
riamos las razones de su conducta. Una dulce condescendencia á todas sus voluntades, lleva por otra parte consigo mil
placeres tranquilos y durables, y en fin, el amor repara y
desquita los sacrificios que se le hacen.

Algunas veces sucede, y esto es tambien en lo que es
necesario hacer que comprehenda un niño, que nuestros deberes son bastante complicados, para que no se presenten
tan presto con la mayor claridad. Muchas veces las virtudes
se cruzan, se detienen, y se modifican. Para que éstas no
dexen de serlo, ó para que no pierdan mas ó ménos de
su precio, es necesario tomar un justo medio, quando son
viciosos los extremos. La beneficencia, por exemplo, debe
constreñirse y moderarse quando puede perjudicarse la justicia;
la clemencia llega tambien á ser algunas veces peligrosa, y cesa
de ser virtud entónces. De aquí se vé la necesidad de los principios simples y generales que deben instruir y guiar á un jóven.

Los motivos son especialmente por los que se deben apreciar las acciones: quanto mas pura es la intencion, llega á
ser mas real la virtud. Escuchad, pues, en todo á la razon soberana: consultad la conciencia, á este instinto
moral tan fiel, y vereis quán presto distinguireis lo honesto, lo útil, y lo justo. Nuestras ilusiones á este respecto
son raras veces involuntarias. Es verdad, que las pasiones,
el interes, y las preocupaciones ponen con freqüencia algunos velos sobre las mas claras verdades; pero estudiemos la
ley del órden, hallémonos de buena fé, recojámonos dentro
de nosotros mismos, y no confundamos la obra del hombre con la de Dios, y veremos quán prontamente se disipa la nube, y que la candela de la razon vuelve á tomar
su primera luz en nuestros corazones. Vosotros, mis queridos hijos, vais á entrar en el mundo, y hallaros enmedio
de la sociedad; entrad, pues, con los principios que he
procurado inspiraros siempre. Yo no he querido fiar á persona alguna un cuidado tan esencial; porque me persuadí,
que no me era permitido entregar en manos extrañas el
de-

depósito de las virtudes domésticas, que un padre él mismo debe cultivar en sus hijos. Nada he omitido ni olvidado para poneros en los caminos de la sabiduría, pero sé que ésta viene de lo alto, y que no se recoge sobre la tierra, como la sucesion de un padre débil y mortal.

No ignoro, ¡Ó mi Dios! que Vos sois el que dais el aumento á todo lo que se siembra: derramad, pues, sobre mis esfuerzos la fecundidad celestial de vuestra gracia, la que sola puede hacerles fructificar.

§. III.

Extension de los diversos objetos de la educacion.

Si el hijo virtuoso y fiel viene á ser, como dice la Escritura, la gloria y la corona de sus padres, yo me atrevo á prometerme de mis cuidados esta recompensa. Sed, pues, desde el dia de hoy, mis amigos, para mí, lo que me he lisonjeado, que sereis algun dia. Conservad en la sociedad toda la inocencia que teneis, consultad sin cesar en todos vuestros procederes aquella razon universal, y aquella regla invariable de las costumbres, de la que no puede apartarse sin faltar á Dios, así, y á los demás.

Justificad todas mis esperanzas; producid ya todos los frutos de una edad madura, en una edad, que por lo ordinario no presenta sino flores, y cultivando las bellas letras, purificad este estudio con la piedad. Corresponded perfectamente á la educacion que habeis recibido. Nada tendriais que desear, me atrevo á decirlo, á este respecto, si mis talentos hubieran podido seguir todo mi zelo. He previsto el peso de la carga que me imponia, tomando á mi cargo solo este cuidado, y esta reflexion, hijos mios, me hubiera detenido, sino estuvier persuadido, que un padre tiene las gracias de su estado, quando quiere cumplir sus obligaciones, y así no he atendido á mi incapacidad, quando he mirado mis deberes. Si suele decirse, que el odio ó una mala voluntad vale un Apolo, ¿porqué una tierna aficion

no

no tendrá el poder para inspirar los mas nobles esfuerzos de este sentimiento es de donde yo quiero sacar el mérito de mis lecciones; recibidlas, pues, baxo de estos auspicios.

No, no es un arte tan comun, como se piensa, el trabajar en formar al hombre. ¿Quántas qualidades no debe reunir en sí, el que toma solo á su cargo un empleo tan penoso y tan delicado? Yo percibí, mis amigos, esta dificultad. Y en efecto, ¿en dónde se encontrarán unos hombres bastante superiores sobre la humanidad para ser dignos de conducir los demás hombres? La educacion puede compararse á un campo naturalmente fertil, pero al que es necesario cultivar con cuidado, para arrancar las yervas salvages, que crecen con abundancia, quando no ha sido ántes labrado. ¿Qué de correlaciones, y quántos objetos diferentes no debe abrazar una sólida educacion? Los deberes sagrados de la religion entran necesariamente en este plan, y tienen la primera clase. Los deberes de la vida civil, y las reglas de la decencia propia de cada edad y de cada condicion, las ciencias que tienen correlacion, y los conocimientos que de ellas dependen, son otras tantas partes de este todo, que todas juntas se conservan, y que mutuamente se sostienen.

Es necesario tiempo, vigilancia, destreza, y método para conseguir un objeto tan importante. Es necesario el fixar primeramente, y poner por fundamento del edificio la basa de una virtud sólida; juntar las buenas costumbres á las bellas letras, y reglar el corazon cultivando el espíritu.

Nosotros todos tenemos en nuestro fondo las semillas tanto de las virtudes como de los vicios, con que es necesario el trabajar en sofocar éstos, y en fomentar aquellas. Hay defectos de la edad, y los hay del natural. Es forzoso el estudiar especialmente el carácter particular, para saber qué régimen moral le conviene. Es necesario tambien observar atentamente la naturaleza, para descubrir los resortes ocultos, porque cada espíritu tiene su forma propia, segun la qual se le debe gobernar. Lo que conviene á uno, daña algunas veces á otro. Un médico sábio proporciona siempre

al

al mal los remedios. Lisonjearle, es hacerle incurable; no contemplarle y conservarle hasta cierto punto, es irritarle. Es necesario asimismo poseer el arte de manejar los espíritus; saber proporcionarse á su talento; saber ganar el corazon con la dulzura; excitar á propósito la emulación con útiles alabanzas; hacer amar á los ménos aplicados el estudio con algunos adornos, y algunas gracias entremezcladas, y en fin, tomar aquel justo medio, que junta la firmeza con la complacencia. Bastantemente se percibe, que no es tan fácil siempre el hacer gustar el trabajo á la pereza, la correccion á la altivez, la direccion y moderacion á la insolencia, y moderamiento, y la aplicacion, en fin, á todo lo que mortifica. No obstante, siempre se consigue el fin, quando no se hace caso de las dificultades. Un buen cultivo hace llevar frutos aun á las zarzas y cambroneras, quando se tiene el cuidado de ingertarlas.

La edad en que os hallais, hijos mios, es la edad la mas propia para adquirir útiles conocimientos. Aprovechaos; el tiempo bien aplicado es un tesoro, el que á los que no saben sino perderle, les pesará algun dia de haberle desperdiciado. Si la vida entera no forma sino un instante, ¿con qué rapidez, pues, se pasa la juventud? ¡Ah! bien presto, mis queridos amigos, bien presto la gravosa y pesada vejez vendrá á verter sobre vosotros una modorra mortal. Semejante al sueño, del que el labrador cansado no puede resistirse al acabar el dia, ella os agravará á pesar vuestro, y os quitará todo medio de obrar, precipitándoos en la larga noche del sepulcro. Estudiad, pues, quando el sol de vuestra primavera luce aun; pero estudiad para ilustrar y fomentar vuestro espíritu, y no para cargar vuestra memoria. El entendimiento necesita de luz, y jamás la tiene con demasía; en lugar de que la memoria se vé freqüentemente agravada con unas cargas inútiles, y así no se necesita sino el socorrerlas tarde ó temprano.

M   §. IV.

§. IV.

De las principales ciencias.

Entre todas las ciencias hay una, que se distingue otro tanto por la sublimidad de su moral, como por la excelencia de su objeto, y es la que trata de la divinidad, que regla nuestras ideas, nuestro culto, y nuestros sentimientos por relacion al Ser Supremo. Esta será la materia de la tercera y última parte de estas lecciones, porque ella es con razon el centro y el fin, adonde deben mirar y dirigirse todas. Vos solo, gran Dios, podeis darnos la inteligencia y el amor. Vos sois el principio y el fin de toda justicia, la basa y la plena recompensa de la virtud, de la que vuestra inalterable substancia es el verdadero modelo. ¿ Que no pueda yo presentaros aquí, mis queridos hijos, un retrato abreviado de todos los conocimientos humanos, y referiros en pocas palabras todo lo que es capáz de aprender y executar el hombre? Vosotros le vereis, unas veces ingenioso físico estudiar la naturaleza de los cuerpos, y remontarse hasta su primer orígen; otras atrevido navegante confiar sin temor un frágil navío á los caprichos de las olas, sin temer ni al choque furioso de los vientos descadenados, ni los escollos ocultos del vasto océano, y dar despues la vuelta al universo guiado por la brúxula; arrostrar los calores del mediodia, y hacer frente á los yelos del norte; abrirse caminos desconocidos; ir á buscar léjos el oro de los distritos occidentales, los aromas, y las perlas del Oriente. Otras hábil Astrónomo mide la vasta extension de los cielos, la circunferencia de los globos, que ruedan en el turbillon solar, y el órbito que describe la tierra. Sigue la sombra, que este cuerpo opaco opone deteniendo los rayos del sol. Pronostica quántas veces en el espacio de mil años ó de mil siglos debe con esta sombra obscurecerse la luna, y en qué punto del cielo, y á qué hora sucederá cada vez; de tantas revoluciones como padecen los astros ninguno se

escapa de las atenciones del hombre; infalible adivino pre-
vee todos estos fenómenos, los anuncia, y los señala en
los fastos mucho mas seguros, que los de los oráculos?
Pero yo abrevio, para no apartarme, mis amigos, del plan
que me he propuesto. Vosotros tendreis ocasion de admirar con mas conocimiento y gusto lo que puede la industria, ayudada con el trabajo y ardor de una noble emula-
cion; á medida de que os halleis iniciados por un estudio
metódico y seguido en el camino de todas las ciencias,
de las que mis lecciones no hacen mas que daros una idea general, otro tanto mas se os presentarán motivos de vuestra
mayor admiracion.

La Lógica, mis queridos amigos, no solamente es una
introduccion para la filosofia, sino tambien para todos los
demás conocimientos. Nuestro entendimiento debe saber cón-
ducir y reglar sus propias operaciones, para poder dirigir-
las con eleccion hácia los objetos exteriores.

La Historia, la Geometría, la Eloqüencia, y la Poesía
misma, en una palabra, todas las ciencias y las artes todas se fundan sobre la dialéctica. Todo el empeño ha de ser,
en que os la enseñen de modo, que ántes se os dé una
nocion clara y precisa de las cosas, que el que os llenen
la cabeza de palabras bárbaras, y de ideas espinosas y obscuras.

La historia de las acciones de los hombres es una ciencia útil, y que no es permitido el ignorarla; la de sus pensamientos y de sus caractéres, y de sus costumbres es aún mucho mas instructiva por el expectáculo de una variedad infinita; ella os dará á conocer, mis queridos hijos, los principales escollos de la flaqueza humana, si la leeis con un
espíritu de discrecion; todo sirve de instruccion para quien
sabe ver y pensar, y el sábio se aprovecha de todos, aun
de los defectos agenos.

La Geografia y la Cronología demandan una gran claridad sobre la historia, y nos ponen en posesion de la tierra y de los tiempos. La historia hace, que pasen como en
revista á nuestra presencia todos los siglos y todos los pue-

blos, y todos los imperios; ella nos hace vér su establecimiento, sus progresos, y su decadencia; nos muestra los
grandes hombres, que mas se distinguiéron en qualquier género que sea, é instruyéndonos mas con los exemplos que
con las lecciones, nos ofrece reglas de conducta para todas
las edades y para todas las situaciones. También se aprende, cómo las ciencias y las artes se inventáron, cultiváron,
y perfeccionáron. No debe esperarse el que siempre se des-
cubran con certidumbre los hechos; porque las pasiones, los
intereses, y la adulacion, ó el ódio, lo mas freqüentemente los alteran; pero esta incertidumbre no disminuye su utilidad para qualquiera que sepa apreciar á su justo valor las
cosas humanas. Estas que quanto mas las profundiceis, mis amigos, mas conocereis la vanidad, y lo experimentareis, que todo lo que se pasa, es indigno de ocupar vuestro corazon, si
instruyendo é ilustrando vuestro espíritu, no eleva mucho
mas vuestra alma. La historia sagrada es la sola, que está
exenta de errores; y la sola que toda ella nos ofrece esta ventaja, porque el espíritu de verdad es el que dirigió
la pluma de los Escritores Sagrados. En ella sacareis unos
sentimientos propios para fomentar vuestra fé, y reglar vuestras costumbres. Casi todos los hechos se convienten en pruebas, y la mayor parte viénen á ser no solamente exemplos,
sino máximas y leyes también. ¿Qué expectáculos de religion no presenta? ¿Qué riesgos de virtudes, y que modelos de piedad, de caridad, de paciencia, y de sumisión
no contiene?

Un conocimiento suficiente de la geometría, que es la
llave de todas las inquisiciones, que pueden hacerse sobre
las grandezas, debe entrar también en el plan de una completa educacion. Esta ciencia es cierto que al primer aspecto parece, que es de un acceso bastante dificil, pero ella
contribuye mucho para la rectitud del espíritu; porque
casi todas las artes están enlazadas con las matemáticas, de
las que sacan grandes socorros.

La arquitectura, el diseño, y la prespectiva, la dióp-
tri-

trica, la catróptica, la gnomónica, y la cosmográfia celestial y terrestre, no ruedan sino sobre las proporciones de
las grandezas, y por consiguiente son el resorte de esta ciencia tan admirable como necesaria. Los que tienen la osadía
de despreciarla, no tienen conocimiento alguno. Se desprecia voluntariamente todo lo que se ignora, y es una especie de venganza, de la que se vale nuestro orgullo.

La Astronomía decide de la forma del universo; ella
aumenta ó acorta los límites; coloca ó transporta á su agrado los cielos, segun los diferentes sistémas que adopta. Ella
hace brillar á nuestra vista aquellos mundos inumerables
ocultos miéntras el dia, los alcanza en su carrera rápida,
los sigue en sus diversos movimientos, mide su grandeza y
su carrera magestuosa, cuenta una multitud infinita, los
nombra, y determina su posicion y su curso.

Aún quando la Astronomía, mis queridos amigos, no
fuese tan absolutamente necesaria, como ella lo es para la
geografia, para la navegacion, y aun para el culto divino,
siempre sería infinitamente digna de la curiosidad de todos
los entendimientos por el maravilloso expectáculo que ofrece. Uno de los Escritores mas ingeniosos comparó la condicion de los que no conócen las revoluciones, el órden, y
la naturaleza de estos grandes globos que ruedan sobre sus
cabezas, y que no tienen bastante luz para gozar de las hermosuras del cielo, á aquellos infelices, que naciéron en las
minas las mas profundas, y que trabajan toda su vida, y
mueren sin haber visto jamás al sol.

Las observaciones Astronómicas son las que nos dan, por
decirlo así, ojos, y nos descubren la prodigiosa magnificencia del universo, sin las quales no sería casi habitado
sino únicamente por ciegos.

Ellas por otra parte nos presentán las ideas mas sensibles de la grandeza de Dios, descubriéndonos las de los
astros, que ha sembrado su mano en el firmamento como
un polvo brillante. Hay, no obstante, á millares, cuya prodigiosa distancia hace dudar á algunos sábios, si despues

de

de la creacion del mundo han podido llegar á nosotros sus rayos, á pesar de la prontitud admirable del vuelo de la luz. ¿Qué diremos, pues, del inmenso espacio por donde ruedan estos cuerpos luminosos? Despues de esto, que se lisonjee la ambicion sobre la extension de sus conquistas sobre este átomo imperceptible, en que estamos ocultos.

Para suplir la flaqueza de nuestra vista supo fabricar la industria, segun las leyes de una sábia teoría, instrumentos, con cuyo útil concurso, dando mas extension á la imágen de un objeto, llega á acercarle, y aclararle; con la ayuda del microscopio se penetra aun en lo interior de los mas pequeños cuerpos; se distinguen todas las partes, y se contempla con admiracion el arte de todos aquellos órganos tan desembarazados que entran en la estructura del mas mínimo insecto.

Es cosa bien admirable, mis amigos, el que la fuerza misma de la costumbre pueda hacer tan poco sensibles á los hombres en los descubrimientos los mas maravillosos, los que casi todos no gozan sino con una especie de ingratitud las ventajas que les procuran las ciencias.

§. V.

Continuacion.

Yo no hago propiamente aquí, como lo veis, mas que daros una simple definicion de la mayor parte de estas ciencias, de las que os he explicado los principios, que todos para una buena educacion son esenciales.

La física solicita conocer la naturaleza de los cuerpos, como ya os lo he dicho; su esencia es el buscar las causas de los efectos naturales con experiencias seguidas. La luz de la geometría no ha servido poco, despues de algun tiempo, para aclararlo. No deben contarse, hijos mios, entre las simples curiosidades de esta ciencia las sublimes reflexiones á que nos conduce sobre el Autor Supremo del universo; esta grande obra siempre es mas admirable, á medida de que es mas conocida, nos da una tan grande

idea

idea del Obrero divino, que la ha fabricado, que percibimos agoviado nuestro espíritu de respeto, de admiracion, y de reconocimiento.

Descubriendo, otro tanto como es posible, las huellas de la inteligencia, y de la infinita sabiduría, que lo ha producido todo, la física viene á ser una especie de teología para el sábio. El admira el arte maravilloso, con el qual de una misma materia, diferentemente combinada y colocada, supo sacar el Criador substancias, cuya naturaleza, forma, color, y propiedades son tan diversas. Vosotros conoceis y sabeis la fábula de Protheo, cuyas metamorfosis repentinas se ocultaban de las atenciones de los mortales. Pues este es el emblema de la materia. La roca inmovil, el torrente impetuoso, la llama abrasadora, el javalí terrible, y la formidable serpiente; él toma sucesivamente mil y mil formas, hasta qué en fin se le obliga á dexarse ver baxo de sus propios rasgos. Esto es lo que trata de hacer la física.

La medicina es una rama que podría compararse á un árbol muy espeso y cerrado, cuyas hojas multiplicadas forman la obscuridad, y sus raices son tan profundas, que no pueden descubrirse sin dañar una parte.

Todo lo que mira á la salud y conservacion de la vida pertenece á la medicina; pero esta es un arte de conjeturas, y segun la confesion de la mayor parte de los médicos, la experiencia es peligrosa, la ocasion rápida, y el juicio dificil. Lo que la lógica es para el entendimiento, y la virtud para el alma, deberia la medicina serlo tambien para el cuerpo, y podria decirse aquí en este caso, que nada faltaria á los hombres con una virtud sólida, una buena lógica, y una medicina ilustrada.

El conocimiento de los simples es una parte de las mas curiosas de la física, y de las mas esenciales de la medicina. Los libros solos que pudieran instruirnos á fondo sobre esta materia, fuéron arrojados como al acaso, á mi parecer; ellos se hallan dispersos sobre toda la superficie de la tierra, y es necesario resolverse á la fatiga y al peligro de buscarlos

y

y de juntarlos. Los mas profundos valles y las mas inacesibles rocas se mudan para un Botanista, segun un Autor célebre, en una magnífica biblioteca, en donde tiene el gusto y la complacencia todo quanto puede su curiosidad desear.

Mis amigos, el espectáculo de la naturaleza, presente siempre á nuestra vista, tiene sin duda derecho de atraer nuestras primeras atenciones, y nos interesaria tambien mas, si mejor se percibiese; pero podemos decirlo sin faltar á la verdad, que muy pocas personas saben verlo y estudiarlo como es necesario. Confesemos tambien, que desde el pecado del hombre reducido á ignorarse á sí mismo, y á andar como arrastrando con incertidumbre y con lentitud de un objeto para otro, sondea con una mano tímida todo quanto le rodea, y se halla casi á cada paso en unas espesas tinieblas, ó en la luz sombría del dia que le guia, y no podrá lisonjearse sin presuncion de descubrir los principios fundamentales de todos los seres, y de penetrar todas sus propiedades.

La Metafisica tiene por objeto las cosas puramente intelectuales, y que no caen baxo los sentidos; esta es una teología fundada sobre sola la razon, quien considera y contempla la divinidad, y las substancias espirituales. Esta parte de la filosofia es la mas interesante de todas, y la mas digna de nuestra ocupacion. No hay cosa mas propia para elevar nuestra alma, que el acostumbrarla á considerarse en Dios, y á mirarle como al solo motor de los espíritus y de los cuerpos; á no ver sino á él en todas las cosas; á no amar ni temer sino á él.

La Eloqüencia y la Poesía deben tener tambien su clase en una noble educacion. Ellas deben imitar y exprimir la bella naturaleza; la una en prosa ó discurso libre, y la otra en dos versos ó discursos mesurados. El objeto de la una y de la otra debe ser el producir el sentimiento de mover y agradar. Quando la imaginacion es guiada por la razon y por el amor de lo verdadero, causa el gusto de la poesía y de la eloqüencia, y las presta su vivacidad y sus retratos.

tos. Pero es profanar estas artes, consagradas en su orígen
á la religion y á la virtud, el emplearlas en mover las pasiones enemigas de la sabiduría. Sí, mis amigos, la música y la poesía, que son inseparables, no deberian consagrar-
se sino á la religion y á la virtud, á quienes solas pertenece el causar en nuestra alma los nobles sentimientos, que
fomentan su reconocimiento y su zelo, que corresponden á
su admiracion, y aplauden sus juveniles transportes. Pero
¡ay! casi siempre es á los objetos mas vanos de nuestras
pasiones, y á los mas peligrosos, á los que se esclavizan
estos talentos encantadores, y por un abuso, que nunca podrá llorarse con demasía, no se emplean sino en hermosear,
engrandecer, y en hacer mas sensible la seduccion, la que
penetrando hasta en lo mas íntimo del alma, la hace mas
cautiva aun de los sentidos con nuevos atractivos.

La eloqüencia está acompañada de la dulce persuasion.
Ella excita ó calma á su agrado los furores de la multitud,
introduce en el corazon del soldado la intrepidez y la au-
dácia, inspira ó apacigua, quando quiere, las cóleras del
odio ó de la venganza. Semejante algunas veces á un torrente impetuoso, que arruina los diques todos, ella arrastra y domina las pasiones y las opiniones, persuade la paz
ó la guerra, y absuelve ó condena un culpable. Unas veces como un rio magestuoso, que fertiliza las campiñas, en-
riqueze y adorna todos los asuntos, otras se resvala ligeramente sobre los que no son del caso el profundizarlos,
manejándolos con destreza, y otras, en fin, los presenta
con gracia, y les dá los mas bellos colores.

Animada y sostenida por la virtud, ayuda á la razon,
hace amar la justicia, defiende la inocencia oprimida, y hace brillar la verdad. Ella civiliza las costumbres aun las mas
feroces, y reune en sociedad los pueblos dispersos, y los
hombres los mas rústicos y los mas bárbaros. Anfitrion do-
mó los monstruos marinos, y juntó los muros de Thebas
con el encanto de sus conciertos. Esta es una alegoría del
poder de la poesía y de la eloqüencia.

N

§. VI.

§. VI.

De la sociedad.

Todos los mas bellos conocimientos deben servir para el bien y adorno de la sociedad. El hombre, mis queridos amigos, nació para ella. La mayor parte de sus facultades, sus inclinaciones naturales, sus necesidades, su misma flaqueza, y sus sentimientos, son otras tantas pruebas de la intencion del Criador á este respecto. Todo quanto se encuentra en nosotros nos inclina á buscar nuestros semejantes, y es tal, en efecto, la naturaleza y la constitucion del hombre, que fuera de la sociedad no podría conservar su vida, ni descubrir y perfeccionar sus talentos, ni procurarse los socorros y alivios tan útiles como necesarios. ¿Qué vendría á ser, os suplíco, un niño, si una mano benéfica no le socorriese y proveyese á sus necesidades? ¿á qué se hallaría reducido, si persona alguna tuviese cuidado de él en el estado de indigencia y flaqueza que experimenta quando nace, y que pide todas suertes de socorros diferentes, y continuados por muy largo tiempo? Pues su juventud no los pide ménos. No vereis en él, si se halla abandonado á sí mismo sino un animal salvage, y acaso feroz, ignorando tódas las comodidades de la vida, entregado y hecho presa del fastidio y de la tristeza; y si llegase, en fin, á la vejéz ¿qué aumento de accidentes, de necesidades, y de enfermedades múcho mas tristes y deplorables no experimentaria, que le harian casi tan dependiente de los demás, como lo era en su tierna infancia?

Esta dependencia, mis queridos amigos, se llega á percibir mucho mas en las enfermedades: el hombre aun el mas vigoroso siente entónces muy decaidas sus fuerzas; su cuerpo lánguido y agravado no puede sostenerse; sus rodillas temblonas parecen como abandonarle; sus manos débiles y temblonas le niegan aún los menores servicios, y si no los encontrase en las atenciones de sus amigos, en la
fi-

fidelidad de sus domésticos, y en los recursos del arte, bien presto vendría á ser la víctima del abandono y del mal. Y en efecto, ¿de dónde nace nuestra seguridad, sino es de los servicios que mutuamente nos hacemos, y de aquella union, que causa nuestra fuerza, y nos pone en estado de defendernos contra los insultos, y las invasiones imprevistas? La sociedad dá tambien el imperio al hombre sobre los animales los mas fuertes y crueles. Con una sangre tan fácil de derramar él se dexaría infaliblemente vencer si se hallase solo. ¿Y quántos otros recursos de esta especie no encuentra en la sociedad? Ella le provee de remedios en sus dolores, y de socorro en sus males; le pone en estado de afrontar el rigor de las estaciones y de los elementos, y de convertirlos en su provecho. Quitad la sociabilidad, de donde depende la conservacion y la dulzura de la vida, y destruireis el género humano.

¿No es tambien para oir las conversaciones de aquellos con quienes tenemos que vivir, y comunicarles nuestros pensamientos, cómo ellos nos comunican los suyos, para que hemos recibido las facultades maravillosas del oido y de la palabra, las que no servirian de uso alguno fuera de la sociedad? ¿Y no puede decirse lo mismo tambien de este mecanismo admirable, el que hace, que las pasiones y todas las impresiones del alma se comuniquen tan fácilmente de un cerebro para otro? Basta el que se presente enternecido un hombre, para compadecernos y enternecernos en favor suyo; las lágrimas de un desconocido nos mueven aun ántes que nos diga la causa; y al contrario, si alguno se nos allega con un semblante alegre, luego excita en nosotros un sentimiento de alegría.

Es pues evidente, que las necesidades naturales de los hombres, que les enlazan los unos á los otros, así como la diversidad de los talentos y facultades, que les hacen propios para ayudarse mutuamente, son otros tantos indicios bien manifiestos de su destino para la sociedad. Pero si consultamos nuestras inclinaciones, sentiremos tambien,

que

que nuestro corazon naturalmente se inclina hácia todo lo que nos une con nuestros semejantes. La amistad, la compasion, la generosidad, la bondad, y estos tiernos lazos del mas dulce comercio, son unos sentimientos que el Autor de nuestro ser puso en nosotros, y que jamás podriamos cultivarlos con demasía.

¡Felices las almas sensibles! estas tienen mas existencia que las otras, y son mas propias para la sociedad. Jamás es mas viva su alegría, sino quando pueden hacerla brillar á la vista de un amigo, y derramarla en su seno; ella se redobla comunicándose. Al contrario la tristeza, ésta se disminuye dividiéndola con alguno, como se aligera una carga, quando se nos ayuda á llevarla. Sí, hijos mios, la amistad, la verdadera amistad es de todos los placeres el mas puro y el mas razonable, y no hay hasta en las lágrimas que hace verter este sentimiento, que no tengan su dulzura y su complacencia. Ellas elevan el alma, y socorren el corazon de quien las vierte, y consolando eficazmente al que las recibe, hacen experimentar á ambos á dos una misma satisfaccion en una situacion diferente.

§. VII.

De la bondad y de la hermosura.

Quando el Criador quiso formar, mis queridos amigos, el corazon y las entrañas del hombre, puso primeramente la bondad, como el carácter propio de la divinidad de quien somos la augusta imágen, y para que fuese como la señal de esta mano benéfica, que nos sacó de la nada. La bondad, pues, debe hacer como el fondo de nuestro corazon, y ella es el primer atractivo que hemos recibido para ganar á todos los hombres. Ella tambien reeleva la grandeza, y en lugar de debilitarla, la ayuda á comunicarse con mas ventaja, semejante á aquellas fuentes públicas que se elevan, para que derramen á lo léjos las aguas. Todo el mundo alaba la bondad, ¡pero qué pocos hay que puedan servir

de

de modelos para su elogio! No obstante, ninguno es amado sino por el arte de agradar, y nadie verdaderamente agrada sino por la bondad : todas las dulzuras de la sociedad le son debidas ; ella sola se apodera de los corazones, que no se rinden ni á la autoridad, ni al favor, ni á las riquezas.

Pero si es cierto que la bondad realza la grandeza, y extiende por todas partes su imperio, puede decirse tambien, que la virtud ennoblece la bondad, dándola un motivo superior y digno de la pureza de su orígen ; entónces ella toma el nombre de caridad, y hace al hombre, á este ser débil, impotente, y limitado, capaz de imitar, en algun modo, el mas apreciable atributo del Ser Supremo.

¿ Qué viene á ser la hermosura, hijos mios, quando se la compara á la bondad ? Mirada baxo este noble aspecto, ¿ qué es, pues, la hermosura, aquella qualidad brillante que todo el mundo admira, y que cada uno quisiera poseer, pero que no está en poder de persona alguna, ni el adquirirla con sus cuidados, ni el conservarla mucho tiempo? Esta es una tierna flor, que la primavera la ve nacer, y que el verano prontamente la marchita. La naturaleza ella sola la dá, y la vuelve á tomar quando le agrada, ó mas bien, ¡ ó mi Dios ! este es un don de vuestra mano liberal, una sombra, ó si se quiere, un débil rayo de vuestra encantadora hermosura. Ella es perfecta, universal, y eterna en Vos ; en los objetos criados no es sino un vapor ligero, una imágen imperfecta, y una corteza superficial, y vana ; y en todo tiempo se dice, que no hay cosa mas corta, que el reynado de la hermosura. La mitad de la especie humana, que la mira como su mas grande adorno, reconoce ella misma, si no la vanidad, la fragilidad y la insuficiencia.

En efecto, mis queridos amigos, ¿ qué es, repito, qué es, apreciándola bien, esta hermosura que nos seduce? Un movimiento convulsivo la hace desaparecer, una tristeza la empaña, y una enfermedad la desfigura ; un alimento demasiado fuerte, y un exceso de indolencia ó de trabajo, que sé yo? mil accidentes la marchitan y la degradan ; y á lo mé-

ménos es cierto, que toda hermosura, despues de un corto número de bellos dias, que se llama su primavera, la
edad avanzada la hace experimentar, como á las flores, una
decadencia rápida, que se la roba, en fin, sin retorno. No
así de la bondad; esta es independiente de los estragos del
tiempo, de los caprichos de la opinion, de la bizarría de
las modas, y de la suerte de los sucesos lastimosos. Su imperio se extiende por todos los países y sobre todos los
corazones, y es decente á todas las edades, á todas las situaciones, y á todos los estados. Ella realza las gracias de
la juventud, y borra en algun modo las arrugas de la vejéz, y derrama un dulce calor, que anima y aprieta los
lazos de la sociedad. Ocultando á nuestro corazon los defectos agenos, ó á lo ménos impidiendo el que los sienta con aquella indignacion y acrimonia, que produce algunas
veces la severidad; la bondad hace comunmente que se
escusen los nuestros, y aun suple para con las personas jui-
ciosas al mérito del entendimiento y de la imaginacion. Y
en fin, como la modestia, ella adorna y aumenta la hermosura, repara las brechas, reemplea la pérdida ó la priva-
cion, y sirve de velo á la fealdad.

¿Quántas personas se hacen aborrecer con las mas brillantes qualidades? ¿Y quántas otras, aunque sean desgra-
ciadas de la naturaleza, se hacen amar por su bondad? Por
lo comun aun los mas raros talentos, los empleos los mas
distinguidos, no sirven, hijos mios, sino para hacernos enemigos ó envidiosos de los que se nos allegan, si la modestia y la bondad no tienen cuidado de templar en nosotros
el resplandor de la clase y del génio. Nuestros ojos, ya lo
sabeis, no pueden estár mucho tiempo fixos al sol sin ser
incomodados: y así es tambien como nuestro amor propio
fácilmente se hiere con la brillantez de las qualidades, á las
que la bondad y modestia no acompañan con su luz dulce
y amiga del corazon. Sin estas apreciables virtudes de la tierra y el cielo, la piedad no viene á ser sino hipocresía, la
autoridad altivez, y aspereza la sabiduría.

§. VIII.

§. VIII.

De la sensibilidad.

La bondad hace baxar á los grandes á la igualdad, pero con tanta dignidad y nobleza, que ella asegura y realza para siempre su preeminencia.

La igualdad de la naturaleza entre los hombres es un principio, que no debe jamas olvidarse, y que se halla establecido por la razon, por mas desigualdad que parece poner entre ellos la diferencia de las condiciones. ¡Ah, mis amigos! ¡quán pequeña y de corta duracion es esta diferencia á los ojos christianos! Nacer y morir, no son casi sino un mismo momento, y la muerte en una misma clase pone lo que hay de mas elevado, y lo que hay de mas obscuro.

Esta vida no es sino una escena, y una vana decoracion de teatro, en donde el fin de la pieza pone todos los actores al nivel de su comun condicion, sin que los diferentes papeles, que representáron, hayan mudado cosa alguna á su estado natural.

Suponiendo, pues, este principio de igualdad entre los hombres, todos deben conformar su conducta, para prestarse mútuamente los socorros, de que son capaces, y concurrir de este modo á la felicidad comun de la sociedad.

Pero si el corazon del hombre, como lo hemos dicho, es inclinado por su naturaleza á la compasion y á la bondad, ¿para qué es necesario sin cesar y casi inútilmente siempre, refrescar su memoria, y presentar á la vista de los hombres ricos del siglo las miserias de los pobres, y las infelicidades de aquellos, con quienes una misma humanidad los une? ¿cómo no se reprehenden el uso criminal que hacen de sus riquezas? Miéntras que á tantos infelices les falta lo necesario, ellos gustan los placeres, gozan salud, y se hallan en los honores miéntras que mil desgraciados se ven agravados con los mas agudos dolores; ¿y quántas tristes víctimas de la calumnia y de la indigencia sufren al mismo

mo tiempo el menosprecio, la afrenta, y la injusticia, forzados á aborrecer hasta el dia, que manifiesta sus desgracias, temiendo el tener por testigos á los mismos bienhechores
que desean? ¡Ah! la fortuna les ha cegado, y los sentimientos
que la naturaleza les dexa, no sirven sino para irritar y agravar mas sus males.

¡Ay, hijos mios! si teneis aun entrañas, si mis deseos y
mis cuidados no os han sido inútiles, fixad sin cesar las
atenciones de hermanos y amigos sobre estos desgraciados;
apresuraos para enjugar sus lágrimas; dividid con ellos lo
que teneis: hacedles todo género de servicios, dadles consejos, consuelos, y socorros de toda especie, y sostened
su alma abatida, quando no os permitiesen otra cosa vuestras facultades. La humanidad y la religion tan tiernamente
os convidan. Trabajad en lo que hay de mas grande en el
mundo, como lo es en la felicidad de los otros, ¿qué digo? la vuestra misma se halla inseparablemente enlazada. No
excluyais de vuestro corazon ni al Scytha, ni al Griego: no
hay extraños á los ojos de un christiano tierno, generoso,
y compasivo. Todos los males son sus males, todos los hombres sus conciudadanos, y todas las miserias, sus miserias.
Derramad vuestros beneficios hasta en el seno del ingrato.
¿El reconocimiento de un Dios no es preferible al de un
hombre? Y aun quando éste os falte, ¿aquel no es capaz
de desquitaros con usura? Vuestras liberalidades causarán la
prosperidad del necesitado y la vuestra; pero vosotros ganareis mucho mas que él en este noble comercio.

Pero esto es demasiado sin duda, mis amigos, para
unos corazones bien nacidos, y casi me hallaría tentado á
reprehenderme en vuestra presencia, insistiendo tanto sobre
este punto. Sí, si el amor paternal no me ciega, y si mis
deseos no os muestran á mis atenciones baxo de unos colores tan favorables, yo os juzgo tan inclinados por carácter á la
compasion y á la generosidad, que no puedo bendecir demasiado al Autor de todo bien, y de todo don, ni felicitaros á vosotros mismos bastante de esta feliz inclinacion, porque lo

que

que se hace por inclinacion, se hace siempre con mejor gracia y mas constantemente. Vosotros encontrareis siempre, y en todo tiempo en vuestra sensibilidad natural mas facilidad para estas preciosas virtudes, que causan la mayor dulzura de la sociedad.

Pero ¡ay! esta sensibilidad tiene tambien sus peligros; ella duplica los males como los bienes: ella nos enternece un poco demasiado algunas veces, y hace á nuestros corazones unas impresiones, de quienes es necesario desconfiarse enmedio del comercio del mundo, porque despues del pecado todo hasta la virtud se halla rodeado de escollos. La bondad se halla colocada entre la severidad y la indulgencia; la liberalidad entre la avaricia y la profusion, el zelo entre la cólera y la cobardía, la prudencia entre la temeridad y el temor, y la amistad entre la flaqueza y la indiferencia. Por poco que estas virtudes se aparten de su camino, degeneran bien presto en vicios, y este medio que causa el mérito de la sabiduría, es el punto indivisible, que es necesario buscar. Jamás hagais cosa alguna por humor, ni por una blanda condescendencia, sino por el motivo superior del órden, de la equidad, y de la razon, que deben conducirnos, sin lo qual infaliblemente nos extraviariamos.

§. IX.

De los deberes domésticos.

Nosotros no solamente hemos nacido para nosotros mismos, sino tambien para los demas, como acabais de verlo, hijos mios, nosotros todos debemos entrar en los designios del Criador, quien nos hizo para entreayudarnos recíprocamente con un comercio mútuo de servicios, de cuidados, y de buenos oficios, mas prontos aún para dar, que para recibir, sabiendo estrecharnos, quando es necesario, sin forzar á persona alguna, y empleando nuestros bienes como nuestros sentimientos, y para apretar mas y mas los nudos de la sociedad.

Yo podria tambien colocarme en el órden de los deberes, que la naturaleza os impone; yo podria deciros que vuestros padres son para vosotros la imágen de Dios; que á vuestro respecto les ha confiado una parte de su providencia y de su autoridad. Que ordena el honrarlos y amarlos, y que no ha prometido una duplicada promesa, sino á la observancia de este solo precepto. Pero yo quiero esperarlo y prometermelo todo de vuestro reconocimiento y de vuestro amor.

Para vos, hijo mio, que precedeis por el nacimiento á vuestros hermanos, precededlos igualmente en los sentimientos y senderos de la virtud. Creced en sabiduría y en gracia, otro tanto como creceis en edad; no les dexeis de preceder tambien en piedad: este derecho de primogenitura es siempre glorioso, y así conservad con el mayor cuidado el augusto privilegio.

Y vos, querida hija mia, sed mucho mas zelosa aún, si es posible, de guardar con el mayor aprecio todo el resplandor de vuestra primera inocencia; pensad que el pudor es el mas bello adorno de vuestro sexô, pero que es una flor tierna, á la que el mas mínimo soplo la empaña. Que vuestra delicadeza sobre este punto llegue hasta el término del escrúpulo; que las mas mínimas precauciones son las que guardan las grandes virtudes; que la mas rígida modestia acompañe siempre vuestras acciones, y que se derrame sobre todos vuestros modales, y que ella sola sea la que adorne y hermosee toda vuestra persona. Vos teneis á la vista un modelo, que puedo proponeros para vuestra imitacion, y que no debe seros extraño, supuesto que éste es vuestra misma madre. Vos lo sabeis; ella ha colocado su mayor dicha en todos los tiempos, en ignorar lo que el mundo llama placeres, y su gloria ha sido en vivir encerrada y ocupada en los tiernos deberes de esposa y de madre, empleándose siempre en el gobierno de su familia; ella ha reinado siempre con la complacencia sobre su marido, sobre sus hijos con la dulzura, y sobre sus domésticos y criados con su bondad. Ella ha hecho de mi casa, si me atrevo á decirlo, la morada de todos los sentimientos religiosos, de la piedad filial, de la ter-

ternura maternal, del amor conyugal, del órden, de la paz, y de la salud. Activa, ecónoma, dando órdenes, ó sedentaria, ha apartado y evitado con sus atentos cuidados las necesidades y la profusion. Ella junta á un ayre de reserva y de dignidad, que la hace respetar, un carácter de indulgencia, que la hace amar, y este sentimiento, que le es natural, derrama al rededor de sí un dulce calor, que anima todo quanto la rodea; hay en ella un feliz instinto que la inclina á entrar con la mas viva ansia en todos los intereses de la afliccion y de la indigencia. ¿Puedo yo ofreceros un exemplo que tenga mas derecho para moveros é instruiros en las virtudes que son propias á vuestro sexô? Mis lecciones podrán formaros, mi querida hija, los sentimientos que deben ser comunes á los dos sexôs, la mayor parte igualmente os miran. Vuestra alma es de la misma naturaleza que la nuestra. Si hay algunos de vuestros deberes diferentes de los de los hombres, ellos todos se reunen en su fin. No hay cosa, pues, me parece tan mal entendida, como la educacion que se las dá á las señoritas jóvenes, en donde todo se termina á saber adornarse, á una vida voluptuosa, al deseo de agradar, ó á lo mas, todo se reduce á unas qualidades frívolas, que fortifican el amor propio, alimentan la delicadeza, que algunas veces fomentan las mas funestas pasiones.

Yo me complazco, hijos mios, y esto os mira á todos; yo me congratulo en volveros á poner aquí á vuestra vista, y de repetir á vuestro corazon, lo que vuestro reconocimiento no podrá dexar de entender, y es la historia de los infinitos cuidados de la mas apasionada, y de la mas tierna de las madres. ¿Se pueden llevar mas léjos, como ella siempre lo ha hecho, las atenciones de toda especie que ha practicado con vosotros? Despues de haberos llevado en su seno, y despues de haberos alimentado con su misma leche, ella se condenó al mas entero retiro, olvidándose aún de sí misma para no ocuparse sino de vosotros. En la primera edad de vuestra infancia, su perspicacia tan escrupulosa

co-

como infatigable, rodeaba sin cesar por todas partes vuestra flaqueza, y volaba para prevenir todos los peligros que pudieran amenazaros. Sus sábias precauciones eran como una suerte de valuarte, que os libertaban aun de los mas mínimos accidentes. Ella os seguia y os cubria, sin cesar de sus atenciones, miéntras vuestro descanso velaba al rededor de vosotros, observándoos continuamente. Mas atenta aun en prevenir vuestros mas mínimos males, como fervorosa en socorrerlos, disponia los objetos, segun que podian convenir á vuestros débiles órganos; apartaba de vosotros los que hubieran podido dañaros: arrimaba y juntaba los que podian seros útiles, y componia, en una palabra, con sus propias manos la felicidad de vuestros primeros dias. Todo, en fin, hasta sus penalidades eran gozos para su corazon maternal, y vosotros erais el centro de todas sus ansias, y deseos. Testigo, como lo he sido de sus transportes, ¿quántas veces la ví apretaros y estrecharos entre sus brazos? ¿Quántas veces fixada su vista sobre vosotros, buscó en vuestras facciones, apénas descubiertas, en vuestros ojos, y en todos vuestros infantiles movimientos los presagios y garantías de sus esperanzas? Yo no acabaria, si quisiese hacer aquí una relacion individual de todos los sentimientos que os ha prodigado esta madre incomparable. Yo los juzgo demasiado profundamente gravados en vuestra memoria, para temer que puedan jamas borrarse de vuestro agradecimiento. Un hijo, que fuese bastante desnaturalizado para faltar esencialmente á sus padres, deberia ser aborrecido, como el oprobrio de la humanidad y la afrenta de la naturaleza, ¿qué digo? como un monstruo, á quien era necesario ahogarle quanto ántes. Esta reflexîon, mis amigos, no puede de modo alguno miraros.

§. X.

De la fidelidad para con los Soberanos.

El respeto, la fidelidad, y la sumision para con los Soberanos, son unos deberes tan sagrados, como los que nos en-

enlazan con nuestros padres. Si hago un artículo de estas lecciones, no es hijos mios, porque juzgue que tengais necesidad de esta advertencia. Todo católico lleva desde su nacimiento estas virtudes consigo. Ellas forman su carácter, y en ellas halla su mayor gloria y mas cumplida felicidad. Pero quiero, si puedo, dar á estas virtudes el mérito, acaso demasiado raro, de tener su orígen en la religion.

Instruido en tan sublime escuela un christiano vé la imágen de la divinidad en los Reyes, y su autoridad y su voluntad en la suya. Sus órdenes, su providencia, y su equidad en las leyes públicas. En lugar de que una orgullosa filosofia no percibe en el Monarca, sino un hombre que vino á ser mucho mas fuerte, y como un individuo que supo sujetar á los grandes con sus beneficios, á los pequeños con el temor, ó que debe esta clase á la felicidad de su nacimiento; al contrario la religion nos muestra, en el que ha señalado con el sello augusto de la regia dignidad, la eleccion y la obra de Dios, y el depositario de su poder. Ella nos enseña, que es de su mano de quien recibe y tiene la corona, y que él solo tiene el derecho de quitarsela quando le agrade.

Por mí es, por quien los Reyes reinan, dice la Eterna Sabiduría, para instruir á los Príncipes, y á los Vasallos del principio de los derechos de los unos, y de la obediencia de los otros. A mí solo pertenece el imperio, la magnificencia, y la gloria. En mí solo residen el poder, la magestad y la suprema grandeza. Yo me retrato y me reproduzco en algun modo en las personas de los que he colocado sobre el trono, y yo formo su magestad con algunos rayos de mi magestad divina.

Ved aquí, mis queridos hijos, lo que nos enseña la religion, bien diferente sin duda de todos estos sistemas modérnos, que se dirigen á envilecer la sumision y la autoridad, que afectan el no ver en el nacimiento de las monarquías, sino unos pactos primordiales y condicionales, que dispensan á los vasallos de obediencia, y les desatan de sus

ju-

juramentos, quando los Príncipes ellos mismos faltan á las
condiciones del tratado, que les ha confiado el depósito del
comando y de las leyes.

¿Qué no podria deciros yo aquí, para destruir estas falsas pretensiones, y mostrar la independencia de los Reyes,
si quisiera remontarme á aquellos primeros tiempos, en los
que las diversas sociedades, formadas primeramente por las
necesidades, y armadas bien presto por las pasiones, se eli-
giéron señores capaces de gobernarlos y defenderlos? Vosotros vierais en el orígen de cada familia, el no tener mas
soberano, que á su cabeza. Sola la autoridad paternal en su
vigor, y otro qualquier tratado ó pacto entre padres é hijos fué desconocido y desechado de la naturaleza.

Vosotros veriais despues reunirse muchas familias, y ele-
girse un padre comun, y el tratarle con una piedad filial,
ántes que imponerle condiciones, ni prescribirle leyes. Veriais en fin, en la eleccion de estos nuevos Xefes el derecho de juzgar la multitud concedido al mas sábio, y al mas
justo, y entregado el cetro por el precio del valor y de la
virtud. Los valientes proclamados á una voz en reconocimiento de las victorias debidas á su valor, y levantados sobre un broquel enmedio del campo de batalla, y con los
transportes y júbilos de la alegría y confianza, que no les
dexaban ni aun el preveer los abusos de la autoridad.

Bien sé, qué una libertad mal entendida con la ayuda
de un discurso especioso alegará, que si este contrato social como ella le llama, no se hizo expresamente, á lo ménos no puede dudarse, que hubo un pacto tácito é implícito; porque no puede creerse ni suponerse, que hayan querido los pueblos hacer un sacrificio absoluto y sin restriccion de todo quanto tenian de mas apreciable á unos señores feroces, y á unas almas insaciables. A lo que respondo,
que de este pacto implícito, del que se valen como su último
recurso, ó atrincheramiento, Dios mismo es el Autor y el
garante, y aun añado, que es mucho mas, y es que él
es el vengador, y el que recibe desde lo alto de su trono
los

los juramentos mútuos que se hacen, de una parte por la nacion, de estár inviolablemente sometida á su Rey, y de la otra por el Príncipe, de ser justo, humano, benéfico, y de mirarse como el padre comun de todos sus vasallos. Reynad en mi nombre, dice al Monarca, exerced mi poder, y sed el órgano de mi justicia y de mi bondad. Obedeced, dice al pueblo, obedeced á vuestro Soberano como á mí mismo; porque él tiene mi lugar, y yo le he revestido de mi autoridad. Si os hace felices y dichosos, él es el instrumento de mi clemencia, y lo es de mi cólera, si os oprime; pero qualquiera que sea su dominacion, dulce ó rigorosa, justa ó injusta, él tiene el mismo derecho á vuestra sumision. Que ninguno entre vosotros tenga, pues, la osadía de revelarse contra él, y de prevenir mis juicios. A mí solo es, á quien pertenece la venganza, yo solo soy el Juez de los Reyes, esperad sin murmuracion y sin resistencia, que yo quebranto la vara, con que me he servido para castigaros, y la arrojo en mi furor á las llamas abrasadoras.

Estos son, mis amigos, los principios que establece la religion, y los que solos pueden mantener la tranquilidad y la paz de los imperios, conteniendo igualmente á los vasallos y á los Soberanos, y agotando las fuentes fatales de las turbaciones y divisiones.

Que los desertores mismos de la fé, cuyo número es tan grande el dia de hoy, escuchen á lo ménos la razon y sus mas apreciables intereses. Que consulten la historia de todos los siglos, y verán con espanto los males horrorosos que arrastra siempre la anarquía, mil veces mas funesta en sus efectos, que el mas absoluto despotismo. Para vosotros, mis queridos hijos, á quienes la piedad os conduce, sabeis muy bien, que ésta obtiene los buenos Reyes del cielo, y que quiere tambien, que nosotros añadamos el amor á la sumision; porque la vil dependencia de un esclavo ó de un mercenario no podria concordarse con la grandeza del alma, que la virtud inspira. Amad, pues, á vuestro Príncipe con aquel amor noble y respetuoso, que ella sola dicta, y que ha-

habla mas alto que la ambicion, el interes, ó la política. Haced sin cesar en favor suyo los mas fervorosos y sinceros votos, á fin de que no use sino segun los designios de Dios de la autoridad, que no tiene sino de Dios, y de que reine siempre sobre sí mismo, para que reine felizmente sobre los otros.

§. XI.

De la palabra.

Uno de los primeros lazos de la sociedad, y que podria, si quisieramos que fuese uno de los mas agradables, es la palabra. Es necesario, mis queridos amigos, explicaros las maravillas; sería una ingratitud sin duda el no hablaros de un don, sin el qual estariamos privados de la dulce satisfaccion de entendernos y comunicarnos mútuamente nuestros pensamientos. ¿Qué cosa mas comun que esta maravilla? pero ella es del número de las que cesan de serlo, y puede ser, de admirarnos por su repeticion.

No obstante, me atrevo á decir, despues de un autor célebre, que no hay cosa alguna mas admirable en la naturaleza. ¿Y quántas materias de admiracion, en efecto, no nos ofrece por todas partes en los órganos del cuerpo que la producen, en los que la reciben para transmitirla hasta el alma, y principalmente en aquella propiedad prodigiosa, aunque tan conocida, de llevar de un espíritu para otro los pensamientos, que no contienen; los sonidos, que no hieren sino el oído, y que no obstante se hacen entender al alma á fin de unirnos juntamente con un comercio recíproco de ideas y de conocimientos? ¿Pero de qué manera puede ser el nudo de este comercio? no puede explicarse, me parece sólidamente, á ménos de adoptar la opinion de uno de nuestros mas sublimes filósofos.

Es un principio generalmente recibido entre todas las naciones instruidas, que nuestras almas son unos seres separados, que se distinguen de los cuerpos, y que no pueden obrar inmediatamente las unas sobre las otras. Esto supuesto,

to, ¿cómo puede, mis amigos, unirnos mútuamente la palabra con el pensamiento? ¿Un lazo material puede por ventura juntar los espíritus? ¿Y si nuestra union no tuviese un nudo mas íntimo, no es evidente, que nuestras almas se hallarian entre sí incomparablemente mas separadas que nuestros cuerpos? quiero decir, que si la palabra exterior no estuviese acompañada, quando la dirigimos en nuestras conversaciones, de una palabra interior, á fin de servirla de intérprete, por mas que hablásemos, jamas podriamos comprehendernos ni entendernos los unos á los otros. Mi voz envia los sonidos, que por las leyes de la naturaleza van á herir vuestro oído, y comunicarse á la parte del celebro, en donde los órganos de vuestros sentidos se terminan. Pero hay aun mucha distáncia desde aquí hasta la substancia de vuestra alma, á la que quiero darme á entender, supuesto que hay toda la distancia, que se halla entre un cuerpo y un espíritu: Luego ¿cómo la voz de un hombre podrá vencer este caos inmenso, que separa dos substancias tan diferentes? pero aun quando esto se venciese, ¿habría yo adelantado mucho? ¿no hay dos cosas en la palabra que os dirijo? es constante, el sonido y el sentido. El sonido, que es como el cuerpo, y el sentido, que es como el alma. Es manifiesto y evidente, que se puede oir el uno sin entender lo otro, como quando se nos habla una lengua estrangera. Aun quando el sonido de la palabra pudiese llegar al espíritu, ¿qué es lo que le llevará el sentido? mi pensamiento es una modificacion de mi espíritu; ¿pero cómo una modificacion de mi espíritu podrá transportarse en el vuestro para manifestarse? ó supuesto, que parece que ella no puede hacerlo, ¿cómo podrá á lo ménos remitir en su lugar alguna imágen, que se le parezca? condicion no obstante necesaria para trabar entre nosotros un comercio de pensamientos.

De estos principios resulta, mis queridos hijos, que nosotros mismos no podemos dar á entender á los otros el sentido de las palabras que les dirigimos, ni hacerles con-

ce-

cebir el de las respuestas que les damos. No obstante, nosotros no tenemos mas que abrir la boca, y al momento
nos entendemos. ¿Tenemos, pues, un intérprete comun que
mútuamente nos explique, quando hablamos, nuestros pensamientos y nuestras palabras? ¿hay acaso un espíritu universal que presida en todas nuestras conversaciones? ¿un
espíritu, que no solamente las lleve de los unos á los otros;
que habite por su inmensidad entre todos los pueblos del
universo; que entienda todas las lenguas, y que las hable
todas, en una palabra, que sea el mediador secreto de nuestra sociedad espiritual? ¿hay siempre enmedio de nosotros
un interlocutor invisible, que hable mas que nosotros en
nuestras conversaciones, y que haga, que los unos y los
otros entendamos todo quanto queremos decirnos? Sí, mis
amigos, no hay sino el inspector íntimo de los espíritus y
de los corazones, que pueda revelarnos los sentimientos y los
pensamientos. No hay sino su Omnipotencia, que haya podido
obrar el prodigio admirable de la instruccion de la palabra; prodigio tan extendido y tan poco admirado, y aún con demasiada
freqüencia profanado por el libertinage y con la mentira. ¡Qué
monstruosa insolencia la de no respetar la accion de un Dios,
y de tener la osadía de violar su presencia y su ministerio!
¿Podreis vosotros, hijos mios, el aborrecer bastante un tal
crimen como se debe? ¡Ah! ya sea que tengais que hablar
en público ó en particular, jamas digais cosa alguna, que
no sea digna de la Magestad y de la Sabiduría del Interlocutor divino, que se digna de llevar nuestras palabras.

§. XII.

Continuacion del mismo artículo.

Vosotros podeis acaso acordaros de la facilidad, con que
desde vuestra tierna infancia aprendisteis á enlazar vuestras
ideas á los sonidos, que naturalmente no tenian correlacion
alguna; á distinguir tantos nómbres diferentes, y á concor-
darlos vosotros mismos para preguntarnos y respondernos.

¿Y

¿ Y quál era la causa de estos progresos? No se os podia instruir sino hablándoos una lengua que no entendiais; ésta se hablaba delante de vosotros sin el designio actual de daros la inteligencia, y no obstante, ella os venia sin que vosotros mismos pusieseis cuidado. Demostracion sensible, de que interiormente teniais un maestro de lenguas mas hábil que nosotros, y mucho mas zeloso por vuestra instruccion.

Otra maravilla de la palabra, mis queridos hijos, es su aptitud para el intento de su institucion. En efecto, entre todos los medios posibles de trabar entre nosotros un comercio espiritual por el órgano del cuerpo, ¿se puede concebir cosa alguna, que sea mas propia para este intento, ni que sea mas extendida en sus efectos, mas clara, mas fácil, ni mas pronta, en fin, en sus operaciones, que la palabra? Las cosas las mas espirituales, que no podrian expresarse con señales, ó con gestos representativos, tienen en las lenguas las ménos fecundas expresiones propias ó equivalentes para hablar. ¿Pero quál es la prontitud de la palabra? apénas es proferida, que se hace entender á todo un círculo de oyentes en un momento y sin division, toda á todos, y toda á cada uno. Yo no me admiro, dixo un Escritor ingenioso, que los Poetas hayan puesto alas á la palabra: se trataba de retratar y pintar á la mensagera de los espíritus, y sin un tal socorro ¿cómo podria ella exercer dignamente las funciones? Llevar nuestros pensamientos á los otros con tanta prontitud, volvernos con tanta celeridad sus respuestas, remitirles prontamente nuestras réplicas, y volvernos incontinenti sus contraréplicas, en una palabra, trabar entre nosotros un comercio rápido de ideas, de conocimientos, de sentimientos, y de afectos recíprocos, cuya pronta comunicacion era tan necesaria para la sociedad.

Vos, ¡gran Dios! sois el Autor de todos estos prodigios, y de otros tantos, que no podemos alabar bastante: á Vos es, y no á nosotros, á quien toda la naturaleza obedece. Nosotros á nada tenemos derecho, y Vos nos lo dáis todo. El poder que admiramos en todos nuestros órganos, es una

par-

parte de vuestro poder soberano. ¿Pero cómo nos lo dais? ¡Ah! no hay sino vuestra luz, que descubra lo que vuestra sabiduría ha dado á la criatura inteligente; y lo que ésta debe hacer en todo momento para corresponder á vuestra intencion, es adorar vuestra bondad, y servirse de todas sus facultades con el reconocimiento y la dependencia, que ellas exîgen.

De la Escritura.

Inagotable siempre en los dones de su liberalidad y de su sabiduría, el Señor ha permitido, hijos mios, que se haya imaginado, ó ántes bien, él mismo ha inspirado la invencion de aquel arte maravilloso, y al mismo tiempo tan fácil y tan comun entre todas las naciones cultas, de imprimir figuras que pinten y retraten la palabra, que den color y cuerpo á los pensamientos, y que hablen á los ojos, segun la difinicion ingeniosa de uno de nuestros Poetas. Este arte, pues, que transmite nuestros discursos y nuestros sentimientos á la posteridad, que los lleva de un cabo á otro del universo, que les dá una suerte de exîstencia durable, que los conserva, los perpetúa, y los libra, en una palabra del olvido, y de la muerte misma. Este artículo viene á colocarse aquí todo naturalmente, y es justo, que despues de haber hablado de la facultad admirable, que hemos recibido de comunicar nuestros pensamientos con la ayuda de la palabra, digamos una palabra del modo con que podemos por el medio de la Escritura hacerles llegar á los ausentes.

La ocasion, el deseo, y la necesidad de dar á conocer nuestros sentimientos, se presentan con bastante freqüencia. Las palabras no se extienden mas allá del momento mismo, y del lugar ó sitio en que se profieren. Para suplir esta falta se inventáron caractéres, que perfectamente las representan y las llevan por todas partes. El primer ensayo de este arte no consistió al principio, sino en representar naturalmente las imágenes de las cosas. Se sustituyéron figuras hieroglíficas, ó symbólicas, y despues de algunas inquisicio-

nes

nos y de algunas mudanzas, se encontró, en fin, un método mas abreviado, mas claro, y mas fácil. Este señala á cada sonido de la voz letras representativas, que expresan los
pensamientos y los diversos objetos, que se acostumbran
manifestar con sus sonidos. Con este medio, ¿qué facilidad
en nuestros negocios? ¿qué utilidad y qué socorros no encontramos todos los dias con esta invencion admirable? Pero no minoremos los bienes que recibimos de la bondad
del Criador, no mirándolos, hijos mios, sino por las ventajas pasageras que nos ofrecen: recojamos los mas preciosos y los mas durables por el medio de la Escritura; ésta
nos ha transmitido los Oráculos Sagrados de la Divinidad,
y las reglas de la moral mas pura. Aprovechémonos con reconocimiento, y especialmente no empleemos jamás este arte maravilloso contra el bienhechor, que le ha inspirado; esto sería una infame ingratitud. ¡Pero ay! esto es no obstante lo que hacen tantos Autores, que abusan de sus talentos,
y dedican sus plumas á la mentira y á la impiedad, como
para eternizar sus blasfemias.

§. XIII.

De la memoria.

Una facultad muy útil tambien, y muy necesaria en el
comercio de la sociedad, y mucho mas maravillosa, que
todas quantas hemos admirado hasta aquí, es la memoria;
esta facultad tan conocida, y al mismo tiempo tan desconocida, es acaso tan incomprehensible, que yo no empren-
dería el daros una idea, si el Príncipe de los filósofos
christianos, el Grande Agustino, no hubiese proveido á todos, los que despues de él viniéron, todo quanto puede
decirse de mas sólido y de mas ingenioso sobre esta materia
tan interesada.

Su primer descubrimiento sobre la memoria es, el que
ella lleva mas sensiblemente que todas las demas facultades
el sello divino de su Autor, quiero decir, un carácter de

in-

infinidad en una muy grande simplicidad ; en ella es en
donde encontramos, quando nos agrada, todo quanto entró en nuestro espíritu por la puerta de los sentidos ; todo quanto nuestro espíritu tuvo cuidado de añadir con su
atencion á sus ideas primitivas, todo lo que movió nuestro corazon con algun sentimiento vivo ó reflexîonado ; una
multitud de imágenes, de nociones, y de ideas, cada una
en el lugar que las leyes de la naturaleza le han señalado,
y cada una con su nombre ó con alguna otra etiqueta semejante, para que las encontremos en la necesidad. La presencia de los objetos las imprimiéron, y su distancia no las
destruye : ella no hace sino correr sobre ellas una cortina,
con que las impide, el que no nos embarazen con su confusion. ¿Queremos reverlas, y que se nos presenten á descubierto? no tenemos mas que hacer, que el llamarlas por
nuestra atencion, y de los reductos sombríos, en donde estaban ocultas, las veremos bien presto salir, las unas al primer órden, como si estuviesen las mas próxîmas, y las otras,
despues de haberse hecho esperar un poco, como si estuviesen mas distantes. Las unas en tropel, y las otras una á
una. Estas con circunspeccion, y aquellas con mas apresura-
cion se arrojan al traves de sus compañeras, como para decirnos : ¿somos nosotras las que pedis? Ellas obedecen no solamente á nuestras órdenes, sino que muy freqüentemente
se nos vuelven á presentar tambien por mandatos extrangeros ; ellas se enlazan tambien juntas en mil maneras, para
despertarse mútuamente por las cosas que hemos oido decir
á otros en nuestras diferentes conversaciones.

Ved, mis queridos amigos, quantas maravillas de toda especie ha juntado el Criador en esta sola facultad. ¡Qué
cantidad y que variedad de ideas! ¡Qué órden y qué colocacion en la distribucion de los almacenes, en que están
como en reserva y depósito! ¡Qué arte en todo esto! ¡Qué
facilidad y qué método en el modo, como las sacamos,
quando nos agrada, ya sea para nuestro uso, ó para parti-
ciparlas á otro! ¡Ay mis queridos hijos! la mayor parte de
los

los hombres se contentan con gozar de los dones del Señor, sin tomarse el trabajo de conocerlos.

¿Quién podrá nombrar todo lo que se contiene en la memoria? Los sentidos, el espíritu, el corazon, y todas las potencias interiores y exteriores, todas le pagan un tributo continuo, como los rios á la mar.

¿Quántas riquezas no le traen de todas partes los sentidos? los ojos, mil colores de toda suerte con las imágenes de los diversos objetos que las producen. El oido, tantos sonidos diferentes, todos los tonos, todos los conciertos, y todos los nombres. El olfato, una infinidad de olores, cada uno con su señal distintiva. El gusto, un gran número de sabores. El tacto, todas las qualidades palpables de los cuerpos que nos rodean.

Porque tal es, hijos mios, la propiedad singular de esta maravillosa facultad. Los objetos exteriores, que causan nuestras sensaciones, pueden desaparecer quando quisieren, pero nosotros tenemos en las imágenes que nos quedan con que reemplazarlas á toda hora. ¿Veis ya quan vasto debe ser el tesoro de la memoria para contener todas estas contribuciones diferentes?

¿Qué será, pues, si añadimos las que el espíritu la provee? Porque ¿de qué otra fuente podrian venirnos tantas ideas luminosas, que interiormente nos alumbran, otro tanto mas en quanto tenemos mucho mas cuidado de apartar toda imágen sensible? ¿De dónde nos vendrian tambien aquellas nociones puras y sublimes de la equidad y sabiduría, y aquellas ideas primitivas de la razon y de la verdad?

El corazon es igualmente tributario de la memoria. Contad, si lo podeis, mis amigos, todos los sentimientos que habeis siempre experimentado en la presencia ó ausencia de los objetos, que os interesan, y todos los movimientos que los acompañáron. ¡Qué tropel de afectos ó de agitaciones diversas! ellas no podrian contenerse á un mismo tiempo en nuestro corazon, y todas se conservan en nuestra memoria. Las mas fuertes no sofocan á las mas débiles, y las mas gran-

grandes no excluyen á las pequeñas. ¿Pero de qué modo sacamos de este prodigioso tesoro tantas cosas tan diversas? Este es aquí, mis queridos hijos, el mayor rasgo de la semejanza, que el Criador Soberano nos ha dado con él mismo. El llama lo que no es, como lo que es. ¿No es esto aquí, lo que en algun modo hacemos, quando nos acordámos de lo pasado, para darle en nuestro espíritu un nuevo ser? Nosotros no podemos detener este momento rápido, que se nombra lo presente, ni impedir el que se sepulte sin cesar en lo pasado, como en el sepulcro del tiempo, pero por mas que sea la profundidad en la que esté sepultado, podemos, si me atrevo á decirlo así, sacarlo con la fuerza de la memoria, ¿y con qué encanto hacemos, en efecto, todos los dias esta especie de desentierro? no es necesario mas que el querer para esto. Un acto solo de nuestra voluntad, una atencion bastante ligera algunas veces, ó el trabajo de buscar nuestra memoria en la de algunos otros. ¡O y quán admirable es, mis amigos, esta facultad, que vuelve la existencia á los siglos que ya no son, y da un cuerpo á los seres, á quienes ha despojado la muerte; que reanima sus fantasmones, y hace que se encuentren en la imágen los colores y la vida del objeto; que se repitan al presente los discursos y las acciones de lo pasado; y que se saque, en una palabra, al universo de la noche de la nada! ¡Ah! Este fenómeno sin duda os admiraria, si los dónes, los mas admirables del Criador, á fuerza de repetirse no hubiesen extinguido y apurado nuestra admiracion, y con ella todo nuestro renocimiento.

§. XIV.

De la conversacion.

Despues de haber puesto á nuestra vista las maravillas de la memoria y de la palabra, es necesario presentaros, mis amigos, las principales reglas del uso, que debeis hacer de estas dos facultades en la conversacion. Esta materia, me pare-

rece, que viene á colocarse bastante naturalmente despues
de las otras dos.

Es un talento bastante raro el saber conversar al caso,
y como es necesario con los hombres. No obstante, por este medio es como se gustan los encantos de la amistad y
del comercio de las gentes virtuosas, y el cómo se puede
leer en los espíritus, penetrar en los corazones, y adquirir
los mas útiles conocimientos.

La dulzura, la facilidad, la circunspeccion, la modestia, la simplicidad, la precision, y la reserva, son las leyes principales de la conversacion; para aprender á hablar
juiciosamente es necesario, mis queridos amigos, que primeramente guardeis un silencio de atencion y de reserva. No
hay sino demasiadas gentes, especialmente jóvenes, que hablan sin reflexîon, y cuyas conversaciones previenen el pensamiento, y si la política pide el divertir las personas, con
quienes se encuentra, es mucho mayor en dexarles hablar
con preferencia. La humildad quiere que hagamos mucho mas
caso de lo que otros dicen, que de lo que nosotros mismos decimos, y el buen uso del mundo, y el que nos
hace mucho mas apreciables, no es tanto el brillar y sobre-
salir, como el hacer que los demas lo luzcan y brillen, y
poner á fuerza de nuestra modestia en libertad su altivez.

Un hombre de entendimiento que no se abstiene de hablar sino por discrecion, no puede pasar por un necio en
qualquier lugar, sea el que se fuese, si exceptúan aquellos círculos frívolos, en donde dan el tono algunos señoritos pi-
saverdes y vanos. Es imposible, que se juzgue de un hombre sobre lo que no ha dicho, y que se le desprecie por
haber callado. Al contrario se nota, que las gentes silencio-
sas causan siempre respeto, para que se las escuche, y que
se pone mucha mas atencion quando hablan; su reserva les
sirve para reflexîonar con madurez lo que dicen, y les dá
tiempo para aprovecharse de las ocasiones, estando por su
parte toda la ventaja; porque es muy dificil al hombre aun
el mas sábio el guardar su presencia de espíritu en una gran-

Q

de

de volubilidad de palabras; es muy raro el que no se le escapen algunas cosas, de las que en algun tiempo se arrepienta, y así aprecia mas el retener alguna vez lo bueno, que el arriesgar lo malo.

Un gran charlatan dice muchas cosas inútiles por lo ménos, y parece que quiere condenar al silencio á los que le escuchan. La conveniencia y el saber vivir piden, que se pase sin afectacion de una materia á otra, sin ser pesado sobre alguna. Interesad á vuestros oyentes, sino quereis fastidiarlos. Es necesario el solicitar, agradar instruyendo: evitad especialmente el tono dogmático y magistral, porque no hay cosa que mas enfade, ni que indisponga mas. ¿Quereis haceros estimar y querer? pues haced, porque cada uno, conversando con vosotros, quede gustoso y contento. Poned á todo el mundo á su gusto con una simplicidad noble, y fácil. Sabed atemperaros sin baxeza á todos los caractéres; alabad poco, y censurad mucho ménos. Jamas disputeis con obstinacion; ceded modestamente, quando no pudieseis persuadir. Variad vuestra conversacion segun las personas; no imiteis á los que siempre hablan de su profesion; no trateis, ni toqueis todo lo que sea sobre su esfera, atemperándoos al talento de aquellos con quienes os hallaseis; sabed hablar de la guerra con el soldado, de negocios con el mercader, de la agricultura con el labrador, y de ciencia con el sábio; conformad vuestro ayre y el tono de vuestra voz con las personas, con quienes os hallaseis, segun su calidad y clase; sed modesto con los grandes, respetuoso con vuestros superiores, simple con vuestros iguales, afable para con vuestros inferiores, agradable é indulgente para todo el mundo, sin aplaudir jamas lo malo. Amad y apreciad la verdad, y huid las exâgeraciones. Hablando poco, se puede mas fácilmente ser sincero y verdadero sin disgustar á persona alguna. Evitad especialmente la murmuracion, á este vicio tan comun en el mundo, aun en los que parecen mas regulares. Vosotros nunca podeis llevar demasiado léjos vuestra atencion sobre esto. La

mur-

murmuracion causa á un mismo tiempo tres heridas con el dardo que arroja, se atraviesa á sí mismo, á los ausentes, y á los que le escuchan.

Son escusados preceptos para las personas bien nacidas contra ciertos defectos baxos y afrentosos. La calumnia es aborrecida por la probidad, y el pudor no conoce las palabras obscenas y escandalosas. Jamas os precieis de ser chistosos; jamas se estima á un bufon, y no hay sino la malignidad quien se divierta. La burla, y la befa es siempre muy dificil de manejar, y de ella á la ofensa, no hay por lo comun sino un paso.

No os riais á carcajadas en toda conversacion; pero tampoco tomeis un ayre sombrío, ni imiteis á aquellas personas, á quienes jamas se les desarruga la frente. Que vuestros discursos sean reservados sin ficcion, mesurados sin violencia, alegres sin libertinage, y que estén sazonados siempre con la sal de la prudencia, y dictados por la moderacion, la dulzura, y la cortesanía; que ellos respiren la amistad, el respeto, y la caridad, á fin de que se salga de vuestra conversacion mas sábio, mas contento, y mas amigo de la virtud.

A esto se reducen casi, hijos mios, las leyes de la conversacion. Yo las he juntado baxo de un solo punto de vista en forma de máximas, para que con mas facilidad las retengais. Yo las termino y finalizo con estos dos pensamientos; el uno es del Apostol Santiago, y el otro de San Pablo: el primero nos dice, que el que no peca con la lengua, es un hombre perfecto; y el segundo quiere que la principal conversacion de un christiano sea en el cielo.

§. XV.

De la política y cortesanía.

La cortesanía causa uno de los mas dulces embelesos de la sociedad y de este comercio de sentimientos en la conversacion de los unos con los otros. Voy á daros, hijos mios, si puedo una justa idea.

Se confunde con mucha freqüencia la civilidad con la política ó cortesanía. No obstante es muy cierto, que esta última es superior y excede á la otra, y que es muy rara. El ayre, el gesto, la compostura, y los modales pertenecen á la civilidad. El uso y la discrecion enseñan á colocar muy al caso los deberes, que ella exîge, los que por la mayor parte son arbitrarios, y sujetos, como el lenguage, á variar, segun los diferentes distritos; en lugar que la política ó cortesanía es de todos los países, y que lo que toma de ellos es tan poco esencial, que ella se dexa percibir al traves aun de las costumbres mas bárbaras.

La cortesanía es en el alma una inclinacion dulce y benéfica, que hace atento al espíritu, y le obliga á descubrir con delicadeza todo lo que tiene correlacion con este sentimiento. En lo exterior es un conjunto de complacencias de modestia, y de circunspeccion, que sabe dár á cada uno lo que le es debido, y que proporciona los testimonios segun la calidad, la edad, el carácter, y el sexô.

Una demasiada civilidad es por lo comun una pesada incivilidad; en lugar de que nunca puede haber exceso en lo que yo comprehendo en la verdadera política ó cortesanía; sin ella aun las mas sólidas qualidades no podrian agradar; ella hermosea, por decirlo así, todo quanto toca. Ella dá precio y valor aun á las cosas mas mínimas; un gesto, una palabra, y el silencio mismo tiene sus gracias, quando ella las acompaña, y sin hablar de lo restante; ¿de qué uso no es algunas veces este silencio culto en las mas vivas conversaciones? El es el que detiene la burla hasta el término precisamente, en que podria ser ofensiva; él es el que suprime las respuestas, que podrian ocasionar disputas, ¿y este último uso de la cortesanía no la releva infinitamente? ¿supuesto que contribuye á mantener la paz, y que con esto viene á ser, si me atrevo á decirlo, una especie de preparacion á la caridad? Yo me persuadiria gustoso, de que la cortesanía saca su orígen de la virtud, y que todos

dos abusos, que se hacen algunas veces en el mundo, no impiden, que ella no merezca el ser el objeto de nuestros cuidados y de nuestros elogios.

Muy poco fondo se necesita para la política ó cortesanía en los modales, mas se necesita para la del espíritu, y aun mucho mas para la del corazon. El respeto y la condescendencia son los deberes con los que cumple la cortesanía, pero solo á la Religion pertenece el darles un motivo tan sublíme como dulce; ellos por lo comun no son sino aparentes y superficiales, quando no la tienen por principio. Imponiéndonos un precepto de humildad y de dulzura, ella ha proveído, mis queridos hijos, á lo esencial de la política y cortesanía; la que comunmente no es en el siglo, sino la demostracion exterior de una beneficencia que no se halla en el corazon, lo que obliga á decir á la Brugere, que la política de los cortesanos reunia las calidades del mármol, lo culto y la dureza.

Sí, mis amigos, sola la religion es la madre de la beneficencia sincera, como lo es de las demas virtudes, haciéndonos mirar á todos los hombres, como hermanos descendientes de la misma sangre que nosotros, y formados, que es mucho mas, á la imágen de Dios, dándoles á todos un derecho incontestable sobre nuestra veneracion y sobre nuestro amor, sin exceptuar ni aun á los ingratos; porque no juzgueis, que el obligarlos viene á ser una desgracia para un christiano, supuesto que la religion toma á su cargo el satisfacer todas sus deudas, y de este modo es como ella eleva la política, la cortesanía, la dulzura, y la benificencia á un órden sobrenatural, consagrando hasta los mas mínimos procederes.

Se puede definir aún la política ó cortesanía diciendo, que es la expresion ó la imitacion de las virtudes sociales. La expresion fiel, si es verdadera, y la imitacion frívola, si es falsa. La lisonja sabe ocultarse algunas veces baxo el velo de una política fingida; manifiesta respeto á los grandes, bondad á los pequeños, y persuade á todos, que pien-

piensa ventajosamente de ellos, sin tener alguno de los sentimientos que imita. ¿Qué digo, hijos mios? nada mas se les exîge aun el dia de hoy á las personas, que parecen las mejor nacidas, y el arte solo de fingirlas es lo que constituye la política del gran mundo, que no es, propiamente hablando, sino una repeticion de gestos, y muecas estudiadas, y una gerigonza de expresiones exageradas, tan vacía de sentido como de sentimiento. ¡O y quán distante se halla esta política fingida del noble candor, que acompaña siempre la virtud, y que hace su mas precioso y amable adorno!

Pero prosigamos, y veamos tambien las demas calidades que sirven para formar un mérito sólido, ó agradable en el comercio de la sociedad. Recorramoslas sucesivamente sin apurarlas. La industriosa abeja coge ligeramente sobre todas las flores el jugo, con que compone su miel.

§. XVI.

Del entendimiento.

El entendimiento es una facultad del alma, que se compara á la vista; él debe tener la claridad y la extension, y no debe exercitarse sino sobre los objetos proporcionados á su talento, á fin de mirarlos claramente. Ademas de ver, es necesario tambien aprender á ver bien, sin lo qual mil cosas estarán delante de nuestra vista sin que las veamos. ¿Quántas artes y ciencias brillan, en efecto, de una invencion que debe atraer las atenciones? ¿Quántas prácticas ingeniosamente imaginadas se percibirian? ¿Quántas maravillas descubririan los ojos, que juiciosamente se admirarian, si supiesen ver? Una justa curiosidad sirve mucho para desenvolver y descubrir el entendimiento: exercitad, pues, cuidadosamente el vuestro, mis queridos amigos; el tiene sin duda sus necesidades tan extensas acaso, como las del cuerpo; siempre tiene una hambre continua de saber, de conocer, y de aprender, que no puede apaciguarse ni satistisfacerse con lo que sabe ya, y que pide nuevos alimentos siempre. Solamente se debe solicitar en elegirlos proporcionados á sus talentos, y no concederle los que le sobrecarguen demasiado. Con quanta mas discrecion y método vé el entendimiento, otro tanto mas vé la razon misma. Es cierto, mis queridos hijos, que la naturaleza, por exemplo, jamas es tan admirable, como quando es conocida. Pero la mayor parte de los hombres, como lo hemos observado ya, no gozan de sus beneficios sino con una especie de ingratitud. ¿Qué miras, y qué sentimientos no nos causarian aún las cosas de un órden superior, si nos aplicasemos á penetrarlas? y si debemos temer, que nuestra vanidad no nos lisonjee de que podemos adquirir unos conocimientos que no se hiciéron para nosotros; ¿no es mas peligroso, el que nuestra pereza nos persuada alguna vez tambien el que nos condenemos á una mayor ignorancia, que en la que efectivamente nos hallamos?

Nuestro entendimiento, pues, tiene otra tanta necesidad de exercicio para perfeccionarse, como nuestro cuerpo: este es un presente de la naturaleza, pero es un diamante en bruto, á quien es necesario pulir y labrar para hacerle claro, y brillante.

Un entendimiento vivo y penetrante vé mas léjos que otros; pero como va mas léjos, tambien se extravía con mas freqüencia, si un juicio sano no le conduce. Es necesario ver claro y asentar bien el pie, quando se quiere caminar con ligereza, sin lo qual serán muy freqüentes y peligrosas las caidas.

Es la hermosura del entendimiento mas ventajosa que la del cuerpo, pero lo es ménos que la del alma. La rectitud del entendimiento depende muchas veces de la rectitud del corazon; pero algunas veces se desacredita aquel por las mismas cosas, que dan valor á este. ¿En qué extravíos no viene á dar, quando no se sostiene y sustenta por la sabiduría, ó quando se vé dominado por la altivez? Hay una cierta avaricia de entendimiento, dictada por la prudencia, que prueba una verdadera riqueza, y una modestia sincera.

Pero no viene á ser un bien, sino ántes bien un mal, quando no se hace un uso conforme á las leyes de la discrecion y de la virtud: Se nos ha concedido para que sirva de órgano á la razon; pero quando tiene la osadía de usurpar su lugar, no viene á ser, sino un arte peligroso para embrollarla con mil rodeos, para combatir con sofismas la verdad, para lisonjear las pasiones, y cubrirlas con una nube espesa para ocultarlas á la luz importuna de la conciencia. El mundo ciego admira y lisonjea este funesto talento; pero el sábio le detesta y teme sus funestos efectos; sabe que es un arma homicida, que rebienta entre las manos que la manejan; dad pues siempre, hijos mios, la preferencia al buen sentido sobre el entendimiento. El buen sentido es el casquete que nos defiende, y el entendimiento se parece al penacho que brilla, y revolotea, y no hace sino el exponernos mas.

Si habeis recibido de la naturaleza una feliz facilidad para concebir las cosas las mas abstractas, y el talento de expresarlas con precision y claridad; juntad el mérito de no abusar. Que vuestra sabiduría jamas os haga desdeñosos para con los ignorantes, ántes bien quanto mas sepais, debeis serlo ménos á su respecto, porque sereis mas sábios, en quanto no os tengais por tales.

En lo que mejor sabeis, proponed siempre vuestras miras y dictámenes con una modestia, que el efecto dé una nueva prueba en vuestro favor. Entrad en lo que por los demas se os propone, como sino supieseis sino lo que en este momento aprendeis de ellos. Amad en hacer valer y apreciar sus ideas, y no malogreis la ocasion de rendirles una especie de omenage. Así es como un buen entendimiento sabe despojarse de sus derechos, y respetar los de los otros, y así tambien es como agrada y se hace amar.

Pero alegremos un poco lo serio de este artículo, diciendo una palabra de la alegría, de este don admirable de la naturaleza, que sirve de espíritu en la sociedad, y de compañía en la soledad.   La

La alegría, mis queridos hijos, es el primer encanto de la juventud; ella causa el agrado en una edad abanzada, y es buena para sí, y para los demas. Ella es opuesta á la tristeza, como lo es á la melancolía. La alegría y la melancolía son situaciones. La tristeza y la alegría son caractéres, pero los mas seguidos caractéres se distraen con freqüencia por las situaciones; y así sucede muchas veces el ver á un hombre alegre agravado con la melancolía.

Rara vez quando falta la salud se encuentra la alegría. La verdadera alegría parece que circula en las venas con la sangre, y casi siempre tiene por compañeras á la libertad y á la inocencia. La que no es sino exterior se le parece á una flor artificial, que no se hace sino para engañar la vista.

La alegría no es incompatible con la piedad, ántes bien la hace mas amable, y á su correspondencia la piedad hace á la alegría mas dulce y mas constante, y así era necesario el pintar á la virtud acompañada siempre de la serenidad, de la dulzura, y de la alegría. Por mas que se la busque en los placeres del mundo, ella por lo comun los huye siempre. Por mas que se la combide para todos los festejos, por lo ordinario ella no saca sino el disgusto y el fastidio.

§. XVII.

De la gravedad.

La gravedad es aquel tono y aquel ayre modestamente serio, que el hombre acostumbrado á respetarse á sí mismo, y á apreciar su dignidad, no de su persona sino de su ser, derrama sobre todas sus acciones, sobre sus discursos, y sobre su compostura. Ella es opuesta á la vanidad y no á la alegría; pero es bueno el preveniros, hijos mios, que la seriedad que causa la sabiduría y una continua atencion sobre sí mismo, jamas es austéra y sombría, ántes bien se trasluce y manifiesta bastante en ella un fondo de aquella alegría dulce y durable, que es el precioso fruto de una conciencia tranquila, y de una razon acrisolada.

R   Es

Es cierto, que esta disposicion no produce aquellos ímpetus de la falsa alegría del mundo, la que siempre rebosa las mas frias bufonadas y chufletas, creyéndose alegres, porque hacen reir; pero ella inspira una dulzura igual preferible sin duda á los ímpetus de un humor jugueton y retozon; un ayre de decencia y de magestad, si me atrevo á decirlo, que no pertenece sino á la virtud, y que las dignidades no la dan; es una recomendacion que el sábio lleva sobre su persona, y que le atrae la estimacion y el respeto de los que le tratan; en lugar que los heroes del siglo pierden por lo comun mucho tratándolos y viéndolos desde cerca.

Sí, mis amigos, la verdadera gloria es la sola que sostiene las atenciones de la verdad. Ella no tiene por objeto sino lo útil, lo honesto, y lo justo. Ella debería en todas partes y lugares acompañar á la sabiduría, y que viniese á ser como su sombra; pero ¡ah, mis amigos! el mundo es demasiado injusto para decretar siempre á la virtud el precio que se merece. Ella sabe pasarse, y renunciar sin trabajo una gloria caduca y perecedera, elevando y dirigiendo siempre sus deseos á una gloria mucho mas sólida y permanente.

¡O y qué felices serían los pueblos, dice un Antiguo, si los Reyes fuesen filósofos, ó si los filósofos fuesen los que comandasen! Los que en el dia toman este nombre, desmienten este pensamiento; pero puede decirse con fundamento, me parece, que sería útil y muy dulce el comercio de los hombres, si todos se gobernasen por la verdadera sabiduría, la que no se encuentra sino en la religion y en la piedad. ¡Pero ay! ¡y quán pocos son los que sepan reunir en sí el mérito de las virtudes sublímes con las calidades, que hacen el encanto de la vida civil! ¡quán pocos en quienes se vea el conjunto admirable de la modestia con la ciencia, de la bondad con la autoridad, de la humildad con la grandeza, de la beneficencia sincera y de la sensibilidad generosa con las riquezas, y de la atenta cortesanía y de la amable alegría con la piedad! No obstante esta concordancia tan rara como preciosa haría de la sociedad una especie de parayso terrenal. Pero este es un vano deseo, mis amigos, porque las pasiones descadenadas por el pecado, como lo hemos dicho muchas veces ya, estragan á su turno la tierra, y la hacen una region esteril y escabrosa, en donde no crecen sino cambrones y guijarros, y en donde no puede sentarse el pie sin herirle. ¡Felices los que no caminan sino con las mayores y mas grandes precauciones, y solo quando la necesidad de sus deberes les obliga! ¡Mas felices aun aquellos, que pueden de tiempo en tiempo apartarse, y que en un retiro agradable se complacen en cultivar y sustentar con las ciencias su entendimiento! En qualquier lugar que se hallen siempre llevan consigo con que divertirse, y el fastidio, que en medio de los placeres consume á los demas hombres, es desconocido por los que saben ocuparse con alguna sólida é instructiva lectura. Tened, pues, hijos mios, ménos comercio con el mundo que con los libros, si quereis conservar mas fácilmente la inocencia y la simplicidad de vuestras costumbres, pero evitad al mismo tiempo la aspereza y el humor salvage, que causa algunas veces el comercio de los libros, quando no le tiene juntamente con el mundo.

Tomad, pues, aquel justo medio, en el que siempre se encuentra la sabiduría. Haceos amables á los demas con vuestros modales, y que un exterior modestamente alegre anuncie en vosotros un corazon siempre igual, para que hagais de los jóvenes, con quienes trataseis, unos zelosos proselitos de la virtud. Ocultad dentro de vosotros mismos lo que hay de mas brillante, para no herir sus ojos demasiado débiles aun. Acostumbradles poco á poco á familiarizarse con la piedad, á amarla y rendirla sus mas sinceros homenages, y á mirarla, no como una disposicion austéra y sombría, sino como al mas bello y al mas dulce de los sentimientos.

Tratad tambien de adquirir aquel noble candor, que hace una de las mas apreciables delicias de la sociedad, y

que

que realza siempre al mérito. Añadid á este carácter de ingenuidad toda la reserva que exîge la prudencia, y jamas olvideis que quando se quiere ser útil á la verdad, es necesario saber hacerse, segun la expresion del Apostol, todo para todos. La verdad, mis queridos amigos, es extrangera sobre la tierra, y no es sino con trabajo, y con ayuda de un ayre sumiso, como puede mostrarse á los hombres. El sábio se impone una ley de tener para con sus imperfecciones una condescendencia razonable; el imperio que tiene sobre su corazon le dispone para soportar sus defectos: acostumbrado á vencerse á sí mismo, con facilidad lleva su victoria para acomodarse á los humores caprichudos de los demas, y atemperando su delicadeza respeta en ellos la dignidad de la humana naturaleza. Yo no pretendo concluir ni inferir de aquí, el que deba aparecer y mostrarse la virtud indiferente á vista de los desaciertos y desvaríos del vicio; ella es sensible sin duda, gime, y se conduele del vicioso, pero sabe librarse de una sensibilidad que llegue hasta el resentimiento; poniendo los justos límites á su zelo, no los pone á la caridad.

§. XVIII.

Continuacion del mismo asunto.

Ya os he dicho, mis queridos hijos, que la sabiduría consiste en un justo medio. Aunque deba reynar la verdad en todas vuestras palabras, no obstante vuestra sinceridad debe sazonarse con la sal de la discrecion. La dulzura debe acompañar al zelo siempre. Seguid la misma regla en todas las demas virtudes. Que vuestra equidad sea incorruptible, universal, y sin excepcion, pero que en la práctica observe todas las atenciones, que el órden y las circunstancias exîgen. Que vuestra aficion abrace á todos los hombres en general, pero que no obstante tenga diversos grados en vuestro corazon, y diversos modos de manifestarse, segun el mérito y la calidad de las personas. Esto es, mis

ami-

amigos, lo que la razon nos órdena, y está de acuerdo
en esto con la teoría la mas exâcta. La prudencia es de un
infinito uso en la sociedad, pero no se la debe confundir
con el disimulo, el que algunas veces toca de muy cerca
ya á la doblez. Sed circunspectos, hijos mios, pero sed
verdaderos; lo verdadero solo tiene derecho de agradaros;
todo lo que es afectado ó fingido, lleva sobre su frente
un ayre que desagrada siempre, y no hay sino la bizarría
ó capricho de la moda, ó por mejor decir, una ceguedad
interesada, que autorize el disfraz en el adorno y afeites
del bello sexô.

Estudiad vuestro propio carácter, vuestro genio, y vuestros talentos, para no hacer cosa alguna, que no repre-
sente lo que sois. El natural puede mostrarse, quando no
ha sido desfigurado por el vicio; el arte de contrahacerse,
siempre por algun lado se desmiente. Los colores extraños
jamas caen ni se imprimen bien sobre un fondo, que no
se hizo para ellos; á lo ménos es cierto, que no se mantienen y conservan mucho tiempo, y que bien presto se
descubre al traves la naturaleza.

Se pretende, que el carácter viene á ser para las almas, lo que la fisonomía y la variedad en las mismas facciones son para el semblante. ¿Qué infinita diversidad no
se percibe en aquellos como en éstas, quando se exâminan
desde cerca? Los semblantes se componen de las mismas
partes, y en esto es en lo que se parecen; la concordancia de estas partes es diferente, y en esto es en lo que no
se asemejan, y ved aquí lo que les distingue á los unos de
los otros, é impide el confundirlos. Los hombres sin carácter, son unos semblantes sin fisonomía, unos semblantes comunes, que no se pone cuidado en distinguirlos.

El humor es la disposicion con la que el alma recibe
la impresion de los objetos. Los humores dulces de nada se
desazonan, y su indulgencia les sirve; al contrario los humores melancólicos y sombríos aun de las cosas mas mínimas se irritan, y desagradan á todo el mundo.

Se

Se puede y se debe aplicar la atencion para corregir
su humor, para perfeccionar su carácter, para cultivar y
adornar su entendimiento, para hermosear y purificar su
corazon, tanto para su propia felicidad como para la age-
na; añadir lo que falta, y cortar lo que tiene de vicioso.
Esta es una obligacion, pero no ha de ser este trabajo para contrahacerse, es necesario sí el enderezarse, pero no
el estropearse, como dixo uno de nuestros Poetas. El Autor del universo ha derramado en sus obras una variedad
infinita de formas, de diseños, y de colores, que no pueden suficientemente admirarse. Pero en esta diversidad de
objetos se percibe al mismo tiempo un órden, una colocacion, y una simetría, aun en los contrastes mismos, que
altamente publican, segun la expresion del Profeta, la gloria y la sabiduría de Dios.

La sociedad, mis queridos amigos, nos ofreceria un espectáculo tan prodigioso y no ménos admirable, si cada
uno se limitase, á lo que conviene al papel, que la Providencia le asignó, que representase en el teatro del mundo. Todos los Actores se presentarian sobre la escena con
su simbolo natural. Se veria la diversidad de caractéres
reelevados con las gracias mútuas, que unos á otros se co-
municarian; figurar todos juntos y contrastar algunas veces entre sí agradablemente, como las flores de un jardin
bien dispuesto, cuyos matices diferentes concurren para
formar un golpe de vista, que encanta; así, y del mismo
modo es, como los diversos estados de la sociedad, y los
diferentes caractéres producen en el órden civil un efecto
tan maravilloso, como el que resulta en la naturaleza de las
producciones variadas hasta infinito. Los temperamentos vivos animarian los humores flemáticos, y éstos servirian para contener en sus justos límites la vivacidad de aquellos.
La alegría de los jóvenes calentaria la seria frialdad de los
viejos, quienes á su turno impedirian, puede ser, que la
lozanía de la juventud degenerase en un humor retozon y
jugueton. Lo sólido instruiria, y lo brillante agradaria. Todos

dos los talentos se producirian con honor sin confundirse,
y sin usurparselos los unos á los otros, y todos en fin,
contribuirian segun su talento al bien comun de la sociedad.

Sí, Dios mio, el mundo moral, como el mundo material, es
un retrato que ha formado vuestra sabiduría, para instruirnos y
elevarnos á Vos. Cada parte tiene su uso, cada rasgo su gracia y
su hermosura, y cada figura se halla bien situada, y tiene un
bello efecto, quando no la dislocan las pasiones. Cada color está aplicado á propósito, y todo el conjunto es maravilloso. Las sombras mismas dan su relieve á lo restante.
Lo léjos de una pintura humedeciéndose hace, que se manifieste lo que está cerca con una nueva fuerza, y que lo
que está mas cerca de la escena reciba un nuevo grado de
hermosura por lo léjos, que no se separa sino por una
diminucion imperceptible de los tintes. Así es como en la
igualdad misma de las condiciones, se encontraria siempre
la igualdad de la naturaleza, como haciendo el fondo del
retrato; y así es tambien como cada situacion, contenién-
dose en los límites que vuestra ley le ha señalado, y cum-
pliendo con los deberes y las decencias propias de su estado, contribuiria para hacer de la sociedad un todo admirable y digno de la sabiduría infinita de su Autor.

§. XIX.

De la eleccion de estado.

¡Pero ay, hijos mios! este bello órden se vé con freqüencia turbado por la concupiscencia; esta es la que desuela
y disfigura la sociedad, y la que hace, que ninguna persona se halle en el lugar que le correspondia.

La concupiscencia, este principio fatal de los males del
genero humano, no solamente aflige á los que son sus tristes víctimas, sino que es una serpiente que comienza con
rasgar el seno del que la lleva. Este vicio toma su nacimiento en la ambicion de las riquezas, en el amor de los
honores, y del deleyte. Ved aquí las tres ramas funestas, que
pro-

producen aquellos frutos amargos que inficionan la sociedad. Estos son aquellas pasiones peligrosas que dirigen el
dia de hoy á casi todos los hombres en la eleccion de un estado de vida. ¿Y qué puede salir de esta fuente emponzoñada?

Yo he tratado de mostraros, mis queridos amigos, las
deplorables conseqüencias de una falsa vocacion, y os he hecho
ver, que de todas las circunstancias de la vida, era aquella en donde la precipitacion y el desprecio eran mas de
temer. A Dios solo es á quien pertenece el señalaros el
camino, por donde sus designios eternos deben conduciros. El gusto, los usos, y las conveniencias son por lo
comun unas guias engañosas, que sería imprudencia el se-
guirlas. Esta es la razon, como lo sabeis, porque jamas he
querido erigirme en árbitro de vuestros destinos; siempre
os he dicho, que vuestra suerte se hallaba entre las manos
del Señor, y que no debiais consultar sino á él en un negocio, en el qué él solo tiene el derecho de alumbraros. Pero
como os acercais al tiempo, en el que será muy á propósito el determinaros sobre este punto, mi ternura debe
presentaros aquí las reglas de prudencia, que la razon y
la fé nos presentan sobre un punto tan importante; porque
ambas á dos concuerdan para decirnos, que el Ser soberano é inteligente, dexándonos la libertad, quiere que usemos de ella siempre segun las reglas y leyes de su sabiduría. Mucho ántes que hubieseis nacido, el Señor entre esta
multitud de condiciones, que forman las diversas clases de
la sociedad, os habia ya preparado el lugar adonde os
llama. Es, pues, esencial el que no tomeis ni elijais otro,
y que correspondais con fidelidad á las miras de su eleccion.

No es, pues, el órden de la naturaleza, ni las preocupaciones de las pasiones las que deben determinar vuestra eleccion. No es necesario, que la sujecion de la costumbre, ni el fantasmon del respeto humano, y aun mucho ménos los motivos afrentosos de la codicia tengan parte, ni se cuenten para cosa alguna. Pero es necesario principalmente el solicitar y buscar facilidades, y las ventajas;
que

que pueden atraeros por relacion á vuestros mas apreciables intereses; ya percibis que quiero hablaros de los de vuestra eternidad; porque la voluntad del Señor es, sino ponemos obstáculo, el haceros llegar á este término feliz. ¡Ah, mis queridos amigos! ¿Quántas veces os lo he dicho? este mundo es un camino extrangero, en donde hallamos mil caminos diversos, por los que, como caminantes extraviados en medio de una noche obscura, no podemos caminar con seguridad hácia nuestra patria celestial, si el mismo Dios no nos guia. Tratad, pues, de merecer mas y mas este favor con las mas constantes oraciones, y con la inocencia de vuestras costumbres. Las primicias de una santa vida son las mas felices preparaciones para una santa carrera.

Nada he omitido ni olvidado para inspiraros estas disposiciones desde vuestra mas tierna edad, y veo con la mas dulce consolacion, que mis débiles esfuerzos han tenido hasta aquí todo el suceso que me prometia. ¡Señor, dones son estos, que publico! acabad vuestra obra; gobernad siempre á Israel, y guardadle como la niña del ojo. Ponedlos, y colocadlos baxo vuestras alas: ¡O Vos! que conducis á Joseph como un pastor tierno conduce sus obejas! Ps. 79. Colocadlos en vuestros mas fértiles pastos, y que vuestro cayado divino guie siempre sus pasos! ¡O Vos! que sois llevado sobre los querubines como sobre un trono de fuego! apareced delante de Benjamin, Efrain, y Manases, y oid los votos de mi humilde confianza!

Suplicad, pues, sin cesar, mis queridos amigos, al Arbitro supremo de vuestra suerte, para que se explique sobre vuestro destino, y penetrad bien la importancia de este punto, del que depende, como os lo he dado á entender muchas veces, el nudo de vuestra salvacion eterna. Estudiad, sondead vuestro corazon, y medid vuestras fuerzas y vuestros talentos; no juzgueis de la vocacion del cielo por los usos insensatos de la tierra, en donde se juzga, que el haber nacido en una casa el primero, es lo mismo, que el estar destinado para perpetuar la familia.

Pe-

Pero juzgad sí por las reglas de la fé , por las impresiones de la gracia que tácitamente os llevan ; por la pureza de los motivos que os llevan ; por las qualidades personales que parecen llamaros ; por el carácter de vuestras inclinaciones, que os disminuyen los peligros ; por la facilidad que os dan para cumplir las obligaciones ; y en fin, por el consejo imparcial de los que conocen el fondo de vuestra alma , y á quienes fiais el secreto de vuestra conciencia.

Las primicias de todos los frutos os son debidas , ¡ó mi Dios! como un justo tributo. Los primogénitos de mis hijos os serian consagrados , si mis votos pudieran hacerlos dignos , y si mi corazon se dexára llevar del zelo que le anima ; pero no ; á Vos solo es á quien el derecho de elegirle pertenece , y el único objeto que debo tener es el hacerles que entren en vuestros designios , y el facilitarles los medios para seguirlos , apartándolos , quanto me sea posible , de una vocacion temeraria y defectuosa.

§. XX.

Del matrimonio.

El primero de todos los estados de la sociedad , yo no digo el mas perfecto , sino el mas antiguo y el mas conforme á la naturaleza , es el matrimonio. Apénas salió el hombre de las manos del Criador , quando su bondad le dá una compañera para dividir sus placeres y sus penas. La sacó de su costado , para que estuviese cerca de él sin cesar. La formó de su substancia , é hizo correr su propia sangre en sus venas , á fin de que las mismas inclinaciones , los mismos gustos , y los mismos sentimientos no hiciesen en todo tiempo sino un mismo corazon , y un mismo cuerpo de los dos. Su mútua felicidad debe nacer y perpetuarse con esta tierna union , y su vida enlazada, por decirlo así, no debe hacer sino una misma vida. Su alma enlazada por la conformidad de los mismos deberes y de las mismas virtudes , no debe formar sino una misma

al-

alma. Todo debe ser común entre sí ; correlaciones, oficios, cuidados, amor, alegría, dolor, gloria, y felicidad: estas son dos mitades separadas desde luego por el Señor, las que él mismo volvió á juntarlas, para que no formasen sino un todo con lazos tan indisolubles como santos, con nudos consagrados por el cielo, y elevados por la religion á la sublíme dignidad del Sacramento. En vista de esto, ¿qué pureza no exîgen? ¿qué castos y augustos deberes no llevan consigo? deberes por sí mismos tan importantes para la tranquilidad, y para la felicidad y duracion del género humano, que no pueden quebrantarse sin crimen? El órden establecido en la naturaleza, la constancia y la paz aseguradas por sus leyes, los tiernos nombres de padre y de hijo, el pudor, la confianza, y el honor hechos inviolables, son los frutos preciosos, que debemos á este vínculo sagrado.

¿Qué gloria para el hombre como la de verse asociado, gran Dios, á vuestra qualidad de Padre? Vos podiais hacer por el cuerpo lo que hicisteis respecto del alma de quien sois solo el principio. Vos podiais dar al hombre la misma fecundidad que á las plantas, de quienes la distincion de los sexôs es desconocida. Vos podiais comunicar á uno solo lo que hicisteis que dependiese de dos, y si hubierais querido transportar á la virginidad la bendicion del matrimonio, el milagro no hubiera sido mas prodigioso, como el que una vírgen fuese madre, como la muger que tiene un marido.

Vuestra voluntad, Señor, es la única ley de la naturaleza, y nos engañariamos sin duda, si la creyésemos sujeta á unos medios, que no son tales, sino porque os agradó de elegirlos. *Creced, multiplicad, y llenad la tierra,* Gen. cap. 1. vers. 28. Esta palabra vino á ser el principio de la fecundidad. Ella ha producido en los dos sexôs este sentimiento que los une; pero la concupiscéncia le ha corrompido, haciéndole mas impetuoso y mas engañoso. La religion le modera y le purifica. Baxo de estos auspicios, es como el hom-

bre

bre y la muger se obligan á vivir en una union sin division, y en una sociedad, que es el orígen de mil socorros y de mil dulzuras. Bien presto esta union recibe una
fuerza totalmente nueva. Llega, pues, la esposa á ser madre, y entónces es quando llega á percibirse un nuevo instinto; unos movimientos desconocidos se descubren de re-
pente, y los corazones se unen y se apasionan con un interes mas durable y mas apreciable, que el del deleyte; esta mudanza reconoce confusamente su obra; la viva compasion de los males, que su compañera padece, y de los que
él mismo es el autor, las esperanzas que concibe de verse revivir en un hijo querido, todo le hace mas dulce esta union, y todo le empeña á apretar mas sus primeros
lazos. En fin, el sugeto de tantas lágrimas y de tantas esperanzas llega á ver el dia en el término prescrito por la
naturaleza. Entónces ¡qué momento de alegría para un padre, que se vé reproducido repentinamente en una criatura que se le parece! prontamente todo el amor de sí mismo viene á confundirse en este ser extrangero, y está pronto á sacrificar su vida por un hijo, que apénas le ha conocido. Desde entónces el amor conyugal no tiene límites,
y el amor paternal le iguala. Los sentimientos de los dos
esposos se reencuentran sin cesar en un sugeto comun, y
se confunden mil veces en un dia, y este es el instante en
el que la naturaleza parece, por decirlo así, pagarles con
un deleyte totalmente nuevo el beneficio que ella ha recibido, y bendecir en su simplicidad un estado que perpetúa su obra.

- Pero despues de haberos representado el hymineo baxo sus mas graciosos rasgos, yo debo, mis queridos amigos, para no ocultaros cosa alguna, mostraros tambien sus
penalidades y trabajos, y sin hablaros de los dolores del
parto, á los que están sometidas todas las mugeres, ¿quántas inquietudes, cuidados, y tristezas no causan algunas veces los hijos mal nacidos, indóciles, y viciosos á unos padres, que piensan bien? ¿Qué cuidados no arrastran tras de

sí su educacion, su establecimiento, y su fortuna? ¿Qué solicitudes en las enfermedades, á las que está sujeta su infancia? ¿Qué vivos arrebatos, qué tristezas, y qué pesares, quando se les llega á perder? ¡Qué llaga tan profunda para un corazon paternal ó maternal, quando llega á ver sus mas dulces esperanzas sepultadas en el sepulcro de un hijo muy amado! ¡Ah, estos golpes tan crueles atravesáron mas de una vez mi alma! Yo he visto la muerte insensible á mis lágrimas y á mis gritos acabar, y tragarse á mi vista una vida que me era tan apreciable como querida, y precipitar la mia con la suya en la misma noche, que encubria para siempre la tierna víctima que yo lloraba!

¡O y quán engañosos son los bienes de este mundo! ellos nos dan un momento de placer para entregarnos despues á toda la amargura de una dolorosa separacion! así es como la rosa, que apénas abierta cae prontamente marchita con el ardor de los vientos del mediodia. Yo no os hablo de las desazones secretas, de los disgustos, exâsperaciones, ni de aquellas desuniones de un matrimonio mal avenido. Nada os digo de la aspereza de unos zelos; vuestro carácter y vuestra virtud, os pondrán á cubierto de estos males; el cielo, á quien consultareis sobre la eleccion que quisieredes hacer, él mismo formará vuestros lazos, la piedad y la razon reglarán vuestra conducta, el hymineo y el amor coronarán vuestros votos, y vuestros cuidados mutuos asegurarán la duracion: pero es necesario tambien para asegurar vuestra felicidad, que podais morir juntos, y que el mismo golpe á un mismo tiempo corte vuestras vidas; porque ¡ay! quando la espada de la muerte divide dos corazones bien unidos, no es sino uno solo, y un mismo corazon el que se rasga en dos porciones, de la que siempre la que sobrevive es la mas desgraciada.

No es sino demasiado cierto, de que todo en esta triste vida se halla mezclado de turbaciones y de tristezas, y que las mayores dulzuras se destemplan con freqüencia con las amarguras. El matrimonio tiene sus pérdidas, el celibato sus peligros, el mundo sus escollos, y el retiro sus fastidios. Una vana esperanza sustenta en los principios nuestra imaginacion, la fortuna parece querer desde luego favorecer nuestros deseos; pero bien presto al punto mismo de gozar, todo se huye y desaparece entre nuestras manos. La crédula juventud, sí, la juventud se promete especialmente placeres durables; ¿y en dónde? sobre el teatro mudable del mundo, unos dias claros y serenos en medio de las tempestades de la vida, y la calma, en fin, sobre las olas siempre agitadas. Su error le pinta los objetos baxo una perspectiva de los mas risueños colores, se los muestra á lo léjos baxo una perspectiva tan variada como dulce, se acerca, y bien presto el prestigio encantador se disipa, y no le dexa ver á sus ojos abiertos, sino una fragil morada, que ya se cae por todas partes. ¡O quiera Dios, que mi experiencia os desengañe, mis queridos hijos, sin que os cueste la vuestra! Permita el cielo el persuadiros una verdad, que mis lágrimas han atestiguado tantas veces! Sí, los hilos de la industriosa araña, que al menor soplo se rompen, son ménos débiles aún, que los lazos de la vida y de la felicidad.

§. XXI.

Del celibato.

El celibato era muy poco conocido y muy poco practicado entre los Hebreos; porque les quitaba la esperanza de perpetuar una raza, de donde debia en la sucesion de los tiempos salir el Mesías prometido. Estaba tambien prohibido entre algunos pueblos, como contrario á la poblacion; entre otros se toleraba, y era aprovado por los que supiéron apreciar el mérito y las ventajas; no se eleva ni se llega de un buelo á la perfeccion; todos los principios son débiles, especialmente en la virtud. Se reconoció, en fin, el precio de este estado, y los hombres los mas sábios le honráron. Jepthé consagró la virginidad de su hija, como en reconocimiento de su victoria. La ilustre magná-
ni-

nima Viuda de Bethulia llegó á ser la gloria de su pueblo
por su castidad y por su valor. La castidad, ha sido pre-
conizada aun entre los Paganos. Ella tuvo entre ellos sus
heroes, y sus mártyres; sus historias celebran muchas hijas que prefiriéron la muerte á la pérdida de su pudor. Hy-
pólito, hijo de Theseo, Scipion el Africano, fuéron alaba-
dos de su continencia por los Autores Griegos y Romanos.
Algunos sacrificios del paganismo no podian consumarse sin
la intervencion de una vírgen. El fuego sagrado, mantenido
siempre por las vestales, era un símbolo de la pureza. Así
es como la verdad traspasa y se dexa ver al traves de las
mas espesas tinieblas.

Los fastos de nuestros Reyes nos presentan un rasgo de
castidad demasiado poco conocido, y muy poco admirado.
Luis VIII. en la guerra de los Albigenses sintiéndose vivamente apretado de un mal, que hasta entónces tenia ocul-
to, los médicos poco escrupulosos le propusiéron un remedio, con el que solo podia conservar la vida á costa de
su pureza. Este Príncipe generoso le despreció absolutamente, diciendo estas bellas palabras: *mas vale morir que cometer un pecado.* Efectivamente, algunos dias despues mu-
rió mártir á un mismo tiempo de la castidad, y de la religion, por cuya defensa habia tomado las armas. El celibato, cuyo motivo es la indolencia, la libertad, ó mas bien,
el libertinage, este celibato tan comun en nuestros dias, es
sin duda contrario á la propagacion y á las costumbres. El
daña á la sociedad corrompiéndola y empobreciéndola. Quanto mas se disminuye el número de los matrimonios que
podrian hacerse, tanto mas daña á los ya hechos. Quantas
ménos gentes casadas hay, ménos fidelidad hay en los matrimonios, y sola la política, aun quando el interes de las
costumbres no la moviese, deberia desacreditar un celibato,
que el luxo, el desórden, la independencia, y la irreligion
extienden tanto despues de algun tiempo, y que es mas
pernicioso al estado, que la guerra, y la mas cruel peste.
Mucho se ha declamado de algun tiempo á esta parte con-

tra el celibato religioso, miéntras que se calla sobre el celibato filosófico, que es la plaga la mas peligrosa á la sociedad.

No obstante, es muy cierto, que el celibato consagrado por la religion, y santificado por la piedad, se mira
siempre por los mas virtuosos personages como un estado
tan sublime como perfecto; si él parece que quita á la sociedad algunos ciudadanos, tambien le recompensa ampliamente
con la raza espiritual y escogida que la dá; una feliz fecundidad de talentos, de virtudes, y de exemplos
sale en todo tiempo del seno de su inocencia y de su fervor, para enriquecer á un mismo tiempo las ciudades y las
campiñas, y perpetuarse á la posteridad.

Desde los primeros dias de la Iglesia formaban ya un
cuerpo distinguido las vírgenes: el retiro, la labor, y la
oracion hacian sus delicias y su ocupacion. El silencio, el
pudor, y la templanza causaban su seguridad: ignoradas
de los hombres, y aun de las mugeres, ocultas á la vista
de todos, su única ambicion era el ser conocidas de Dios
solo. Sus manos puras levantadas sin cesar hácia el cielo hacian baxar las mas abundantes bendiciones sobre la tierra;
y aun el dia de hoy es á la piedad de estos santos reti-
ros, que han venido á ser el asylo de la virginidad y de
la mortificacion, á quien se deben los recursos inesperados
en las públicas calamidades, como las plagas suspendidas, y
las guerras finalizadas.

Sí, hijos mios, ved aquí, por mas que diga la ciega
sabiduría del siglo, ved aquí, no lo dudemos, los Angeles tutelares de las ciudades y de los reynos, y las columnas de la prosperidad de los estados.

Vosotros lo sabeis, el cuerpo del hombre fué formado
del cieno de la tierra, amasado de una vil materia, y sus
inclinaciones abatidas hácia ella muestran bastante su orígen,
aunque no nos lo dixese la fé; pero la virginidad le des-
prende en algun modo de este cieno, y le hace que tome
su buelo hácia el cielo, de donde el segundo Adan ha ba-

xa-

xado; ella le hace despojar el hombre viejo, para hacerle participar de la naturaleza de los espíritus. ¿Qué digo? ella le añade aun un privilegio que ellos no tienen, y es el mérito del sacrificio que hace de su cuerpo al objeto inmortal, que su corazon adora; ¿y con qué generosidad y alegría no se lo ofrece, supuesto que es la propiedad del amor el gozar de las privaciones que se impone, y de mudar los rigores en placeres? ¡O vosotros! quienes por la sublimidad de vuestros deseos, y la pureza de vuestras costumbres estais destinados á seguir al Cordero sin mancha, y que haceis el ensayo de esta dulce felicidad en el tiempo, para continuarla en la eternidad, ¿con qué semblante veis las frívolas hermosuras y bellezas de la tierra, y los lazos caducos, groseros, y perecederos, que se forman con ellas, quando los comparais con los nudos sagrados y gloriosos, que os encadenan para siempre al Esposo celestial de las Vírgenes, y que os dan el privilegio de contemplar en todo tiempo sus hechizos, el correr sin cesar al rededor de sus inciensos, de mezclar vuestra sangre con la suya, y de ver crecer vuestro ardor en sus tiernos abrazos? ¿Debo yo, mis queridos hijos, despues de estos motivos tan superiores y divinos, presentaros otros mas inferiores y humanos? ¿Debo yo deciros que el celibato exênciona de las solicitudes las mas sensibles de la vida? ¿qué la igualdad, la paz, y la libertad vienen á ser la herencia de los que abrazan este estado? Pero ¡ay mis queridos amigos! mi sinceridad no debe ocultaroslo. Las cadenas del hymineo son de hierro para muchos, y de oro para algunos, pero de oro ó de hierro siempre son cadenas, en lugar de que una santa y amable libertad, y una pacífica propension, preferibles á los mas sobresalientes placeres, acompañan sin cesar á la continencia. La muerte que no respeta á persona alguna, no tiene sino una saeta que disparar contra ella, miéntras que tiene mil para un corazon, que está aprisionado con unos lazos para él tan amables como apetecidos. Creed á mi esperiencia; sí, los nombres de padre y de esposo

T

cau-

causan siempre mucha mas tristeza, que la alegría que jamas diéron. Una muy grande sensibilidad es un cruel martyrio. Ella nos hace tantas heridas, quantos son los objetos por quienes nos interesamos. Ella duplica todas nuestras penas, y forma, por decirlo así, una cadena de desgracias, que se alarga sin cesar; unas veces es un hijo, cuya pérdida nos agrava, otras una esposa ó un esposo, á quien la muerte zelosa de nuestra felicidad nos la quita en la primavera de sus dias, ó quando un largo y dulce hábito nos había acostumbrado á sus cuidados y á sus socorros. El sentimiento se aumenta con estas pérdidas, y el corazon que ellas rasgáron, arrastra hasta el fin una vida dolorosa, semejantes á aquellas reliquias que vemos palpitar en algunos insectos mucho mas tiempo despues de haberlas separado.

§. XXIII.

Del estado Eclesiástico y Religioso.

El celibato christiano, del que acabo de mostraros, mis queridos amigos, la santidad, y las ventajas, me conduce naturalmente á hablaros del mas perfecto, y mas respetable de todos los estados de la sociedad. Es muy del caso que aprecieis la excelencia, y que conozcais los deberes, á fin de que si la predileccion del Señor os marcase con el sello de su nombre, ó en el mas augusto ministerio, ó en el retiro, podais corresponder á esta eleccion con la mas constante fidelidad, y el mas vivo reconocimiento.

Para gustar todas las dulzuras de un santo empeño, es necesario primeramente ser llamado por la impresion de la gracia, y no por el culpable motivo de la medianía de su fortuna, ó por el deseo sacrílego de engrasarse con los tesoros del altar. Es necesario con la pureza de las costumbres, con una vida recogida y oculta en Dios, con una mortificacion total de los sentidos, con una oracion contínua, y con un amor tierno y generoso, corresponder á la dignidad de su vocacion. ¿Pero qué es lo que hago? ¿Adónde del me lleva, hijos mios, el zelo paternal? ¿puede ser permitido á una mano profana el explicar las disposiciones que exîge un estado tan sagrado? ¿de mostrar las obligaciones y sus prerrogativas? yo sin duda debilitaría sus mas bellos encomios queriendo presentaroslos. Yo no podria hablaros sino imperfectamente de un ministerio formidable, al que debo respetar. Yo os remito, pues, sobre esto á aquellos hombres escogidos, cuya piedad es igual á sus luces. Estos os lo enseñarán mejor que yo, y su exemplo solo, mucho mas eloqüente que sus palabras, os dirá, que aquel que se halla revestido de este glorioso carácter, debe traer una vida angélica sobre la tierra; que todos sus discursos deben ser lecciones de virtud, y que todas sus acciones deben altamente predicarla, que él por su estado es el enviado del Altísimo, el intérprete de sus Oráculos, el Dispensador de sus Sacramentos, el testigo y el defensor de la fé, la luz del mundo, y la sal de la tierra. ¡Qué títulos! ¡qué funciones! ¡pero tambien qué deberes! Encargado de los intereses de los hombres delante de Dios, está obligado y le incumbe de llevar todos los dias á los pies de su trono sus pecados y sus necesidades. Como tiene por su dignidad mas acceso para con el Señor, á él le pertenece el mitigar y suspender su justicia, solicitar en favor de sus hermanos sus infinitas misericordias, moverle, y aun forzarle en algun modo, para arrancarle las gracias. Debe ser otro tal, como otras veces lo era el Santo conductor de Israel, quien desarmaba la cólera del Omnipotente irritado por los crímenes de su pueblo, y detenia su brazo, pronto ya á verter sobre estos ingratos todas las plagas de sus venganzas.

Si el legislador de la antigüa alianza tenia un tan grande poder, ¿creeremos, que el sacrificador augusto de la nueva la tenga menor? no, mas poderoso aun que Josué, el sol de justicia obedece á su voz. Ella dá la victoria á la tierra; abre y cierra á su agrado el cielo. Todo cede entónces á su poder, porque tiene entre sus manos la oblácion única, el recurso y el remedio eficaz del género humano, prometida y anunciada al universo desde el principio de los siglos.

Yo no me extiendo mas sobre esta materia por ser muy superior á mis fuerzas; pero no podré callar ni omitir un abuso demasiado comun en la vocacion de los sugetos que se destinan al estado religioso contra la eleccion de Dios.

Todos los días, unos padres avaros é inhumanos, para no dividir sus bienes, sacrifican á los mas jóvenes de sus hijos, como otras veces los Israelitas feroces é infieles ofrecian los suyos sobre el altar de Moloch, contando por nada el exponerlos á una desgraciada eternidad, temiendo el disminuir la fortuna caduca y perecedéra de sus primogénitos. Aquí se me presenta á la vista uno de aquellos espectáculos que no puede mirarse sin aterrarse y estremecerse. ¡Ah! veo una triste víctima, que la voluntad injusta de sus padres, y no el órden de Dios conduxéron al lugar santo, sacrificarse con todo el aparato de una pompa religiosa. Ella arroja unas miradas lánguidas sobre un mundo, que se halla forzada á dexar, y al que mas que nunca ama. Se toma su enternecimiento por un efecto de su piedad; se acaba la ceremonia, y los testigos de su sacrificio se retiran; se la dexa entregada á su dolor, agravada baxo el peso de las cadenas, que ella no se impuso, encontrando ocasiones de caida en los mismos deberes, que para las otras son motivos de virtud, mudando los socorros de la piedad, de que se halla rodeada, en atractivos de vicio y de infidelidad, fomentando su disipacion con lo que debria sostener su recogimiento; no sacando otro fruto de los exercicios, que dividen todos los momentos de su vida, sino nuevas materias del disgusto de la religion misma, y sirviéndola, en fin, de una tentacion, la tranquilidad misma de su retiro, y el apartamiento del mundo de un cebo, que se le hace mas amable y apreciable; y entónces ¡quántas miradas de envidia y de complacencia sobre los que gozan de sus placeres! ¡quántas tristes re-

vuel-

vueltas é inquietudes sobre sí misma! ¡quántas reflexîones
amargas sobre el estado forzado en que se halla! ¡quántas
imprecaciones secretas contra los autores, acaso de su in-
fortunio! ¿Hay, ni puede haber situacion mas cruel y las-
timosa, mis amigos? ¡O! y quán diferente es la de aquellas almas fieles, á quienes el atractivo solo de la gracia ha
conducido en un sagrado retiro! todo sirve á su piedad,
y todo calma sus votos, la paz, la alegría, la esperanza,
y el amor, dulcifican y coronan á cada ínstante su sacrificio.

En sus justos transportes y raptos ellas cantan con el
Profeta Ps. 17. „El Señor se ha dignado de llamarme desde
„el seno de mi madre; él me ha extendido su mano des-
„de lo alto de los cielos, y me ha sacado de enmedio de
„las olas, en donde hubiera sido sumergida, y me ha re-
„cibido entre sus brazos. ¡Qué amables son vuestros taber-
„náculos, ó Dios de las virtudes! ¡mi alma casi desfallece
„con el ardor que tiene de ser para Vos toda! El paxari-
„llo sabe hacerse un abrigo, y la tierna tortolilla un nido
„para colocar sus hijuelos; vuestros altares serán para siem-
„pre mi asilo; yo estaré á cubierto contra los peligros y
„las sediciones del siglo, y mi mas dulce ocupacion será
„el celebrar dia y noche vuestras misericordias y vuestras
„alabanzas ".

§. XXIV.

De la Garnacha.

Muy poco es necesario para que la justicia no vaya á
la par con la religion en el órden de la sociedad, y que
la magistratura no consagre casi á los hombres, que cum-
plen digñamente los deberes, así como el ministerio de los
altares.

El hombre de letras, para guardar todas las decencias
de su estado, debe llevar y mostrar una dulce y magestuosa gravedad en su semblante, en su ayre, y en sus modales; prohibirse la pompa y el luxo en los vestidos, como
asimismo los expectáculos, los juegos, y las juntas mun-
da-

danas ; no podria presentarse como alguno otro sin degradar su dignidad, y consentir en su propio vilipendio. ¡Qué
costumbres, qué moderacion, y qué desinteres debe tener
aquel, en quien tienen depositados los hombres su honor,
y aun su misma exîstencia, por decirlo así! ¡Qué equidad
debe conservar el depositario de la justicia! ¡Qué atencion,
qué virtud, y qué sentimientos deben brillar en el que tiene á su cargo la penosa carga de la pública felicidad! Ocu-
pado únicamente en este importante objeto, no le es permitido á un magistrado ni aun el mirarse á sí mismo, de
modo, que amigos, tranquilidad, tiempo, y todo lo que
los demas hombres aprecian, y todo lo que les es permitido de amar, todo debe desaparecer en algun modo á su
vista, si quiere cumplir todas sus obligaciones, sin que le
quede ni un momento para lo restante. ¿Quántos objetos
diferentes parecen como reunirse para multiplicar sus deberes, y hacer mas penosas sus funciones? Es muy poco para él, el que juzgue segun las leyes, es necesario tambien,
que estudie su espíritu, que aclare las dificultades, y que
convine las correlaciones. Es necesario, que las haga observar, que prevenga todos los abusos, que remedie todos
los males, que concilie todos los intereses de la sociedad,
que desmascare la injusticia y el fraude, que desembrolle
todos los artificios de la trampa, y que la persiga hasta en
sus mas secretos escondrijos; que proteja al débil contra
el fuerte: que pese en la misma balanza las tímidas defen-
sas del pobre, y las pretensiones poderosas del rico, y
que desconfie siempre de éste.

La equidad ilustrada y sostenida por la religion, debe
ser la gran virtud del Magistrado. El rico tiene tesoros, el
grande crédito y poder, pero la providad inflexîble de la
religion eleva al Magistrado sobre el grande, sobre el rico
y sus pretensiones, y sobre sí mismo, quando sus propios
intereses se hallan mezclados en las causas de los tribuna-
les; es la justicia del Altísimo la que exerce; es la ley de
la que es el depositario, la que reprende, prohibe ó con-
                                                        de-

dena al poderoso y al débil; al rico y al menesteroso. Esta justicia y esta ley, no permiten acepcacion; el Príncipe mismo quiere por una equidad generosa, que sus dominios y sus derechos se exáminen como los de los particulares, y si la justicia recae y apoya las pretensiones de sus vasallos, se aplaude y regocija de ganar como padre lo que pierde como Rey.

Encargado de mantener los derechos inviolables del honor y de la propiedad, debe hallarse exénto el Magistrado de toda sospecha aun de los vicios contrarios. Pero á la inocencia de sus costumbres, al desinteres, y á la imparcialidad, debe juntar tambien la vigilancia, de la que por lo ordinario depende el órden público. Obligado por su estado á mantenerle, debe hacer de esto su ocupacion principal. Inmóvil, y tranquilo, como las leyes que tiene entre sus manos, le parecerá que algunas veces goza del sosiego que procura á los demas. Sin salir ni un instante de su lugar observará todos los movimientos de las pasiones, y apreciará la fuerza; seguirá tambien la direccion para mejor reglarla, y en lugar de detenerla con violencia, la volverá con dulzura. Sus operaciones secretas y mesuradas, como las de la naturaleza, producirán como ella, un efecto infalible y dichoso. El órden, la subordinacion, y la paz, vendrán á ser los frutos preciosos de su atencion y de su prudencia, y agotando las fuentes del vicio, detendrá para siempre los torrentes.

Las costumbres ocuparán especialmente su zelo: éstas son en todo tiempo la semilla de las virtudes. Por todas partes por donde reinen las costumbres, se observarán las leyes, y aun hacen mas, y es el que las amarán; y así el cuidado mas dulce de un magistrado debe ser el apretar los lazos primitivos, que conservan y mantienen tan de cerca al lazo social, tales como la ternura de los padres, la sumision de los hijos, la union de los esposos, la decencia, la buena fé, la fidelidad y el reconocimiento.

Para conocer todo el precio de estos importantes cuidadados, no hay, mis queridos amigos, sino el considerar los felices efectos, que deben producir en la sociedad política. Una dulce seguridad se derrama en todos sus miembros. Como el calor de la vida en un cuerpo sano y bien complexîonado, ella anima y asegura sus movimientos.

El labrador ántes del amanecer dexa la basura de su cabaña para ir á fertilizar nuestros campos. El negociante vá á buscar á lo léjos nuestras necesidades, sin temer, que un vecino haga una invasion contra su fortuna, ó que un seductor le quite lo que tiene de mas apreciable. La justicia vela á su puerta, y en su ausencia cada casa está prohibida para la maldad y el fraude, y es el asilo del honor y de la propiedad. Los ojos del magistrado vigilante están siempre abiertos sobre el Ciudadano para librarle de los peligros de la sociedad, y aun los de la naturaleza, y toda su felicidad le viene, por decirlo así, formada por las manos augustas de la justicia. Al contrario, que ella cierre un momento los ojos, y todo mudará de semblante. A medida que la vigilancia se duerme, despierta el crimen, y luego que se vé sin testigos y sin freno, camina con audacia, y acomete con insolencia la inocencia. ¡O malvado! decente; ¿no ves, que satisfaciendo á costa de otros tus deseos, tú mismo los autorizas tambien para verte agraviado con los mismos males con que tú los amenazas? Pero nada escucha, y se sonríe de su furor y desprecio, y no temiendo ya la espada de las leyes, no pone límites á sus atentados, y oprime sin pudor la flaqueza, cuyos gritos reaniman con freqüencia demasiado tarde al magistrado endormecido.

Sí, mis amigos, quando no contiene el temor al vicio, éste llega á cometer todos los excesos; y así con no ménos razon, que libertad, una muger, á quien se la habia robado miéntras la noche su ganado, respondió al juez: yo dormia, es verdad, quando se me hizo este hurto, porque yo juzgaba, que vos velabais por mí. Leccion enérgica, que con esta respuesta daba á toda la magistratura de

la

la indispensable obligacion de su vigilancia, y del derecho, que sin duda tiene todo ciudadano de quejarse á un mismo tiempo del que le causó el daño, y del que no supo libertarsele.

¡O y quánto un magistrado ilustrado, vigilante, atento, é íntegro, es digno de la veneracion del público! El es el alma de la justicia, miéntras que las leyes no son sino el cuerpo; él derrama por todas partes la luz y las mas dulces influencias; la injusticia y el error huyen á su presencia, como los rayos del sol destierran las tinieblas. Su penetracion y su autoridad cierran la boca al impostor y aseguran la verdad; su paciencia en escuchar, y su dulzura en responder alientan á los mas tímidos, y animan á los ménos eloqüentes; el afligido encuentra en él un consolador, el huérfano recobra un padre, y la sociedad entera un zeloso protector. Sostiene al extraño oprimido contra el opresor, que quiere quitarle lo que le pertenece; se resiste contra la falsa compasion y flaqueza, y reprime los movimientos de una peligrosa sensibilidad; pero condenando al malo, gime y muestra con su compasion, que es un hombre el que ha condenado á otro hombre. Advertido sin cesar por los movimientos de su propio corazon, pesa con cuidado la causa de los infelices, separa al inocente del culpado, y desata todo lo que justamente puede desatar.

El depósito de las leyes y de las costumbres, que se le ha confiado, le tiene siempre en sus manos. El código de la nacion, conservado en el templo de la justicia, está continuamente abierto á su vista. Lee las sábias ordenanzas de nuestros abuelos contra los ladrones, los corruptores, y los Apologistas del libertinage. Aquí están depositadas las penas contra todo género de crímenes, contra la blasfemia, el menosprecio y profanacion de las cosas santas; contra los escritos escandalosos, que corrompen los corazones de los pueblos, y los roban á la religion y á la patria.

Atento al órden público y particular, el Magistrado abraza todas las partes con zelo, é invoca la autoridad sobe-

V

berana, quando es necesario. Ved aquí en donde leereis,
mis queridos hijos, los rasgos que anuncian, y que caracterizan un perfecto Magistrado. Ved aquí en donde leereis
vuestros deberes, si la Providencia os llamase algun dia á
este estado. Quitad á un juez todas estas calidades, y po-
nedle las opuestas, y desde entónces parecerá, no haber
nacido mas que para la infelicidad de todos los conciudadanos, y que viene á ser como una plaga, y una peste
pública, y que justamente se le puede mirar como el la-
dron sacrílego de los bienes, del honor, y de la vida misma de todos los infelices, que su injusticia entrega á la calumnia, á la violencia, ó al fraude. Un tal monstruo es raro, es verdad, ¿pero no se ven jamás Magistrados inapli-
cados, negligentes, ó poco instruidos? Hay usos, costumbres, obscuridades, y dificultades; ¿y en dónde está el
tiempo, y tiempo bastante largo, el que se emplea en acla-
rarlas, penetrarlas, digerirlas, y en instruirse? Por lo comun con una sola mera pasantía, y su aprobacion pasa un
jóven desde la academia á la púrpura, y sin mas méritos
que su nacimiento ó el valimento, se vé hecho juez con el
cargo, segun la expresion de un Autor célebre, de deci-
dir soberanamente de la vida, y de la fortuna de los pueblos.

§. XXV.

De la Milicia.

La gloria que adquiriéron las armas, es la mas brillante
de tódas, segun el mundo, y de la que siempre hiciéron
mas caso los hombres. La altivez y la ambicion la adjudi-
cáron despues á los conquistadores. La espada formó entre
casi todos los pueblos los primeros nobles, y esta profesion honrosa ha venido á ser la herencia de su posteridad.
Ella es el broquel de los estados, y la que sostiene el trono; por la que se engrandecen y mantienen los imperios; y
en fin, ella es la que conserva la libertad, y que afirma
algunas veces la tiranía.

Su-

Suponiendo inevitable la guerra, el arte que enseña á conservar la vida de los combatientes, y á conseguir la victoria, aprovechándose de las mas mínimas circunstancias, es el mas grande de todas las artes. Un particular, á quien el Soberano le hace depositario de todo su poder, le eleva al mas alto favor, y en algun modo, y á ciertos respetos le iguala á sí mismo.

La gloria que á esta profesion acompaña, es proporcionada á los esfuerzos que ella le cuesta, al rigor de los trabajos que abraza, á los peligros que corre, y á los sacrificios, en una palabra, que hace de su sosiego, y de su vida. Es muy poco el honrar el mérito del que comanda, y decretarle, como ordinariamente se hace en todos sus gloriosos sucesos; es necesario el honrar y premiar tambien al valor del que obedece.

Mi intento, hijos mios, no es el ponderaros, ni el entreteneros aquí sobre la idea que acabo de presentaros de este estado, sino ántes bien el mostraros los escollos en la inutilidad, y la vida deliciosa en las diversiones en tiempo de paz, como en el libertinage, y los ímpetus de la guerra, y de enseñaros los medios de evitarlos, y de adquirir una gloria sólida, si la vocacion del cielo os llamase.

La guerra que parece no haber nacido y durado sino para la confusion y el desórden, tiene no obstante sus reglas, su método, y su disciplina. La táctica, es una de las ciencias, que se ha perfeccionado en nuestro tiempo. Las matemáticas la siguiéron, y éstas especialmente son de un uso indispensable para las fortificaciones. El exercicio enseña las evoluciones militares; el hábito, la discrecion, y la aplicacion adiestran bien presto á un subalterno en lo que es propio de sus funciones; pero no podrán darle aquel espíritu y aquel genio para el comando, que tanto distinguiéron entre nosotros á los Turenas, y á los Condeés.

Aquella vigilancia á la que nada sorprende; aquella perspicacia de la que cosa alguna se le escape; aquella penetracion, con la que de un golpe de vista vé todo quanto es

ne-

necesario obrar, aquella actividad que le hace executar, aquel
ardor fogoso que en la execucion todo lo hace posible, y
fácil todo; aquella sangre fria, que enmedio de los mas
grandes peligros, le inspira los recursos; aquella rapidez
que se aprovecha muy á propósito de las circunstancias favorables, y que sabe trocar y aun mudar algunas veces las
que no lo son; aquella firmeza de alma, en fin, á la que
ninguna resistencia cansa, y que ningun obstáculo la detiene, todas estas son las calidades de un gran general, y casi siempre unos puros dones del cielo. No me pertenece el
entrar en una mas larga relacion, y yo debo limitarme, mis
amigos, á la instruccion la mas esencial para vosotros, y la
mas conveniente á mi ternura paternal.

Servir á su Patria y á su Rey, es una funcion gloriosa sin duda, pero es necesario que vuestro motivo principal sea el de agradar y el de obedecer al Dios de los exér-
citos, quien él solo preside en las batallas y en las victorias.
¿Pero es siempre este el motivo noble, que anima á los que
abrazan este estado? ¡Ah! el adelantamiento de una fortuna caduca y perecedera, y la esperanza de una gloria frívola, son lo que por lo ordinario les ocupa, y sacrifican
á este fantasmon sus mas bellos dias, sus bienes, sus su-
dores, y su sangre.

¿Qué diré de los lazos infinitos de una condicion, en
la que se juzga de una flaqueza á la fé, de un buen ayre
á la impiedad, de un vano temor á los terrores de la eternidad; al furor y la venganza de una distincion; á la ociosidad y vanidad de una decencia; al deleyte y desórden
de un mérito; y en donde, en fin, los mas sábios limitan
toda su regularidad á la ambicion, y no se afloxan, á mi
parecer, sobre las demas pasiones, sino para tenerlas mas
vivas por esta, y de quienes, en una palabra, su mayor
virtud no se extiende mas allá que de la estrecha fama que
debe acavar con el mundo? Si es cierto, mis amigos, que
es necesario llevar como entre sus manos su alma, á fin de
no verse sorprendido por algun accidente imprevisto, ¿qué
es-

estado hay en dónde sea mas indispensable la obligacion de esta tan saludable máxima? Si la muerte acomete á los demas hombres, ella embiste y sitia por todas partes al soldado. ¿Quién no sabe quántos funestos horrores se siguen en las batallas? ¿Quántos heridos quedan confundidos entre los muertos, y que por falta de socorros pierden en medio de los mas crueles dolores una vida, á la que acusan de ser demasiado larga? ¿Quántas veces en lo fuerte de la refriega se ven caer á sus lados los compañeros de sus trabajos, y aun acaso á los cómplices de sus delitos? Semejantes á las espigas, que cubren por el verano los campos, los numerosos batallones se ven prontamente deshechos en lo fogoso del combate por el hierro facineroso y el plomo homicida.

La ciega intrepidez, ya lo sé, hace frente á los peligros, y arrostra algunas veces á la espada de la muerte, cerrando los ojos á la muerte, que le espera; pero el verdadero valor, despreciando la muerte, teme las horrorosas conseqüencias del vicio. El no es, no, una ferocidad del temperamento, un hervor de la sangre, ó un ímpetu de cólera ó de gloria mal entendido; el verdadero valor toma su orígen de la virtud, que le eleva sobre el bárbaro prejuicio y el falso honor, con que se persuade, que lava con una muerte una injuria.

Poder vengarse y no hacerlo; perdonar generosamente y sin restriccion, ved aquí la gloria. La virtud vé siempre en su enemigo un hermano, y en el hombre que le ofende la imágen de Dios, que le ha colmado de bienes. Acostumbrado á vencerse á sí mismo, y á triunfar de lo que le ofrecen de mas apreciable los sentidos, vé á sangre fria el peligro, y se expone valerosamente desde que su deber le llama. No, hijos mios, nada se acerca á la santa fiereza de un corazon que combate á la vista de Dios, y que aspira á una gloria inmortal. ¿Y qué tiene de engañoso, os pregunto, para una alma sublíme la ambicion, la que no ofrece sino esperanzas humanas, puestos, honores, y distinciones, y á lo mas, un nombre en la historia del universo? Y para esto ¿quántos obstáculos es necesario vencer? ¿qué multitud de concurrentes es forzoso derribar para conseguirlo? y en fin si se consigue, luego al instante se percibe su vacío. Y en efecto, ¿qué nos ha quedado, decidme, de aquellos heroes que hicieron en otro tiempo un papel tan brillante en el mundo? una débil memoria, algunas alabanzas, trofeos, y unos monumentos medio arruinados. Bien sabido es lo que el Mariscal de Luxemburgo decia en el lecho de la muerte: que en este momento preferia á todas las victorias un vaso de agua dado por Dios al sediento por el mérito superior de la caridad. ¡Ah, mis queridos amigos! todo quanto lisongea nuestra vanidad acá abaxo, puede muy bien divertir nuestro corazon un instante, pero no llenarle ni satisfacerle; y como ya tantas veces os lo he repetido, todas las fortunas de la tierra no son sino un vapor, que se vé nacer, espesarse, subir, y desvanecerse en los ayres. Y por otra parte, ¿son premiados siempre los servicios? el mérito desnudo de apoyo y de proteccion se vé con freqüencia despreciado, olvidado, ó disimulado, No es raro el vér, que un favorito de la fortuna coge los primeros puestos, miéntras que no se hace caso de un cuerpo cansado, y cubierto de heridas, que es el precio de su valor.

En efecto, ¿qué se oye todos los dias entre los Militares, sino reflexîones y quexas sobre el abuso de las pretensiones, y de las esperanzas? ¡Felices, pues, ó mi Dios, los que en un estado, cuyos deberes y trabajos exceden algunas veces el rigor de los deberes los mas austeros de los claustros, no miran sino vuestras coronas, y elevan hácia Vos solo toda su ambicion! sus nombres serán escritos en el libro de la vida, serán contados sus servicios, y los frutos ingratos de la guerra se mudarán para ellos en frutos de paz y de eternidad.

§. XXVI.

§. XXVI.

Conclusion de la segunda parte.

Yo terminaré aquí, hijos mios, las reglas que he procurado proponeros, para que os halleis en estado de cumplir dignamente los deberes de la vida civil. En la última parte de estas lecciones me propongo el acordaros y presentaros vuestras obligaciones para con Dios; corresponded fielmente; este es el objeto principal de mis cuidados; vuestra felicidad coronará vuestra fidelidad, y vendrá á ser la materia de mi gloria. Lo que debemos á la sociedad, y lo que á nosotros mismos nos debemos, saca sus mas nobles motivos, y recibe una maravillosa facilidad en el cumplimiento de nuestros deberes para con el Ser supremo, el que en todo tiempo debe ser el principio y el fin de todos nuestros sentimientos, y de todos nuestros procederes. Las mas brillantes calidades, quando esta mira no regla el uso, no sirven sino para extraviarnos. Estas son unos dones de Dios, que con demasiada freqüencia nos apartan de él. Las virtudes humanas no son, propiamente hablando, sino unas especiosas exterioridades que engañan muchas veces. Se os dirá falsamente en el mundo, que la providad nos basta aun en las mas críticas circunstancias; ¿pero quán débil es su voz, mis amigos, enmedio de los atractivos del vicio! hay mil ocasiones en que no será escuchada, si un sentimiento mas profundo y mas seguro, quiero decir, si la verdadera piedad no la sobstiene, y si la religion no la apoya con sus oráculos. No; no es sino baxo sus auspicios, como los derechos los mas sagrados de la sociedad se hallan asegurados y respetados. No pertenece sino á la religion y á la piedad el contrabalancear el efecto de las pasiones, añadiendo un nuevo peso en la balanza de la providad. ¿Quántas conjeturas hay en la vida, en las que el interes humano no es bastante poderoso para obtener de nosotros lo que la sociedad tiene derecho de esperar? los que
al-

algunas veces nos rodean son estraños, ó acaso enfadosos,
ó lo que es peor, enemigos. No importa, dice la religion,
estos estraños, estos enfadosos, y estos enemigos, si se
tiene por verdadero christiano, tienen sobre nosotros derechos legítimos, y nosotros por nuestro estado tenemos deberes indispensables á su respecto. Es, pues, un principio
cierto, y que la esperiencia tambien lo apoya, por mas que
digan los sectarios de una vana filosofia y sabiduría, que
no hay sino en la religion y en los sentimientos, de quienes ella es la fuente, en donde se pueda hallar una exâcta justicia, una providad sostenida, una sinceridad perfecta, una política no fingida, una aplicacion útil, un generoso desinteres, una amistad fiel, un pudor inviolable, una
inclinacion benéfica, un dulce comercio, en una palabra,
todos los encantos, y todos los agrados de la sociedad.

TERCERA PARTE.

§. I.

De nuestros deberes para con Dios.

El hombre, mis queridos hijos, como el mas perfecto
de las obras del Criador, le debe todos los pensamientos
de su espíritu, todos los movimientos de su cuerpo, todas las disposiciones de su alma, y todas las aficiones de
su corazon; colmado de sus favores, y enriquecido con sus
dones, es justo que en todo tiempo y en todo lugar los
haga remontar á su orígen con un uso legítimo y conforme á las intenciones de su bienhechor. Elevado por su liberalidad á una clase, que le iguala casi á los Angeles, debe parecerles tambien por la pureza de sus costumbres y
por la sublimidad de sus sentimientos. Debe á su exemplo
dirigir á Dios todos sus votos, consagrarle sus cuidados,

ofre-

ofrecerle el tributo de sus alabanzas, obedecer á sus leyes, someterse á sus voluntades, mantenerse en su presencia en una humilde y continua dependencia, y llevarla, en fin, con el incienso de sus homenages el de todos los seres criados. Esta es aquella adoracion en espíritu y en verdad que el padre pide, y este el culto supremo, que tiene derecho á exigir de nuestro reconocimiento y de nuestro amor. Ya os he explicado la naturaleza y la extension de estos deberes tan dulces y tan indispensables al mismo tiempo, desde que os hallasteis en estado, mis queridos hijos, de comprehender la fuerza y la necesidad. ¿Qué digo? vuestra madre y yo hemos adelantado este tiempo con todo el empeño de un justo zelo. Apénas abristeis los ojos, quando con nuestras señales os enseñábamos, que llevaseis vuestras miras y atenciones recien nacidas hácia el cielo. Incapazes, como aun lo erais, de conocer las criaturas, os formabamos é industriabamos á levantar ya vuestras manecitas hácia el Criador, á pronunciar tartamudeando su sagrado nombre, y á ofrecerle el sacrificio de vuestros lábios, miéntras que vuestra razon comenzando á descubrirse poco á poco, le pudiéseis consagrar vosotros las primicias con el homenage de vuestro corazon.

La primera cosa que os reencomiendo, decia San Luis á su hijo, es el temor de Dios. El temor de Dios es el principio de la sabiduría; y es por aquí como hemos creido, que debemos comenzar nuestras instrucciones. Todo depende, mis amigos, de los principios; y quando la infancia es sábia y reglada, la virtud y el temor de Dios la acompañan en la juventud, y la siguen en una edad abanzada. Los que siembran en las bendiciones, recogen una cosecha abundante de gracias. ¡O quiera el cielo, que mis deseos y cuidados no se vean jamás frustrados en su esperanza!

¿Me atreveré á lisonjearme, ó mi Dios! de que hayais aceptado la primera ofrenda de estas tiernas víctimas, que me he apresurado á presentaros, y que las hayais señalado y mezclado con el sello de vuestras misericordias;

X pa-

para tenerlos sin cesar baxo las alas de vuestra proteccion?
¿me atreveré á aplicarles lo que dice el Profeta? ¿y ellos
mismos se atreverán á recibir el dulce prejuicio? ¿os dig-
nareis Vos, Señor, el ratificar á su respecto las promesas
dictadas por vuestro espíritu á este santo Rey? Felices, decia, los que desde su primera infancia se acostumbráron á
llevar el yugo del Señor! sus pasiones reprimidas en su nacimiento, serán mas dóciles y mas sometidas, y no le costará á la virtud sino unos ligeros esfuerzos. Sus inclinaciones se dirigirán desde luego hácia el bien, y se dexarán
llevar por sí mismas, y sus dias serán tranquilos y serenos; semejantes á aquellos árboles plantados sobre las riberas de un rio, que conservan siempre su verdura, lleva-
rán en todos tiempos frutos de consolacion y de gracia.

¡O Dios, protector de la inocencia! La de estos hijos
de vuestra predileccion se ha conservado hasta aquí sin mancha por el beneficio de vuestra misericordia totalmente gratuita: hacedla, pues, crecer con su edad; que su corazon se
halle sin cesar vuelto hácia Vos, y que el fuego de las pasiones no profane un santuario, que os ha sido desde su
principio consagrado! Multiplicad y extended las semillas de
piedad, que he tratado de sembrar en su alma! mis votos no os piden por ellos tesoros, honores, y años numerosos, sino que la virtud, la sabiduría, y la moderacion mesuren la duracion de su verdadera existencia! que
los socorros victoriosos de vuestra gracia rodeen por todas
partes su flaqueza, y aseguren mis justos temores, apar-
tando de ellos todos los lazos, que un mundo seductor
tiende especialmente á la inexperiencia de la juventud!

Nada he omitido, mis amigos, para libraros aun ántes que pudiesse presentar á vuestra vista sus cebos funestos, convencido de que de las primeras impresiones que
recibe un niño, se forman sus primeras inclinaciones, de
donde por lo ordinario dependen las calidades ó defectos
de su espíritu, y casi siempre las virtudes ó los vicios de
su corazon.

¿Qué no he hecho, principalmente para inspiraros un saludable horror? ¿Quántas veces no os he repetido lo que la madre del mejor de nuestros Reyes decía á su hijo? ¿Quántas veces os he dicho, mis queridos hijos, que á pesar de la ternura que tenia por vosotros, querria mejor veros perder ántes la vida, que la gracia?

§. II.

Del pecado y de sus funestas conseqüencias.

El pecado es quien destruye la gracia, y el que ha engendrado la muerte con sus tristes consequencias; ella sin él jamas hubiera sido. El pecado produce, y él solo contiene todos los males. ¿Debaxo de quántas imágenes sensibles no he tratado de representaros desde vuestra mas tierna infancia á este monstruo hediondo y feo, á fin de que os hallaseis mas movidos y penetrados de horror en esta tierna edad? El veneno horroroso de los áspides, sus horribles sílvidos, y sus ahijones formidables, os decía con freqüencia, no ofrecen sino una idea muy imperfecta de los remordimientos, de las turbaciones secretas, y de los dolores y demas penas sin número, que acompañan desde esta vida al pecado, y que causan para siempre su tormento en la otra. Y en efecto, mis queridos hijos, de él es de donde salieron, como de una fuente emponzoñada, todas las desgracias que inundáron la tierra. Traed á la memoria los tristes monumentos, que nos ha dexado la historia de los furores de la guerra, que ya mas de una vez los he puesto á vuestra vista para instruir vuestra juventud. En ellos visteis á unos niños tiernos arrancados de los brazos de sus madres, degollados, y estrellados en su presencia por la crueldad del soldado; ciudades consumidas por las llamas, y pueblos enteros pasados al filo de la espada. Todo quanto la rabia de los tiranos pudo inventar de tormentos y géneros de muerte los mas bárbaros, y todo quanto la hambre y la peste tienen de mas horrorosa.

X 2 Los

Los moribundos amontonados sobre los muertos, la esposa desmayada y sin fuerzas, abandonada por su esposo; el
hijo, huyendo el padre y dexándole desamparado de socorro, en presa de los mas vivos dolores; las madres des-
piadadas rasgando y haciendo trozos á sus propios hijos,
para satisfacer su hambre cruel con sus ensangrentados miembros, palpitando aún, cosa que no puede pensarse sin estremecerse. *Josepho en el sitio de Jerusalen*: Sí; todos estos horrores, que yo os pintaba en vuestra infancia para
apartaros del pecado, son sus deplorables efectos, no po-
déis negarlo. Pero aún ha hecho mas, mis amigos; él ha
abierto y cavado con sus manos homicidas el infierno, y
este infierno con todos sus fuegos y toda su eternidad puede apenas bastar para castigarle. ¿Qué digo? no es aun bastante; es necesario ir aun mucho mas léjos; y llevar sus
miras hácia el cielo para concebir una justa idea de la enormidad del pecado. No solamente es el soberano mal del
hombre, sino que en algun modo es tambien de Dios mismo, á quien destruiria y aniquilaria, si fuese posible que
el Ser Supremo fuese aniquilado. ¡Ah! aterraos de asombro con solo el pensamiento de un tan sacrílego atentado:
huid, pues, el pecado con mas prontitud, que se huyen
las mas asombrosas desgracias de este mundo y del otro.
Asegurad mis temores, y consolad mi dolor, mis queridos
hijos, á quienes os he guardado hasta aqui como á las ni-
ñas de mis ojos; dexadme llevar al sepulcro la dulce confianza, de que quando ya yo mismo no pueda conduciros,
vosotros seguiréis invariablemente los senderos de la fé y
de la piedad, que he tratado de mostraros.
Si por nuestra desgracia llegáseis alguna vez á apartaros
despues de todo quanto vuestra madre y yo hemos hecho, á fin de que el reyno de la virtud se adelantase al de
las pasiones en vosotros, y para que aun las diversiones
de vuestra infancia viniesen á ser los ensayos de la sabiduría y de la santidad; si despues de todas las precauciones que
hemos tomado, y que hemos creido no haberlas podido

lle-

llevar mas léjos, á fin de que no llegaseis á ver cosa alguna, que pudiese ofender el pudor, ni oir cosa alguna, que
pudiese herir los mas castos oidos, pongo por testigo al
cielo, de que no seriamos culpables de vuestra sangre; ¿pero qué digo? ¿y por qué me dexaré llevar á una tan injusta
desconfianza? no: supuesto que la bondad del Señor ha
derramado ya las mas abundantes bendiciones sobre los cuidados, que ha aplicado mi zelo, ¿por qué no concebiré las mas
lisonjeras esperanzas, especialmente despues de haber tenido el
consuelo de esperimentar, que el amor de la pureza ha precedido en vosotros al conocimiento mismo de esta virtud tan
sublime, y del vicio que le es opuesto? Dígolo en gloria
del Dios de toda santidad, y á fin de obligaros á que no
afloxeis jamas sobre un punto tan esencial. Vosotros habeis
llevado vuestra delicadeza hasta gritar para apartar las personas de otro sexô, que se apresuraban á haceros aquellos
servicios, sin los quales no puede pasarse la infancia, sin
exceptuar aun á vuestra misma madre ¿Pero para qué esta relacion? ¿quiero referiros aquí la historia de los testimonios inocentes que habeis dado de un pudor premedita-
do, ó bien tengo necesidad de traeros á la memoria las
máxîmas, que habeis mamado, por decirlo así, con la leche? no; yo las juzgo gravadas en vuestro corazon con
caractéres imborrables; pero las juzgo igualmente de una
grande importancia, para no dexarlas bien recomendadas.
Vosotros por otra parte podeis tener algun dia hijos, y éstos despues de vosotros tendrán derecho á mi herencia,
de la que estas instrucciones forman la mas noble porcion,
y vuestra modestia acaso les callará estos rasgos, los que
no obstante, es muy del caso el que no los ignoren. Nada persuade mas ni mejor, ni hace una mas viva impresion, como los exemplos domésticos. Mi objeto, si puedo
decirlo, se extiende aun mucho mas allá, pues solicito
que estas lecciones puedan servir á todos aquellos, á quienes pueden serles muy útiles. Sí, mis amigos, todos los
hombres son en algun modo vuestros hermanos. La natu-

raleza y la religion reclaman por ellos un título tan apreciable. No exceptuemos, pues, á persona alguna de nuestros cuidados y de nuestro amor. Esta division, hijos mios, no podrá, como veis, cercenaros cosa alguna de lo que os dexo, porque es muy propio de los bienes espirituales el no sufrir diminucion derramándose; semejantes á una luz que se divide y comunica á mil candelas sin perder cosa alguna de su resplandor.

§. III.

De la virtud.

En la justa persuasion, de que los primeros años son siempre preciosos, porque preparan el mérito y la inocencia de los demas, vuestra madre y yo nos hemos impuesto una obligacion de reunir nuestros cuidados para alimentar vuestra infancia con la leche de una tierna piedad. Nuestras atenciones sobre este asunto previniéron tambien vuestro nacimiento. Hemos tenido la precaucion de no admitir para nuestro servicio doméstico, sino las personas, cuyas costumbres pudiesen edificar vuestras primeras miradas. No os hubieramos hecho sino un funesto presente, engendrándoos y dándoos la vida, sino hubieramos tratado de engendraros tambien en la virtud. En efecto, ¿podiamos prometernos de nuestras instrucciones, unos frutos durables y felices sin ingertarlos, por decirlo así, sobre el renuevo fecundo de la virtud, quien solo tiene el derecho de hacerles brotar, y darles con su dulce calor una perfecta madurez?

La virtud, como muchas veces lo hemos dicho, es un gran sentimiento, que debe llenar toda nuestra alma, y dominar sobre nuestras aficiones, sobre nuestros movimientos, y sobre todo nuestro ser. Ella es el mas precioso adorno del hombre, y la que causa su mas grande hermosura. Ella es aquella hermosura que naturalmente admiramos en las costumbres, y cuya idea ha nacido con nosotros; jamas se forman por ella votos inútiles; bien diferente de la hermosura del cuerpo, nosotros podemos adquirirla siempre con nuestros cuidados, ayudados con los socorros de la gracia, conservarla otro tanto como nos agrade, recobrarla quando la hubiesemos perdido, y aun añadir cada dia algun nuevo grado de perfeccion; este sentimiento, propiamente hablando, es el solo y el verdadero mérito del hombre, supuesto que es el del espíritu y del corazon, el solo mérito que sea de su eleccion; y él solo que verdaderamente sea suyo, y del que puede decirse, que él es en algun modo el autor.

Este es el solo bien, cuya posesion no disgusta, y del que la fortuna no dispone, él solo, el que á pesar nuestro no puede quitarsenos; él solo, que el tiempo no destruye, y él solo, en fin, al que no aniquila la muerte, y al que ella misma nos asegura para siempre el gozo. ¿Qué añadiré aun? la paz de corazon, el gusto de la justicia, el conocimiento de la verdad, las consolaciones de la esperanza, y la alegría de la caridad, estos son la herencia feliz de la virtud. ¿Qué motivo mas poderoso, mis amigos, puedo ofreceros para hacerosla amar? caminad, pues, constantemente por sus caminos, alimentándola con los mas vivos sentimientos en vuestro corazon; sostenedla con sólidas reflexîones en vuestro espíritu; apoyadla y elevedla sobre todo con las máxîmas de la fé. No hay cosa mas necesaria, ni mas dulce como el conservar las disposiciones, que concuerdan todos tiempos, que aseguran todos los deberes, que nos fortifican contra las flaquezas de la juventud, y contra las enfermedades de una edad abanzada, que nos muestran un por venir, cuya perspectiva viene á ser mas brillante y mas graciosa siempre, y que nos hacen en fin, amar y esperar los solos bienes durables y permanentes.

En esta feliz situacion, mis queridos hijos, nada os parecerá superior á nuestros generosos esfuerzos, y todo se allanará á vuestra presencia. El hábito de la virtud la facilita y la hace crecer; los deseos y las inclinaciones reprimidas sin cesar, se acostumbran á no volver, en fin, ó re-

na-

nacer ya mas. Bien presto os aplaudireis por los sacrificios
que la hareis, seguros de que algun dia ella sabrá desquitaros y satisfaceros, ¿qué digo? ella lo hace con anticipacion, y paga de contado con la dulce satisfaccion que nos
hace percibir, quando no pensamos sino en agradarla. Ella
suple á todo, y nada puede suplirla. Los mas puros placeres nacen de su seno, los anima, y los hace manar aun en
nuestros mas austeros deberes; y jamas es mas perfecta
nuestra alma, ni se halla mas vivamente enfervorizada, como quando los cumple todos, por mas que le cueste; así
como el pedernal que con el mismo choque hace que ar-
roje el fuego que está contenido en sus venas.

¡O virtud divina! sí; tú causas la felicidad de los que
te aman! diga lo que quisiese el impio blasfemando, tú no
eres un nombre vano, tú eres el solo tesoro del hombre
sobre la tierra, tú haces su gloria y su perfeccion, ¿qué
importa que se retarde tu triunfo algunas veces un instante? el tiempo no es digno de tí, sola la eternidad puede
llegar á ser tu corona. La posesion de mil años no puede
añadir cosa alguna. Una carrera gloriosa y un por venir de
inagotables delicias, ved aquí tus esperanzas, y ved aquí
tu suerte.

§. IV.

Poder de la Virtud.

Amad, pues, la virtud; vuelvo á repetir, mis queridos amigos, dexaos inflamar con este tan bello y hermoso
fuego. Lo mas seguro y lo mas ventajoso es el conocerla
por el sentimiento y por una dichosa experiencia, que el
por estraviarse en discursos sobre su naturaleza. Vosotros encontrareis su justa difinicion si habeis gustado sus hechizos.
Las ideas que se forman, dependen mucho de los progresos que se han hecho. Semejante en algun modo á aquellas
minas profundas, que jamas se caban sin descubrir nuevos tesoros, quanto mas se penetra tambien en el santuario de la virtud, otro tanto mas se siente prendado de los

atrac-

atractivos que ella ofrece. Ella se hace amar algunas veces por aquellos que se apartan de sus caminos.

Sí; hasta el vicio le tributa sus homenages forzados, pero sinceros. ¿Cómo los hombres, aun los ménos virtuosos no apreciárian, por exemplo, á la clemencia? Ella está pronta siempre á perdonarles; la liberalidad se despoja para hacerles bien y socorrerles: La castidad respeta su honor, y no quiere sus placeres: La humildad nada les disputa; la justicia sostiene sus derechos, y les dá lo que les pertenece; el valor los defiende, y la moderacion los liberta; y la caridad los sufre, y cubre sus faltas y sus defectos. ¿Qué digo, hijos mios? quanto mas desárreglados son los hombres, otro tanto mas amable deben hallar la virtud. La humildad lo cede todo á la altivez, con que no puede dexar de ser querida por un orgulloso. La liberalidad derrama: luego ¿cómo podrá desagradar á un interesado? Es verdad, que los motivos de esta aficion provienen del fondo mismo de su corrupcion; pero no es ménos cierto, que independentemente de sus intereses, la imágen sublime de la virtud se ofrece á su razon baxo unos rasgos tan divinos, que se hallan como forzados á decirse interiormente á sí mismos: no; el hombre no es así por sí mismo, alguna cosa mas que humana brilla sobre el semblante del justo que admiramos.

Yo tuve la dicha, mis amigos, de tratar y pasar algunos tiempos con uno de estos hombres raros, en quien una piedad eminente habia gravado sus mas sensibles rasgos, los que aquí os presento con el fin de que os sirvan de modelo para imitarlos. Esta no será, me parece, una digresion inútil, y yo debo este maravilloso retrato á vuestra instruccion, y este obsequio á la memoria de este sábio. Una noble simplicidad junta con una profunda humildad hacía como el fondo de su carácter. Su inclinacion por la virtud se habia manifestado luego al instante que pudo dar algunas señales de alguna inclinacion, fortificándola mas y mas siempre. Tenia, por decirlo así, un instinto tan feliz

Y

y tan pronto, que prevenia á su razon. No usaba aquella
política superficial y de gestos, con la que el mundo se
contenta, y que por lo ordinario cubre una grande barba-
rie, ántes bien su bondad, su humanidad, y su dulzura
le formaban otra política mas rara, que toda se hallaba en
su corazon. Su ayre no era ni altivo ni austero. Una dulce serenidad brillaba siempre sobre su rostro; un exterior
lleno de candor y de facilidad anunciaba, por mas que procuraba ocultarlas, sus interiores perfecciones. Muy fácilmente se percibia, que su humildad no era solamente de boca, sino un sentimiento profundo, fundado sobre la mas viva
persuasion de su nada, y su caridad se exercitaba con una
tan demasiada freqüencia, para que á pesar de todas sus
precauciones no tuviese el disgusto algunas veces de ser des-
cubierta; todos quantos le conocian y trataban con alguna
familiaridad, le tenian aquella suerte de respeto, si puede
decirse, que no fué establecido por los hombres, y del
que la naturaleza se ha reservado el derecho de disponer
en favor de la virtud. Afable, cortesano, y agradable ga-
naba los ánimos y los corazones de todos quantos le veian.
Yo tenia algunas veces la ventaja de entretenerme con él, y
percibia correr la mas tierna persuasion de sus lábios, y
que sus palabras causaban una santa consolacion en el alma.
Quando con alguna atencion le exâminaba, me parecia que
percibia alguna cosa augusta y como divina en sus ojos, y
me parecia que estaba casi absorto en una union íntima con
Dios, sin que por esto dexase de estár ménos atento á todo quanto se le decia. Miraba su cuerpo como un velo importuno, que le ocultaba la verdad eterna, y tenia una respetuosa impaciencia para que este velo se rasgase. Elevado
por la fé y por su amor sobre las leyes ordinarias, le obe-
decia en mil ocasiones la naturaleza, y hasta los infieles mismos, entre quienes para convertirlos á la religion habitaba,
me atestiguáron muchas veces los prodigios que le viéron
obrar. Tales son, mis queridos hijos, los gloriosos privilegios concedidos á la mas sublime virtud, y la elevacion
adon-

adonde la gracia puede llevar á la humana fragilidad.

§. V.

Del precio de la primera inocencia.

Yo me he extendido con complacencia sobre un sugeto, que tantas veces me llenó de admiracion, y que puede sensiblemente mostraros hasta donde llega el heroismo de la virtud algunas veces. Pero dibujándoos este retrato he percibido, mis amigos, que en cada página yo me condenaba á mí mismo. En efecto, ¿qué no daria por haber imitado lo que admiro, y por haber conservado hasta aquí aquella primera flor de la inocencia y de la santidad; aquella preciosa ropa con que habia sido revestido en el Sacramento de la regeneracion? ¿En dónde hallaré bastantes lágrimas para llorar la pérdida de este tan inestimable tesoro? Los mas vivos pesares y el mas amargo arrepentimiento nunca podrán plenamente asegurarme despues de esta pérdida. Quien conozca todo el precio de esta primera justicia, cuya hermosura nos iguala en algun modo á los Angeles, ¿podrá resolverse á dexarse tiznar con el soplo impuro de los placeres?

¡O quiera el cielo, hijos mios, que mi dolor os inspire un justo temor! ¡que mis caidas sirvan para afirmar vuestros pasos, y que mis faltas instruyan vuestra juventud! con esta intencion las he expuesto á vuestra vista, ¡qué no pueda lavarlas con mi sangre! ¡Ay, hijos mios! este fué un tiempo el mas infeliz para mí, en el que seducido por una loca esperanza, seguia al acaso todo quanto se presentaba á mi vista, y se ofrecia á mis deseos, baxo un vano fantasmon de felicidad; á manera de un caminante extraviado, que camina enmedio de las tinieblas, y se entrega al primer sendero que encuentra á sus pies; yo andaba errante al grado de mis nacientes deseos, esperando encontrar en las diversiones de un mundo frívolo una felicidad, que solo el Criador puede dar, y que yo inútilmente buscaba en

las

las criaturas. Este es el error ordinario en la juventud; los primeros objetos que hieren sus ojos, le encantan con falsos colores y unas apariencias engañosas. Semejantes á aquellas vanas decoraciones de teatro, que presentan á lo léjos un espectáculo encantado, y que quando se las mira de cerca, no ofrecen sino una tela grosera, y un vil conjunto de ruedas, de cuerdas, y contrapesos. Tal es el mundo, mis queridos hijos; éste no nos agrada sino mirado á lo léjos, y no se sostiene sino con la ayuda de una imaginacion recalentada, ó de una pueril credulidad. Traed á vuestra memoria aquellos fuegos errantes, que se ven en una noche obscura aparecer y desaparecer en el mismo momento. Pues así es como brillan todos los placeres; éstos no son sino una luz pasagera, que tan prontamente se apaga, como se la quiere fijar.

Sí en nuestros primeros años pudieramos conocer el fondo, si pudieramos penetrar aquella ligera corteza, que oculta su diformidad, ¡qué diferentes los hallariamos de lo que parecen! Pero ¡ó peligrosa ilusion de una edad imprudente y fácil! ¡O tiempo de locura y de una calentura ardiente! ¡qué, no sea posible que sea para siempre borrada de nuestros dias! ¿quántos pasos falsos, y quántas revueltas no evitariais? Yo quisiera libraroslos, mis amigos, y hacer que participáseis, si es posible, la paz y la felicidad de aquellos, á quienes nada ha costado para desengañarse de los placeres del siglo. ¿Desaprobareis este justo deseo de mi afecto? Y si, como desde tiempos muy antigüos se dice, que el mérito de la sabiduría, que un Padre inspira á sus hijos, es un fondo que pone en provecho de su vejez; si la Escritura nos asegura, que el hijo virtuoso viene á ser la corona y la gloria de sus padres, ¿no podré yo lisonjearme de recoger en este último momento los dulces frutos de mis cuidados, y de vuestra fidelidad?

¡O gran Dios! en la triste impotencia en que me hallo de ofreceros en mí una inocencia, cuya pérdida excita mi mas vivo dolor, recibid, pues, los débiles esfuerzos,

que

que he hecho hasta aquí, para conservar á lo ménos la inocencia de estos otros yos, y que ésta en algun modo supla
lo que falta á mis acciones personales, y á la amargura de
mis pesares.

Sí, hijos mios, yo espero el apoyarme sobre vuestra
virtud, como para asegurar en una edad abanzada sus pasos, se toma el socorro de un brazo vigoroso. Yo confio
y espero, que hareis en mi favor una santa violencia al
cielo, levantando hácia él vuestras manos puras, y que en
fin, me prestareis el mérito de una inocencia, que si puedo decirlo, es en parte obra mia. Yo espero el testimonio
de vuestra aficion y de vuestra piedad por precio de todos mis cuidados. Pagadlos, correspondiendo especialmente con el mas entero cumplimiento de todos vuestros deberes para con Dios, y con el mas grande horror del pecado, y quando hablo del pecado, yo comprendo baxó
este nombre, y os exhorto á huir aun los mas leves y ligeros, porque éstos siempre ponen las mas funestas disposiciones en el alma, pues disminuyen las fuerzas, y debilitan la caridad. Por otra parte, ¿quién es aquel que pueda responderse á sí mismo, de que se contuvo hasta aquel
punto tan imperceptible como peligroso, que pone la diferencia de las faltas de fragilidad de las otras que van mas
léjos? ¡Ah, mis amigos! ¿no es ser culpable ya el querer
llegar hasta aquel punto, en que se comienza á serlo? ¿y
se solicita tan escrupulosamente el término incierto de sus
deberes, sin que se halle tentado á propasarle? El Apóstol, á quien nada reprehendia, castigaba sin cesar su cuerpo para reducirle en servidumbre; este vaso de eleccion
atento siempre sobre sí mismo, y en guarda siempre contra el pecado, se abstenia aún de las obras las mas permitidas por temor de escandalizar á los flacos, y qué, en una
palabra, obraba su salud con un temor y un temblor continuo, y no obstante no sabia, si era digno de amor ó de
odio, ¿y nosotros, mis queridos amigos, en medio de los
peligros y las disposiciones del mundo, nos atreveriamos á
ase-

asegurarnos sobre algunas señales con demasiada freqüencia
equívocas de justicia y de piedad? No; yo presumo mejor de vuestros sentimientos circunspectos y religiosos. Si
mi ternura no me engaña, si no me hace de mis deseos
los mas fervorosos unas vanas predicciones, yo juzgo percibir en vosotros una santa delicadeza, y todas las disposiciones de unos fieles amigos. El amor, ya lo sabeis, exâ-
gera á sus ojos sus mas mínimas flaquezas, y quando verdaderamente se ama, todo lo que desagrada al objeto amado,
nos llega y penetra hasta el corazon.

§. VI.

De la audacia del pecado.

Luego al punto que la Aurora de la razon comenzó á
alumbrar vuestra infancia me persuadí, de que era esencial
el poner á vuestra vista los efectos terribles de la justicia
del Señor irritada por el pecado. Sumergida primeramente
la tierra, y devastada despues por el hierro, por el fuego, y por aquella multitud de males, que la fábula hace
salir al mismo tiempo de la botella fatal de Pandora, y que
en la realidad todos tomáron su orígen en el seno disforme del pecado. ¡Ah, hijos mios! procurad que este tan triste y lastimoso retrato se halle sin cesar siempre presente á
vuestra vista, y que os inspire para siempre un odio irre-
conciliable por este monstruo, que embiste á un mismo
tiempo la justicia y la santidad del Ser soberano; que abu-
sa de su bondad, ultraja su grandeza, y que hiere en fin,
todas sus perfecciones. Pero qué? ¿se puede creer sin ex-
tremecerse de admiracion y de indignacion? ¿El hombre
polvo y ceniza tiene la osadía de insultar á la Magestad del
Altísimo? ¡A esta Magestad, á quien los tronos, las virtudes, y las dominaciones adoran con un respetuoso temblor! ¡El hombre que no es sino un vil átomo, tiene la osadía de amenazar á la Omnipotencia de un Dios, quien á
la primera señal de su voluntad hizo salir todos estos ob-

je-

jetos diversos, que admiran nuestros ojos, y todos estos mundos que centellean la luz, quienes del seno de la noche y de los abismos del chaos viniéron en tropa á colocarse en el lugar que les señaló! ¡El hombre, en una palabra, este ser tan débil, tan limitado, y tan dependiente, tiene la audacia de desobedecer al Arbitro Supremo de todos los seres, á aquel que dice á los relámpagos y rayos: id, y al instante parten; y á los vientos, venid, y luego sin dilacion vienen y corren! ¡á aquel que manda á las nuves el juntarse, cubrir la tierra, y derramar sus aguas, unas veces con rapidez, y mesuradamente otras; que las conduce como un carro por su mano, y que las detiene y las hace huir, para volver su serenidad y su brillantez al cielo! Levantad los ojos, mis queridos hijos, porque no es necesario que el temor los tenga siempre abatidos; bueno es el que despues de hallarnos santamente aterrados con la vista de la justicia del Señor, justo vengador del crimen, tratemos de mover nuestro corazon con unos rasgos mas dulces y mas propios, para que hagan impresion sobre un alma bien nacida, representándonos las imágenes sensibles de su bondad, y de su poder, dibujadas sobre lo vasto de este universo, el que anuncia, como dice el Profeta, la gloria y la magnificencia del Criador, y que en todo tiempo dá á un corazon atento lecciones de respeto, de amor, de sumision, de fidelidad, y de confianza.

2. Llevad vuestra vista, y aplicad vuestras atenciones hácia el cielo, y considerad las maravillas de aquella inmensa bóveda de azul, en donde ruedan tantos astros brillantes, tan apretados al parecer por millares. Ved aquellas lámparas luminosas, cuyos fuegos abrasan el polo, alumbran, y enseñan el camino de los tiempos; ellos brillan desde el nacimiento del mundo sin haber perdido cosa alguna de su resplandor. Contemplad despues la tierra, las rocas que ocultan su cima en las nubes, la risueña superficie de sus llanuras, aquellos tapizes esmaltados de flores, con que la dulce primavera las hermosea, aquellas conchas, y aquellos frutos,

tos, con que el verano y el otoño le enriquecen, y aquellos bosques que se elevan y coronan la cima de los montes. Oid mugir el océano, y publicar con este lenguage la grandeza del Señor, que detiene y subleva sus espumosas olas.

Recorred, en una palabra, las hermosuras y los diversos bienes, que toda la naturaleza nos ofrece, y que la liberalidad del Señor prodiga á nuestra admiracion, á nuestras necesidades, y aun para nuestras delicias, para inspirarnos todos los sentimientos que nuestro reconocimiento le debe. Sí, hijos mios, todos estos bienes entregándose á nuestros deseos, parecen como decirnos: aprended de nosotros, qual es el poder y la liberalidad infinita del Señor, que á todos nos ha formado para vosotros; bendecid su bondad. No es para él ni para nosotros el que seamos tan ricos, porque él de nada necesita, ni nosotros podemos usar de lo que nos ha concedido, todo está destinado para vosotros: luego á vosotros os pertenece el emplearnos segun las intenciones de su sabiduría, y el darle continuas acciones de gracias.

§. VII.

De la idea innata de la Divinidad.

¿Quál es, pues, el crímen de los que se niegan á estos sentimientos, y que ignoran, y desconocen la mano que les colma con tantos dones? ¿Qué escusa pueden alegar contra su infame ingratitud, supuesto que todos los hombres oyen y entienden el lenguage de la naturaleza, y que los mas sordos se hallan instruidos por esta voz distinta que habla á todos los ojos? Sí, mis amigos, todos los pueblos, aun los mas bárbaros, no son extrangeros á la impresion de esta voz. En todo tiempo y por todas partes el hombre, aun errando sobre el objeto de su culto, ha reconocido con sus adoraciones, y la ofrenda pública de los frutos y las produciones de la tierra el dominio absoluto de la divinidad, á quien todo obedece, y á quien en propiedad pertenece todo, y que todos los dias con una reno-

vacion perpetua llena y satisface las necesidades de sus criaturas. Recorred todas las historias, y vereis, mis queridos
amigos, que la expresion general de la religion de todos
los siglos ha sido una profesion de reconocimiento y de
dependiencia.

Es, pues, en vano, el que la ceguedad y la altivez
reusen su homenage y su sumision al Ser Supremo; su temor, sus remordimientos, y la falta de su fidelidad y de
su amor, á pesar suyo, se los tributan en lo íntimo de su
corazon. Es en vano el que cierren y tapen el oído á la voz
poderosa de la naturaleza, la que por todas partes le muestra y les descubre un Dios; esta voz es una Teología sensible y propia de todas las edades y de todos los espíritus; ella alumbra á todo hombre que viene al mundo, segun la expresion del Apóstol San Juan, y segun la del Profeta; ella tambien se percibe aun por los mismos niños, quienes tartamudeando alaban mejor que los discursos de la mas
pomposa eloqüencia. Vosotros comenzasteis á tributarle este homenage aun quando mamabais, continuad, pues, cum-
pliendo un deber tan legítimo, como consolatorio. Mi primer cu dado, ya lo sabeis, y el mas apreciable para mi
corazon fué, el daros á conocer á este Dios tan elevado,
tan poderoso, y al mismo tiempo tan bueno, tan amable,
y tan digno de todos nuestros respetos. Es necesario conocerle para honrarle. Yo traté desde luego el haceroslo percibir, como os lo decía con freqüencia dandooslo á conocer en las huellas sensibles de su poder, de su justicia, de
su magnificencia, y de su bondad, impresas sobre los objetos, que atraen la primera atencion de la infancia. Todo este vasto universo es como un libro abierto, que el
Señor se dignó desplegar delante de nosotros, para enseñarnos lo que es. Su mano dibuxó é imprimió los brillantes
caractéres en los diferentes dones que presenta para nuestras necesidades, y este es el primer libro que hice leer,
este se encuentra en todos los lugares, y por todas partes
se presenta á nuestra vista, á fin de que pudiésemos sin

Z

ce-

cesar consultarle, y para que en todos tiempos pudiésemos
adorar al Autor Soberano de nuestro ser, quien continuamente es el motor y el conservador, como tambien lo es
de todo quanto existe. Así es, mis amigos, como despues
de haberoslo hecho ver y tocar en algun modo por vuestros sentidos en mis primeras instrucciones, he tratado despues de haceros entrever, quanto me ha sido posible, en
las segundas á vuestro espíritu este Dios, que no es sino
espíritu él mismo. ¿Pero qué digo? mis queridos hijos, ¿no
he percibido toda la dificultad de un designio semejante?
¿ignoro, que un hombre mortal no puede concebir de los
atributos de un Dios inmortal cosa alguna, que no sea infinitamente muy inferior á todo quanto es, y como se explica San Agustin, que ántes y mas bien no diga lo que
él no es? Sí, mis amigos, todo quanto puede imaginarse
de mas grande y de mas elevado, todo el conjunto y reunion de todo quanto hay de mas hermoso, de mas admirable y prodigioso, todas las ideas aun las mas sublimes y
extensas, y todos los esfuerzos aun del mas vasto é ilustrado ingenio, no expresan ni pueden expresar la mas mínima parte de lo que es, porque todos sus atributos son
otras tantas perfecciones igualmente infinitas, las que en conjunto vienen á formar un círculo perfecto, cuyos rayos son
iguales. Pero estas comparaciones son aun demasiado débiles, y demasiado limitadas y humanas, para poder daros
una justa nocion de la Divinidad. Sola la fé puede guiar-
nos en esta inquisicion. Sirvámonos, pues, de esta celestial
candela para conducirnos en las profundidades del Ser supremo. El mismo se dignó de enseñarnos todo quanto podemos saber de su esencia, y así vamos á la misma fuente de la luz, y no consultemos sino á Dios solo sobre la
idea que debemos formarnos.

§. VIII.

§. VIII.

De la naturaleza del Ser Soberano.

Yo me llamo *el que soy*, respondió el Santo Conductor de Israel; éste es, pues, mi nombre propio, incomunicable, inefable, el Ser solo, el todo Ser, porque solo por mí mismo exîsto, porque yo soy todo, y todo lo restante es nada, ó no es sino quando yo quiero; y así, fuera y léjos de nosotros, mis quéridos hijos, todas aquellas qüestiones importunas, que parecen como dividir en algun modo al infinito.

Dios es: esta expresion es simple, pero ¡qué enérgica al mismo tiempo! todo quanto se añada á estas dos palabras, en lugar de aclarar, obscurece la idea de Dios. *El es*, y todas las cosas están en él y son por él. Es mas que siempre, porque *es*. Está mas que en todas partes, porque *es*. De este atributo dimanan todos los demas, como todos los rios del Océano, porque todos no tienen sino un mismo centro, ni forman sino un mismo bado en la unidad de su esencia, aunque con diversas propiedades, y mas es para hablar, segun nuestra flaqueza, que para mejor explicar sus divinas perfecciones, el que reunamos á esta idea simple los diversos atributos de inmensidad, de poder, de infinidad, de sabiduría, de verdad, de grandeza, y de eternidad, que eminentemente contiene.

El Ser por excelencia, ó por hablar mejor, *el Ser* comprehende, dice, y es juntamente todo, y despues de esta denominacion nada resta ya que concebir. Digamos, pues, con el primero de los Angeles, y con un santo éxtasis como él: ¡O mi Dios! ¡quién es semejante á Vos! quanto mas se os contempla, mas se siente un arrobamiento de respeto; mas se inclina, mas se adora, mas se calla, y mas se admira, contemplando en un dulce éxtasis, lo que es este *Ser*, que es tan soberanamente *Ser*, y el que solo hace, como le agrada, que sea todo lo que es.

Z 2

No añadamos, pues, ya nada: toda aquella multitud de palabras no es mi Dios. Aquellos infinitos divididos y distinguidos, ya no son este simple infinito, quien solo es el infinito verdadero.

¡O hombre débil y limitado! ¡quál es, pues, tu gloria y tu felicidad, como la de que un Dios tan elevado, tan perfecto, tan incomprehensible, y tan santo, te permite el llevar tus pensamientos y dirigir hasta él tus votos!

¡Ay Señor! yo que soy el que no es, yo nada, yo sombra del Ser, yo entreveo al que solo *es* por las percepciones, que él mismo se dignó de concederme! yo estoy asombrado y como arrobado contemplándole ; yo vengo á ser feliz amándole ; yo tartamudeo, y quedo al querer hablar confundido, pero mi misma insuficiencia me alumbra, y poniendo el cúmulo á mi admiracion y á mis éxtasis, ella acaba de darme una justa idea del ser que contemplo! ¡O luz increada! ¡O sabiduría eterna! ¡O razon universal de los espíritus! ¡el mio no puede dexar de consultaros! ¡yo adoro el abismo de vuestras grandezas! ¡yo me pierdo á la vista de la inefable maravilla de vuestro ser, y jamas puedo volver á encontrarme sino pensando! Vos os hallais en medio de nosotros, y no obstante, ¡quál es la distancia inmensa que hay de Vos á nosotros! Vos os hallais en todos los lugares presente sin estár, propiamente hablando, en lugar alguno. Vuestro trono es Vos mismo. Aquí estais en el descanso de vuestra esencia, en el explendor de vuestra gloria, y en la unidad de vuestro amor. Vuestras miradas no son sino fecundidad, vuestras palabras sino verdad, vuestros mandatos sino equidad, vuestros pasos sino magestad, y todas vuestras obras, en fin, sino bondad, liberalidad, poder, y sabiduría. ¿Qué objeto mas digno, mis queridos hijos, de ocupar todos nuestros pensamientos? ¿qué asunto mas interesado y mas noble? ¿y por quál otro ensayo podemos prepararnos mejor para los éxtasis y arrobos de la vida celestial, que el de por estas sublimes contemplaciones? los mas dulces éxtasis se apoderan de nuestro

tro corazon á esta vista. El fuego del sentimiento se enciende en este hogar abrasado. Un deleyte puro corre por todos nuestros sentidos, y eleva en algun modo nuestro cuerpo sobre la fragilidad de su naturaleza. Nuestra alma se engrandece y toma rasgos divinos. La tierra desaparece á nuestra vista; el cielo se nos descubre en todo su resplandor, y comenzamos en el tiempo á entonar el himno augusto de la gloriosa eternidad.

§. IX.

De los homenages debidos á Dios.

No he podido negarme, mis amigos, á la viva impresion, que inspira naturalmente una materia tan sublime, pero este ardor no debe hacerme olvidar las sólidas reflexiones que nos ofrece, y las instrucciones prácticas que pueden sacarse. Vedlas aquí. ¡Qué homenages y qué sentimientos serán dignos de una tan alta Magestad! Si el mas profundo abatimiento, si la religion la mas pura y el mas perfecto culto no son proporcionados á la infinidad del Ser supremo, ofrezcámosle á lo ménos, hijos mios, en nuestra insuficiencia y en la mas justa confusion de no poder hacer mas, toda la gloria y todo el honor de que somos capaces, y no pongamos límites á nuestros deseos, si la naturaleza de nuestro ser nos obliga á hacer todos nuestros exfuerzos. Amemos á nuestro Dios sin reserva, sino es posible que le amemos otro tanto como merece. Que el cuidado de agradarle sea sin cesar el fin de todos nuestros movimientos, y el principio, y el centro de todos nuestros sentimientos, ya que no puede extenderse mas allá de nuestra capacidad natural. Demosle á lo ménos una obediencia ciega, y una sumision entera á todas sus voluntades, si la mas humilde dependiencia no puede corresponder perfectamente á la soberanía absoluta de su dominio. Unámonos especialmente; este es nuestro grande y nuestro único recurso, mis queridos hijos; unámonos á nuestro Mediador di-

divino, él es la cadena preciosa que enlaza el hombre á Dios, y que junta lo finito con lo infinito. No olvidemos tambien, que siendo formados de dos substancias, todos debemos un culto doble á nuestro Criador, el culto exterior de nuestro cuerpo, y el culto interior de nuestra alma; esta es aquí aquella adoracion en espíritu y en verdad, de la que la fé nos impone un precepto. Esta obligacion se extiende á nuestro corazon y á nuestra boca, segun la expresion del Apóstol, es decir, que és necesario, que el testimonio público de nuestro respeto y de nuestro ardor acompañe siempre nuestro amor el mas puro. Un fuego quando es vivo, centellea, y se manifiesta bien presto fuera. Quando el amor es sincero, no puede mucho tiempo ocultarse. Es con el espíritu como se honra al Espíritu Supremo, á la inteligencia universal, y á la razon soberana. Es con el corazon y el sentimiento como se une al amor increado; pero es al mismo tiempo con la imitacion sensible de su bondad, de su verdad, y de su justicia, como se le rinde homenage á la santidad de sus atributos.

No separemos, pues, mis queridos hijos, la religion de corazon de las prácticas exteriores de la piedad, su union es la que hace el espíritu del verdadero culto. ¡Ay! ¿podriamos sonrojarnos de un deber, que tanto honra á nuestro ser? Que los ambiciosos y voluptuosos se sonrojen de adorar una vana grandeza ó una frívola hermosura; que el aváro se muera de afrenta de prostituir su apego, y sus cuidados á un metal vil; para nosotros quando se nos dió para elevarnos hasta los cielos sobre las alas del amor y de la confianza, quando nuestro mismo cuerpo, todo grosero y frágil como lo es, llega á ser por su union con nuestro espíritu el Ministro de un culto tan santo como sublime, ¿podriamos resolvernos á andar arrastrando tristemente sobre la tierra sin objeto, sin designio, y sin religion, semejantes á los mas viles animales? ¡O Dios zeloso! con razon es el que exîjais de nuestra dependiencia y de nuestro reconocimiento, unos tan sobresalientes testimonios como
mo

mo sinceros. ¿Podriamos negaroslos sin injusticia? Nosotros mas somos para Vos que para nosotros mismos, supuesto que no subsistimos sino por Vos. Haced, pues, que no empleemos sino para Vos el ser y el tiempo, que no hemos recibido sino de Vos.

¿Quál es tambien vuestra condescendencia en permitir á unos débiles mortales el llevar hasta vuestro trono el imperfecto tributo de un homenage finito? No todo el mundo es admitido á hacer la corte á los Reyes de la tierra, ¡y Vos que sois el Rey de los Reyes, el Dios Altísimo, y el Dios Santo y terrible, os dexais acercar á nuestros corazones, y os haceis accesible á nuestros deseos! nosotros podemos á toda hora ofreceroslos, vuestra bondad favorablemente los recibe, y vuestra magnificencia los oye. ¡Ah! nuestra alma se apresurará para de todos modos y en todos los lugares glorificaros. En todo tiempo cantará nuestra boca vuestras misericordias, y todos nuestros huesos, según la expresion del Profeta, os dirán con él: Señor, nada iguala la santidad y la grandeza que sobresalen y brillan en Vos, como la extrema bondad que os hace aceptar nuestros débiles homenages.

§. X.

De la Fé.

Vosotros, hijos mios, percibis toda la justicia de esta obligacion, y toda la extension del dominio y de los derechos, que tiene sobre nosotros el Autor de nuestro ser. Vosotros percibis, que el hombre debe vivir por aquel por quien él solo vive. La naturaleza y la razon nos lo dicen, pero éstas nos hablan en vano sin la fé y sin la religion. Sí, mis amigos, una triste experiencia con bastante freqüencia nos enseña, que la naturaleza y la razon por sí solas pueden muy poca cosa, quando se trata de los objetos de un órden superior. Ellas siempre dexan tinieblas y dudas en nuestro espíritu, y amarguras é inquietudes en nuestro

co-

corazon. Nuestra alma encubierta en los sentidos, no puede elevarse sobre ellos para unirse á su Criador, si la fé no la alumbra y la religion la guía, y la sobstiene. Es por sus manos siempre como recibimos las virtudes y los bienes sólidos. Sin ellas, el hombre en medio de los honores, y en medio de las riquezas y de los placeres, siente crecer y multiplicarse á cada momento sus deseos, sus errores, y sus penas. Es cierto, que muchas veces el disgusto y la reflexíon viniendo en su socorro, le descubren el vacío y la ilusion de los bienes perecederos; vuelto entónces en sí sobre la estimacion que de ellos hacía, busca en sí mismo alguna cosa mas real. Su razon, á quien consulta, le enseña, que todos los objetos que hieren sus ojos, son muy inferiores á su alma. Ella llega tambien algunas veces hasta hacerla entrever su dignidad, pero no pasa de aquí, y no llega al fin de arrancar de su corazon la semilla renaciente de la codicia ó concupiscencia, y percibe confusamente, que se halla aún distante de la cima escarpada, sobre la qual las virtudes sublimes fixáron su imperio: La fé y la religion solas tienen el poder de llevarla, una vida totalmente espiritual no puede ser sino obra suya, y es cierto y seguro, que á ménos que estas dos hijas del cielo no le presten sus alas para ayudarnos á salir de la esfera de todas las cosas terrenas, suspiraremos en vano tras de una felicidad que se nos huye; nuestra luz no es sino una sombra, nuestra sabiduría sino una locura, y nuestras penas, en fin, sino un tormento inútil.

. La fé, esta antorcha celestial, que nos descubre á Dios en medio de la noche obscura, que forman al rededor de nosotros las pasiones, es la primera de las virtudes, y el don el mas precioso de la gracia; ella es el fundamento de lo que debemos esperar, y la plena conviccion de lo que no vemos; desprendida de toda otra causa, y no teniendo sino á Dios solo, ella lleva el carácter de su infinidad, de su autoridad, y de su poder, como que ella es la emanacion pura de una fuente divina, y nada tiene de humano, de débil, y limitado.   Lo

Lo que mas nos admira en los misterios que nos propone, es precisamente lo que tiene derecho de parecernos lo mas digno de la divinidad. Este es el sello sagrado de una inteligencia infinita, que quiere sojuzgar nuestra altivez. Ella satisface la razon que conoce sus límites, la sosiega, y la sostiene, y al mismo tiempo turba y confunde á la que los desconoce con audacia.

Igualmente propia para los sábios y para los ignorantes, la fé dicta á los unos y á los otros la misma sumision y los mismos sentimientos; el caos de las opiniones cae y se desvanece á su presencia, á manera que una ligera nube en la presencia del sol se disipa; ella tiene al mismo tiempo sus claridades y sus santas obscuridades, á fin de que por una parte sea razonable nuestra obediencia, y que por otra no sea sin mérito. Sí, hijos mios, todos los misterios tienen, á pesar de su magestuosa profundidad, un lado siempre luminoso, que nos hace ver, que no son imposibles á la Omnipotencia divina, sino que solamente son inaccesibles á los débiles conocimientos del hombre. ¡Ah! nada conocemos en la naturaleza, que no sea un enigma para nosotros: luego ¿cómo pretenderemos, que las cosas de un órden sobrenatural estén sujetas á nuestro conocimiento? ¿Quántos fenomenos notamos, de quienes no podemos negar su existencia, aunque no podamos explicarlos? ¿El Obrero será ménos un misterio que su obra? ¿Será ménos una maravilla que todas aquellas que saliéron de sus manos? Para comprehenderle, era necesario que dexase de ser Dios, ó que nosotros cesásemos de ser hombres. Sí, lo vuelvo á repetir, nuestra razon es tan limitada y Dios es tan grande, que lo que mas nos admira en lo que la fé nos propone, es lo que debe fixarnos, y cautivarnos mas fácilmente. ¿Pero qué digo? La fé lleva aún la evidencia hasta en las profundidades de la verdad, quando ella me descubre todos los siglos, quando de edad en edad me presenta los hechos, que por su encadenamiento han venido á ser incontestables; yo veo, que el que precede, y ya el mismo anunciado, anuncia tambien el que debe seguirse. Entónces yo percibo una antorcha que me alumbra de cerca y á lo léjos. Yo veo una huella y

como una cadena de luz que me conduce desde el origen del
mundo hasta nuestros dias. Al resplandor de todos estos rayos
reunidos, mis dudas y mis incertidumbres se disipan. Con este
hilo sagrado, hilo eterno que yo veo en la mano de Dios mismo, y que le tiene desde el principio hasta la consumacion de
los tiempos, yo salgo de un laberinto de errores; yo camino sin
temor de extraviarme, y yo evito aquellos precipicios, y aquellos abismos horrorosos, en que se precipita y sepulta la incredulidad y la impiedad.

    ¿Se puede desconvenir aún, que la fé sola nos ofrece un plan
de sabiduría, que enlaza admirablemente el dominio del Criador con la libertad, y los privilegios que su bondad ha concedido al hombre? Ella nos dice, que tenemos todos los socorros necesarios para nuestro fin; ved aquí la equidad. Ella nos
muestra sobre algunos una nueva medida de beneficios; ved
aquí el amor. Ella fixa nuestra suerte por nuestras obras; ved
aquí la libertad y la cooperacion. Ella en fin, nos hace mirar estas mismas obras como los efectos gratuitos de un socorro divino, mucho mas aun que de nuestros esfuerzos; y ved aquí como sin derogar á nuestros méritos, seca la raíz de toda altivez,
y refiere al Ser Supremo el suceso de nuestro eterno destino;
pero á pesar de estas luces, hay aun mysterios de una alta y
profunda sabiduría, que tienen una conexîon inseparable á las
obras de Dios, los que debemos adorarlos, reconociendo los
límites estrechos de una débil inteligencia; en una palabra, hijos mios, la fé responde á todo, y todo lo pone en el punto de
vista que le es propio, y sin ella qualquier sistema que se abra-
ze, no puede servir de apoyo para el espíritu, ni de regla para
el corazon.

    El incrédulo abandonado á su propia flaqueza cae de crí-
men en crímen, y rueda de precipicio en precipicio. Su infidelidad es la semilla y el origen ordinario de todos los vicios. Pero es su corrupcion quien recalienta, la que descubre, y que
hace que brote y se extienda esta monstruosa semilla. ¡O y
quán áspero y penoso es el camino que le lleva á su perdicion!
En llegando á este punto, cierra los ojos á una luz importuna,

á

á fin de sofocar sus remordimientos; llama, busca, y adopta todo quanto puede hacerles callar. Se precipita en la incredulidad la mas insensata, y por no someterse á la fé, se entrega á unos absurdos mucho mas insostenibles á su razon, que las santas verdades, cuya altura y sublimidad la admiran; por no querer creer mysterios incomprehensibles, sigue al uno tras del otro de los errores incomprehensibles, y consiente en andar tristemente flotando en el océano sombrío de las dudas, hasta tanto que su fluxo y refluxo eterno le precipita, en fin, en lo profundo del abismo.

§. XI.

De la Incredulidad.

La fé, ya os lo he dicho, responde á todo: ella sola puede explicar el enigma del hombre, las contradiciones que experimenta en sí, y de las que no puede desatar el nudo, y el dogma que establece le desata. Ella rasga el velo que le ocultaba su destino, y en sola la virtud le muestra el camino solo, que puede conducirle á la felicidad. El pensamiento de una otra vida extingue el falso resplandor de los bienes de ésta; ella pone al mismo nivel al rico y al menesteroso, al grande y al pequeño; ella quita á los males su amargura, y á la prosperidad sus peligros. Querer, pues, como lo hace la incredulidad, quitarnos este recurso, es agravar nuestras penas, destruir todas las virtudes, desmentir el sentimiento interior, ultrajar la justicia y la bondad del Criador, y reducirnos á la desesperacion.

¿A qué infelicidad no se expone el incrédulo? Los tormentos de la vida venidera pueden evitarse por quien los cree, pero al que los niega, no puede ocultarsele, el que si existen estos tormentos, ellos serán para siempre su herencia. Para asegurarse enteramente sobre esto, era necesario ante todas cosas, el que se hallase plenamente convencido de la nada á que aspira, porque si está incierto, y si duda, aumenta sus temores, en lugar de hacerlos cesar. ¿Pero qué prueba, os pregunto, puede dar la incredulidad del aniquilamiento total del hombre? ¿será su analogía con los demás seres? pero él es superior á todos, y á ninguno se le parece. ¿Será el sentimiento moral? pero éste repugna á la nada, y rechaza la idea. ¿Dirá, en fin, el incrédulo, que la eternidad es un poblema? entónces dexa al hombre en presa de la incertidumbre, de la turbacion, y de la perplegidad. La fé le coloca entre los castigos, de quienes puede sustraerse, y los premios que puede procurarse, y la incredulidad le pone entre una nada incierta, y unas penas ciertas; si esta nada es una quimera ¿ el buen sentido solo no debria determinar al impío á tomar el partido mas seguro?

Huid, mis queridos hijos, huid de todos estos hombres perversos, quienes baxo el nombre de filósofos tratan de sembrar en los corazones una tan hedionda como desoladora doctrina, y cuyo sceptismo aparente quiere someter imperiosamente todo el mundo á sus trinchantes decisiones. Estos hombres orgullosos tienen la osadía de darnos por verdaderos prinpios de las cosas los ininteligibles sistemas que edificáron en su abochornada y delirante imaginacion; ellos tienen la audacia de echar con una mano sacrílega por tierra todas las barreras y todas las leyes, y conculcar todo quanto hay de mas respetable, quitando á los afligidos el mayor consuelo de su miseria, y á los ricos y poderosos el freno solo de sus pasiones, y arrancando los remordimientos del crímen, y la mas dulce esperanza de la virtud, no se sonrojan de lisonjearse aún de ser los bienhechores del género humano. Jamás la verdad, dicen, es nociva á los hombres, sí, sin duda, parlanchines insensatos, y vosotros nos dais una prueba bien sensible, de que no sois sino los Apóstoles del error.

En todos los tiempos hubo impíos, y nosotros nos vemos forzados con afrenta de los siglos á confesarlo. Cada edad vió espíritus soberbios y corrompidos decir en su corazon, y tener la osadía de blasfemar altamente, que no hay Dios; de dar el mismo destino al hombre que á la bestia, y de mirarle como un vil conjunto de cieno formado por el acaso; pero el mundo les tenía horror y los huía como los enemigos los mas peligrosos de la sociedad. El dia de hoy ¡ay! la impiedad casi ha llegado á ser un ayre de distincion y de gloria, y es un título de honor y sabiduría, que reeleva, por decirlo así, la baxeza del nacimiento y la afrenta de la ignorancia, y con el favor de algunas falsas exterioridades, y de algunas vanas declamaciones de probidad, de humanidad, y de virtud, ella solicita dar la ley á toda la multitud, y obligarla á sacudir el yugo de la fé, fingiendo de hacerla tributar homenage á la razon. ¿Pero qué? ¿ignoran estos pretendidos sábios, que la razon se concilia perfectamente con la fé? ¿Ignoran, que estos son los rayos dimanados de un mismo principio, y destinados, el uno para conducirnos en la inquisicion de los objetos de la naturaleza, y el otro para enseñarnos y aclararnos los de un órden superior? La razon lleva y dirige al hombre hasta la conviccion de las pruebas históricas de la fé, despues de lo qual ella le entrega á otra luz, no contraria, sino totalmente diferente é infinitamente mas elevada.

Es, pues, un pretexto vano, el que no alegan sino para ocultar á nuestra vista su principal intento; porque no os engañeis, mis amigos, la incredulidad es un nombre baxo del que se ocultan los vicios los mas sueces y groseros; este es, pues, el motivo secreto de la irreligion, que trata y solicita de cubrir su afrentosa desnudez baxo la capa de la filosofia, y pretende baxo de este orgulloso título el poseer todos los conocimientos, miéntras que ella ignora, olvida, ó desprecia en la práctica todas las virtudes y todos los deberes.

§. XII.

Del materialismo y del fatalismo.

No dudeis, mis queridos hijos, que la impiedad toma su orígen en el lodo del crímen; este es un monstruo, que no debe la claridad del dia, ó por mejor decir, su nacimiento sino á la corrupcion del deleyte, y así no hay que sorprehenderse, si todos los que afectan el dia de hoy este tono, desprecian el honor que la ley impone á nuestra naturaleza, y si estos hombres de carne y sangre tratan de persuadirse que su alma es toda de cieno y semejante á la de las bestias, es, porque imitan sus costumbres, y no se sonrojan de envidiar su suerte y su ignominia.

nia. Y no les basta de cubrirse de esta afrenta, sino que tambien
quieren extenderla sobre todos los demas.

Ellos tratan y solicitan con mil esfuerzos sacrílegos el establecer el materialismo y el fatalismo. Su ciego furor, excitado
por los negros vapores del infierno, quisiera aniquilar, si le fuera posible, á este Ser, Autor, Motor, y Bienhechor de todos
los seres, á quienes se comunica por su bondad, y está separado de ellos por su esencia. Este Ser infinito, al que todo el universo anuncia, y del que toda la naturaleza ella misma es la
prueba activa; este Ser Eterno, cuya idea es innata; al que la
conciencia y la razon igualmente reclaman, y que crió al hombre libre para dexarle el mérito de la virtud, y puso una mora-
lidad en sus acciones para premiarlas; este Ser supremo, en una
palabra, que no puede ser desconocido sin caer en el mas horroroso de todos los delirios, no es á los ojos de estos monstruos, sino un Ente de razon, un feo y horrible fantasmon, y
un maléfico engendrado por el temor, anunciado por el engaño
y la mentira, adoptado por el vicio, la ignorancia, y la floge-
dad, y sostenido, en fin, por la ambicion y el depotismo. Vosotros, mis queridos hijos, os extremeciariais, si me atraviese á
repetiros todos los horrores y todas las blasfemias, que bomita
la impiedad contra el trono y contra el altar, todas las máximas licenciosas, y todas las miras sediciosas que derrama por
todas partes.

La independiencia, la anarquía, y la desolucion, es el abismo horroroso en el que solicita precipitar al universo entero,
y para cumplir este funesto proyecto es sin duda, porque se
ocupa sin cesar en desatar nudo por nudo todos los lazos que enlazan al hombre á sus deberes; sus partidarios, los mas audaces,
ó ántes bien los mas insensatos, parecen tomar como á destaxo el
destruir en sus escritos los principios los mas sagrados, y de
renovar con audacia los que tan justamente fuéron proscriptos
por la religion y por la virtud.

Los unos tienen la osadía de sostener, que la materia es
eterna, que le es esencial el movimiento, y que se mueve de
todos modos por su propia energía, y con una tan palpable como

no asombrosa contradicion dicen al mismo tiempo, que todo cuerpo es movido por alguno otro cuerpo que le hiera. Otros adelantan con insolencia, el que no hay órden ni desórden en el universo, porque todo es necesario en la naturaleza, como ni bien ni mal, supuesto que la naturaleza no es una inteligencia, que pueda tener objeto alguno, ni proponerse un designio. Es pues, segun ellos, la necesidad y no el acaso el que conduce y dirige toda la cosa, otra contradicion; porque una causa privada de inteligencia, es sin duda una causa ciega, y que obra necesariamente al acaso, á manera de aquellos hombres, á quienes el vino embrutece la razon, la embriaguez del error les turba y les transporta hasta tal punto, que ellos mismos vienen á herirse con sus propias armas.

Otros por otro lado pretenden, que el alma se modifica por los objetos que obran en ella, y por una contradicion, que ellos no perciben, fixan por principio, que la materia sola puede obrar sobre la materia, sin acordarse de que no pudiéron disconvenir, en que el pensamiento, el juicio, y la reflexîon eran seres espirituales. Yo no os refiero, hijos mios, sino estos rasgos sobre otros mil que podria citaros.

¡O Dios mio! Vos mismo lo habeis dicho, y es así, el que la iniquidad á sí misma se desmiente, y que se halla en sus propios lazos cogida, como el que con sus propias manos forma la espada que la atraviesa...

Yo suprimo, mis queridos amigos, una infinidad de sistêmas aun mucho mas monstruosos, que la incredulidad engendra todos los dias baxo de mil formas diferentes, y cuyas conseqüencias son aún mucho mas horrorosas; yo temería el manchar este papel y consignar el escándalo en un discurso dedicado para vuestra edificacion; pero me bastará el preveniros, que esta peligrosa secta ha empleado todos los discursos imaginables para extender la corrupcion: eloqüencia, poesía, historias, romances, todo en fin, hasta los diccionarios han puesto por obra, para emponzoñar las fuentes públicas, y quando la autoridad, para cumplir con su obligacion, quiso detener su furor, ella se volvió y reveló contra ella, semejante á aquellas bestias

se-

feroces é indómitas, que muerden la cadena que las impide el tragarse su presa.

¡Ah! estaba reservado á la ímpia filosofía de este siglo el establecer altamente el reinado de las pasiones, el dispensarnos de todo culto, desterrar todas las virtudes, el sacudir el yugo de toda autoridad, justificar todas las inclinaciones, todos los vicios, quitarnos la libertad, y romper, en fin, todos los lazos que nos unen á Dios, á la sociedad, y á la patria.

Los Apóstoles audaces de estos detestables sístemas, entregados á sus deseos corrompidos, han extinguido en ellos, toda luz y todo sentimiento, y despues de haberse embriagado con este mortal veneno á sí mismos, le derraman por el mundo é inficionan todos los corazones y todos los espíritus. Ellos llevan sus lenguas impías hasta el cielo, como dice el Profeta, y tienen la osadía de blasfemar contra el Eterno; hijos reveldes é ingratos desconocen al Autor de todo don y de toda santidad; ellos desprecian sus promesas y sus amenazas, insultan su infinita sabiduría, censuran sus leyes sagradas, debilitan sus testimonios y sus prodigios, y entregados al delirio de su corrupcion, como lo hemos dicho ya, exhalan todo quanto la negrura de la rabia puede inspirar de mas horrible y de mas odioso.

§. XIII.

De la Religion.

La Religion, mis queridos hijos, tiene los mismos caractéres y los mismos fundamentos que la fé: Estas son como dos columnas sagradas apoyadas sobre la misma basa, que ambas á dos se elevan hácia el cielo para juntarle con la tierra. Ellas nos unen á Dios, nos desprenden de nosotros, reglan nuestros deberes, y nos los hacen amar. Sus lazos son á un mismo tiempo unos lazos de amor, de dulzura, de fuerza, de confianza, y de sumision; ellas reunen admirablemente la justicia con la misericordia, interponen entre el Juez y el criminal un Mediador omnipotente, que nos dá derecho para concebir las mas lisongeras esperanzas sin presuncion, y para recibir el efecto de las

mas

mas gloriosas promesas. Ateneos invariablemente, mis amigos, á estas columnas inmutables, abrazadlas y apretadlas tan estrechamente, que jamas pueda cosa alguna separaros.

Yo me apresuré, y con razon, para formaros desde vuestra mas tierna infancia en la ciencia sublime de la religion. Yo os he mostrado la economía, y he tratado de mostrar y presentar á vuestra vista toda la encadenacion de sus pruebas, y todas sus correlaciones con nuestra verdadera y mas apreciable felicidad. ¿Puedo dedicar yo á un objeto mas noble las atenciones y cuidados del amor paternal?

Sus pruebas.

Primeramente puse entre vuestras manos aquel libro inspirado por el Cielo, el compendio de los Oráculos de la divinidad, la historia de sus antigüas y nuevas misericordias, y el depósito sagrado de sus leyes y de sus promesas, á fin de obligaros á sacar de esta fuente pura con los motivos de vuestra creencia las reglas de vuestra conducta. La religion, os he dicho mis queridos hijos, está apoyada sobre la palabra del mismo Dios, reconocida indubitablemente tal, y sellada con el cuño de la divinidad, con el cumplimiento de las profecías, y el resplandor de una infinidad de prodigios; sobre la autenticidad de los milagros los mas prodigiosos, los mas averiguados, y aun confesados por los enemigos mismos; sobre una nube y una inmensa multitud de testigos irreprehensibles de toda edad, de todo sexô, y de toda condicion; que selláron con su misma sangre el testimonio que ellos diéron; y en fin, sobre una tradicion no interrumpida de unas verdades siempre las mismas, y siempre tan santas como sublimes.

Si á estas pruebas, ya tan triunfantes, añadimos las que se sacan del fondo mismo de la religion; ¿qué certidumbre completa no encontrarémos? El sol es tan luminoso como lo fué desde su principio; ¿es pues su antigüedad la que quereis conocer, mis queridos hijos? tomad, pues, en vuestras manos la sagrada historia, y aun la profana, abrid, leed, y remontaos hasta el principio de los tiempos, todo se encuentra seguido, todo en-

la-

lizado , y todo se conserva y sostiene en sus canales, y la época
de su nacimiento es la época del nacimiento del mundo mismo.
Los primeros hombres , ántes que un culto impío se hubiese fabricado unos vanos ídolos , adoráron al mismo Dios que nosotros adoramos , le levantáron altares , le ofreciéron sacrificios,
reconociéron su poder y su grandeza , temiéron su justicia , y
esperáron de su bondad y de su magnificencia los socorros necesarios á sus necesidades , y la recompensa de sus virtudes. ¿Es
la magestad de sus mysterios? Ellos todos llevan , como conviene , el augusto carácter de la divinidad é infinidad de su Autor,
y no obstante , á pesar de su adorable profundidad , no dexan
de mostrarse en algun modo á nuestras débiles luces. Nosotros
podemos percibir una viva expresion en nosotros mismos.
nuestra alma , su entendimiento , y su voluntad , que no hacen
sino una misma y sola eséncia , representan en algunos respectos
un solo Ser divino en tres personas : nuestro cuerpo mismo , si
puede decirse , nos ofrece una imágen sensible de aquella maravillosa transubstanciacion , que muda el pan y el vino en el
Cuerpo del Señor , supuesto que nuestro cuerpo no es en un sentido , sino el pan y el vino transformados en nuestra substáncia.
No ménos tenemos una idea del mysterio de la Encarnacion del
Verbo , porque nuestra alma , sóplo de Dios , ser inteligente y
espiritual , se halla unida á una porcion de tierra , que llamamos
nuestro cuerpo ; y así sin salir de nosotros y sin recurrir , hijos
mios , á comparaciones extrangeras , podemos descubrir , en algun modo , en nosotros mismos , la realidad de los mysterios
que creemos. ¿Es el augusto aparato de sus ceremonias? Ellas
hablan á los ojos para mover los corazones y fixar el espíritu , y
por las imágenes sensibles que ofrecen , elevan por grados hácia
los objetos invisibles y eternos. ¿Es , en fin , la inocencia y la
sublimidad de su moral? Ella condena hasta el deseo y hasta el
pensamiento de lo malo ; ella no enseña sino la pureza , el desinteres , la equidad , la verdad , y la beneficencia : los preceptos
que nos impone , están todos fundados sobre un profundo conocimiento de todo quanto se pasa dentro de nosotros , y contienen los remedios para todos nuestros males , como asimismo

todos los socorros para todas nuestras necesidades. Las reglas
que nos prescribe, los medios que nos propone, los cercenamien-
tos que nos ordena, todos de un comun acuerdo se encaminan
para hacernos felices : el imperio sobre nuestras pasiones, la
generosidad respecto de nuestros amigos, la constancia en
nuestras desgracias, la moderacion en la prosperidad, la paz de
corazon, la alegría de la esperanza, el apresuramiento del zelo
y el fervor de la caridad, son los frutos preciosos de la religion
que profesamos. ¿Quál alguna otra tiene promesas tan magníficas y tan consolatorias? Por el espacio de tantos siglos reempla-
zados por otros nuevos siglos sin fin, el hombre, este ser débil
y limitado se hallará por la liberalidad del Señor en un ser inmortal, glorioso, y en algun modo ilimitado, y se verá en los
mas dulces éxtasis poseedor de un reyno eterno, rico, y en una
palabra, de todos los bienes, que puede conceder una bondad
y un poder infinito.

¡Qué razon tan eminente! ¡qué candor y qué encadenamiento de doctrina en las lecciones que nos dá! ¡qué fuerza invencible! ¡qué valor! ¡qué constancia! ¡qué dulzura entre los discípulos que ha formado! ¡qué otra religion se dirige otro tanto
para reunirlo todo en la sociedad sin confundir cosa alguna! Ella
hace del trabajo, de la obediencia, de la fidelidad y de la resignacion otros tantos actos de piedad en la vida presente, y otros
tantos derechos para las recompensas de la vida venidera.

§. XIV.

Ventajas de la Religion.

La altivez y orgullo de la antigua filosofia vanamente se li-
songeaba de enseñar á sus discípulos los caminos de la felicidad
y de la virtud. Aquel que crió al hombre podia solo conocer lo
que constituye su sabiduría y su verdadera felicidad. Estaba
reservado á la religion de un Dios el hacer felices y sábios. No
pertenecia sino á ella sola el alumbrar el espíritu y reglar al mismo tiempo el corazon, de prevenir todas las situaciones, de instruir todas las condiciones, y de asegurar todas las sociedades.

Era necesario, que la verdadera sabiduría pudiese llegar á ser la sabiduría de todos los hombres, y que ella mostrase á los sábios y á los ignorantes, y á los pequeños como á los grandes lo que deben hacer y obrar; era necesario que hiciesen su asiento en el palacio de los Reyes como en la cabaña del pobre, la castidad, la templanza, la moderacion, y la humildad. Era necesario que la religion, que es el primero de todos nuestros deberes, fuese, por decirlo así, nacida con nosotros, que fuese tan antigüa como el mundo, que llenase todos los tiempos, y que por toda la tierra llevase la impresion y el sello de la mano divina que la sostiene. Era necesario que llegase á ser el apoyo de la humanidad, que sirviese de asilo á la inocencia, y de barrera á la violencia, que detuviese los atentados de la fuerza y de la injusticia, del fraude, y de la doblez; y que oponiéndose, en una palabra, á todas las pasiones, y á todas las inclinaciones desarregladas, pusiese un freno á las variaciones continuas del espíritu.

Era necesario, en fin, que así como no hay sino un Dios, no hubiese sino una sóla religion: la adorable verdad es una, ésta es una luz dimanada del seno de la divinidad; el Eterno no se muda; el culto que se le debe es inmutable cómo él, y no forma para todos los tiempos como para todos los hombres, por ser único como él, sino una misma ley de pensamientos y de sentimientos.

A todas estas ventajas, hijos mios, la religion reune mil otras aún, porque no se contenta con elevar nuestro espíritu por la sublimidad de las verdades que nos muestra, dirigir todas nuestras inclinaciones por la pureza de la moral que enseña, el consolar nuestro corazon con la grandeza de los bienes que promete, y someter nuestras pasiones con la severidad de los castigos con que amenaza á los infractores de sus preceptos; ella añade tambien socorros, medios, y gracias de toda especie, cuya relacion individual excederia y propasaria los límites que me he propuesto. Bastame, mis queridos amigos, el haberos presentado algunos de sus principales rasgos, y en vista de ellos, ¿ se puede dexar de reconocer á esta religion divina? ¿ Y

po-

podrá ménos de concluirse, el que ninguna otra que ella es digna del Altísimo, y que ninguna otra ha sido revelada á la tierra?

¡Ah! ¿de quántas dulzuras se priva el que la desconoce, ó que la reusa sus homenages? Esto fuera de conoceros á Vos mismo, ¡ó mi Dios! Esto fuera abjuraros y ultrajaros el no daros el culto con el que habeis querido, que se os honrase; y en fin, esto fuera el renunciar á toda esperanza y á toda felicidad.

En efecto, ¿qué recurso puede tener ni hallar en sus desgracias el insensato, que desprecia los oráculos y las leyes santas de vuestra religion? ¿qué sentimiento puede consolarle en sus penas? ¿qué voz puede hablarle en lo íntimo de su corazon? ¿qué Expectador puede animar las acciones buenas que hace en secreto? ¿qué precio puede esperar de su virtud? ¿cómo debe mirar la muerte?

¡Ah hijos mios! los preceptos del Stoicismo vano predican á sus ciegos partidarios, una ridícula insensibilidad, como si pudiesen extinguir los sentimientos que son naturales sin extinguir á la misma naturaleza. La religion mas compasiva y mas razonable nos dexa sensibles, pero nos hace sumisos; y esta misma sensibilidad, es la que hace y causa el mérito de nuestra sumision. La filosofia christiana, siempre verdadera y sincera siempre, no es insensible á las penas, pero es superior al dolor. Quitar á los hombres este sentimiento, es quitarles la gloria de una firmeza generosa en los sufrimientos; es necesario, que á un mismo tiempo sean sensibles y pacientes, y esto es lo que la piedad les dicta; ella quiere hacer verdaderos heroes, y no unos heroes de teatro, de quienes los grandes sentimientos no son sino para los expectadores.

¿Por qué, pues, no se entregan los hombres á esta madre consoladora, que asegura y que abriga sus hijos en su seno, miéntras que la infidelidad y el error no los abrazan sino para inquietarlos y sofocarlos?

§. XV.

§. XV.

De la Iglesia.

¿Qué no podria aún deciros, mis queridos hijos, por seguir los movimientos que un santo zelo debe inspirarme en favor de la religion, y para poner á vuestra vista todas las ventajas que ella nos ofrece? ¡Ah! esta religion amable no está bastante conocida, ni bastantemente apreciada; ella se vé frequentemente desfigurada por la supersticion y por la ignorancia.

Embestida por el error, despreciada por la indevocion, olvidada por la ligereza é indiferencia; ella hace cada dia pérdidas entre nosotros: los libertinos la deshonran, los hereges la rasgan, y los impíos la aniquilan, acostumbrándose á ver todo esto sin derramar una lágrima; no obstante, esta madre tan tierna no se ocupa sino en la felicidad de estos hijos ingratos. A ella es á quien deben el mas ilustre nacimiento, y la que forma en su favor los mas eenciales establecimientos, la que les provee socorros de toda especie en sus necesidades, la que les distribuye con una atenta solicitud el pan de la palabra divina, la que benda sus mas profundas llagas, y la que les tiene pronto siempre un delicioso alimento. Ella es la que conjura las tempestades, con que por todas partes están amenazados, la que sostiene su flaqueza, la que anima su fervor, y la que cada dia les propone las virtudes admirables de los Santos para excitarles á imitarlas. Ella es la que abre su seno á aquellos mismos que han querido despedazarla, la que vierte lágrimas de sangre sobre su revelion, y que no dexa de perdonarles quando cesan, en fin, de ultrajarla, y olvida fácilmente todos sus atentados, desde que los reconocen.

Ella es especialmente la que reanima su esperanza quando se hallan en la extremidad, la que les vuelve algunas veces la vida, ó á lo ménos les consuela en la muerte, y les asegura la inmortalidad; ella, en fin, es, cuyo amor generoso dura mas de la muerte, y la sola que no olvida, quando todo lo restante nos abandona.

Estos son aquí, hijos mios, las infinitas obligaciones que debemos á la religion. Respetad siempre sus prácticas sagradas; seguid constantemente sus leyes, y estudiad sin cesar sus máximas; declaraos en su favor en toda suerte de ocasiones, y defendedla sin temor. Quando se embiste á un Príncipe legítimo todo vasallo debe ser soldado, segun el pensamiento de uno de sus mas zelosos defensores; amadla sobre todo tiernamente, el sentimiento siempre provee las armas los mas victoriosas á las personas aun las ménos instruidas. Bueno es el daros á conocer la heregía su capital enemigo.

Basta, mis queridos amigos, el ver este monstruo á descubierto para aborrecerle; pero ¡ay! él oculta artificiosamente su disformidad á sus ciegos Sectarios. Antes de mostraroslo baxo su propia forma, es necesario que yo añada estos últimos rasgos que forman como en compendio el retrato de la religion. Todos los rayos de la divinidad brillan sobre su frente augusta, así como lo habeis visto ya el Mediador prometido al primer hombre, anunciado, y esperado por el espacio de muchos siglos, como convenia á su grandeza, aparece, en fin, para perficionarla. La religion vuelve á tomar los mas vivos colores; ella baxa del cielo con su Autor. Huye la noche, y las sombras se eclipsan al aspecto del Sol de justicia. ¡ Qué concurso de prodigios la acompañan! ella muestra su dignidad, desdeñando y despreciando el establecerse por los mismos caminos que las religiones de la tierra. Los mas débiles instrumentos, y los medios los mas insuficientes y los mas contrarios en la apariencia sirven para sus progresos; ella recorre y atraviesa el universo; ningun obstáculo puede detenerla; los imperios se inclinan y arrodillan en su presencia, el martyrio y el celibato causan su fecundidad; los sufrimientos, la humillacion, y la muerte la vivifican, dá hermosean, la ensalzán, y la hacen brillar como el oro pasado por el fuego. El infierno se conmueve á esta vista; se subleva su rabia, la apoderan los dolores, y sus esfuerzos sacrílegos engendran la heregía. Nada os diré de las antigüas, estas ya el dia de hoy no subsisten, el peso mismo de sus excesos ha caido sobre sus orgullosas cabezas, y ha acabado de estrellarlas, tales como aquellos ne-

labra que, procuré haceros pronunciar tartamudeando. ¡O quiera el Cielo, que ésta sea tambien la última, que pronuncie y ex-
prese al fin de vuestros dias nuestra boca moribunda! ¡O ...

  ¡Qué no tenga en este momento el lenguage de los Angeles!
¡qué no tenga su penetracion para tratar dignamente una materia
tan noble! ó bien, ¡que no se me hubiese concedido el elevarme con un buelo rápido con el Discípulo amado sobre la tierra
y los tiempos! ¡Ah! Entónces, inspirado por el mismo Espíritu
que le animaba, yo os explicaria con una divina energía la generacion eterna del Verbo, y como el Aguila de los Escritores sagrados, yo fixaría mi vista en este divino sol de justicia. Los
Cielos se abririan delante de mí, y harian resonar aun en mis
oidos esos inmortales acentos;

  ,,En el principio, y ántes de todo principio el Verbo era; el
,,Verbo estaba en Dios, y el Verbo era Dios; él era la vida esen-
,,cial; nada de todo quanto ha sido echo, no fué echo sin él; to-
,,do ha sido criado por él y para él; todo se refiere á él, y todo
,,viene de él. El es el principio y la fuente fecunda de todos los
,,Seres; él es la verdad, la grandeza, la santidad, la gloria, la
,,bondad, la sabiduría del Padre, su explendor, y su propia
,,substancia. Su vida era la luz de los hombres; luz brillante y
,,universal, que alumbra á todo hombre viniendo al mundo; luz
,,innata y pura, que sola forma la razon, que sola instruye el
,,entendimiento y mueve el corazon; luz soberana y primitiva
,,que estaba en el mundo, y que el mundo ciego no ha cono-
,,cido. El mundo, no obstante, es la obra de su poder, y apa-
,,reciendo, ha venido en su propio dominio, y el mundo ingra-
,,to no le ha recibido; pero su misericordia gratuita ha da-
,,do á todos los que creen en él, y que no son nacidos de
,,la carne y sangre, ni de la voluntad injusta del hombre, el
,,poder glorioso de llegar á ser hijos de Dios.‚‚

  Inflamado con el mas vivo ardor, yo os repetiria este sublime cántico de la magestad del Verbo Eterno; despues pasa-
ria á la generacion temporal, y os descubriria este misterio de
sabiduría y de profundidad, del que las figuras mismas han sido tan pomposas, tan augustos los preparativos, las promesas
tan

tan magníficas, y las sombras, en una palabra, tan brillantes. Yo
os lo mostraría descendiendo del seno de su Padre, tomando un
cuerpo mortal para unirse á nuestra naturaleza, y comunicarnós
la suya, muriendo sobre una Cruz para librarnos de la muerte,
y hacernos sentar con él en la morada de la verdadera felicidad.
Vosotros le percibiríais sobre un trono elevado recibiendo las
adoraciones de los Angeles; vosotros oyríais los conciertos celestiales, que celebran su gloria, cantando de un comun acuerdo: Ved aquí, ved aquí aquel á quien solo pertenece el Imperio
de la eternidad. A esta vista os entregaríais á los mas dulces éxtasis y arrobos, y no podríais dexar de admirar, y de amar á
este Dios Redentor, que vino á ser con tan justo título el objeto
de la esperanza y de la piedad de la tierra, como lo es del amor
y de los respetos del Cielo.

Pero es necesario el añadir al conocimiento de Jesu-Christo
el de todos los bienes, que de su mano liberal hemos recibido.
¡Ah, mis queridos hijos! ¡quién puede apreciar el mérito!
Fixemos por un momento nuestras atenciones sobre el triste
estado, al que se hallaba reducido el hombre despues del pecado. ¡Ah! decaido de todos sus privilegios, privado de todos los
bienes que su inocencia le prometia, no teniendo ya derecho alguno á la vida, condenado á pasar sus dias en la afrenta de su
rebelion, en el dolor y en el trabajo, y una muerte penosa y horrorosa, seguida de tormentos sin fin, debia eternizar para siempre su infelicidad y su desgracia.

El error, que habia salido de una fuente impura, desfiguró
por todas partes bien presto la idea de lo verdadero gravada en
los espíritus. En vano hablaba la naturaleza, y su Ley por todas
partes desconocida, iba á borrarse de nuestros corazones. Para
restablecerla fué necesario, pues, que el Verbo Eterno, rom-
piendo el velo que le ocultaba á nuestra vista, no se desdeñase
de ser el Legislador de los mortales, y tomar él mismo la forma
y la naturaleza para acomodarse á nuestra flaqueza.

Aunque yo no soy delante de Vos, Señor, sino ceniza y polvo, ¿me atreveré á sondear la adorable profundidad de vuestros
designios? Vos amais, tal como un padre tierno todo lo que ha

salido de vuestras manos: Vos habeis previsto la caida del hombre, porque toda está presente á vuestros ojos, y no obstante Vos permaneceis como inmobil, quando el objeto de vuestra predileccion va á perecer; ¿quál, pues, es el motivo de esta indiferencia aparente? ¡O Eterna sabiduría! yo le entreveo en vuestra grandeza soberana, y aun en vuestra bondad infinita, que sabe sacar el bien del mal, y hacer salir el bien del seno de las mas profundas tinieblas. Vos no podeis obrar sino como Dios. Vos sois infinito, Vos sois inmutable, y vuestro principal designio jamas fué el hombre terreno, sino este hombre celestial, en quien habeis puesto todas vuestras complacencias, quien solo podia divinizar y eternizar vuestra obra, y sacarla de la incapacidad natural á todo ser finito, para tener alguna correlacion con el Ser sin límites. Quando salis en algun modo fuera de Vos con la produccion de este vasto universo, Jesu-Christo, que es el Primogénito de toda criatura, como declara el Apóstol, por todas partes os precede en vuestros caminos. El publica el juicio que teneis de vuestros atributos infinitos; él justifica y explica todos los misterios; todo se vé, todo se concuerda, y todo se comprehende en él: la creacion, la caida, y la reparacion del hombre; vuestra bondad, vuestra justicia, vuestra gloria, vuestra sabiduría, y todas vuestras perfecciones, en una palabra, se reunen en él. El os ofrece un incienso y unos honores divinos. El culto que os tributa corresponde á lo que os es debido; él es la Víctima y el Soberano Sacerdote, el templo y el altar; en él y por él es como subsiste todo en vuestra presencia; él es la cabeza de los Angeles y de los hombres, el centro adonde debe mirar todo, el fundamento de todos nuestros derechos, el apoyo que ha sostenido el universo vacilante, y el Autor de una segunda creacion mucho mas maravillosa aún que la primera. Nosotros lo hemos recibido todo de esta plenitud divina que superabunda en él, y que derramándose desde aquí á los miembros, los eleva á la qualidad de vuestros hijos, y los une á Vos por una correlacion ó semejanza en la que podeis complaceros sin degradar ni abatir vuestra suprema Magestad.

Sí, hijos mios, ved aquí el nudo de estos mysterios tan pro-

profundos, en donde tan admirablemente brilla la sabiduría del Omnipotente, la concordancia de su misericordia con su justicia, de su dignidad con su amor; la economía, en fin, el órden, y la cadena preciosa que nos enlaza por Jesu-Christo con el Altísimo.

¡O gracia! ¡O favor señalado, que excede sobre los mas ambiciosos deseos, y que nos consuma y nos transforma, por decirlo así, en Dios! ¡Ah mis amigos! conoced toda vuestra felicidad, y leed en esta divina alianza todos los títulos de vuestras prerrogativas. Los Angeles las admiran, ¿por qué no inspirarán un santo orgullo también en nosotros? Todas las coronas de la tierra son inferiores á vosotros, las del Cielo se os han adquirido. Vosotros en la union que os eleva á esta clase tan elevada, encontrais la gloria y la grandeza con el conjunto prodigioso de todos los bienes. Contad, si podeis, las infinitas pruebas de vuestros privilegios y de vuestros derechos en los méritos aun mas infinitos de un Dios Salvador. Vedlos en las profundidades de su caridad. Fomentad para siempre vuestro amor con el espectáculo del suyo. La eternidad es demasiado corta para agotarle, y apénas bastará para admirarle y alabarle. Pesad extáticos y arrobados las diversas correlaciones que os enlazan, mis queridos hijos, á Jesu-Christo como á vuestro Rey, vuestro amigo, vuestro esposo, vuestro medianero, vuestro Legislador, vuestro camino, vuestra verdad, vuestra luz, vuestra vida, vuestro alimento, vuestra víctima, vuestro modelo, vuestra gloria, y vuestro todo. No os mireis en adelante sino en él, no obreis ni vivais sino por él; no pidais sino por él, no deis gracias sino por él, y no ameis en vosotros ni en los demas sino á él, no distingais, en fin, en todas las cosas sino á él. El Apóstol, arrebatado hasta el Cielo, é ilustrado con las mas vivas luces, no quería saber sino solo á Jesu-Christo, y á Jesu-Christo crucificado. Al precio de esta ciencia tan sublime, todo lo restante no le parecia sino nada. Tomemos sus sentimientos, y en el vivo entusiasmo de un justo reconocimiento digamos como él, anatema á qualquiera que no ame á Jesu-Christo.

¡Dios invisible por naturaleza, y que os hicisteis visible por amor; Vos que no solamente reunis en vuestra persona á Dios y al hombre, la tierra y el cielo, el tiempo y la eternidad, sino que divinizais tambien todos los encantos y todos los atractivos de la humanidad; ¡ah! si algunas veces un débil rayo de vuestra soberana hermosura, que distingue á nuestra vista un objeto mortal, arrebata y encanta tanto nuestros corazones, ¿qué sentimientos debemos á este conjunto de perfecciones de toda especie, de que sois la fuente, ó mas bien el océano inmenso? no; el amor aun el mas tierno, los mas grandes sacrificios, y toda nuestra sangre vertida, no podrán cumplir sino imperfectamente lo que merecereis. Vos sois su Sabiduría Eterna, el explendor del Padre, la imágen perfecta de su substancia, y no obstante no os habeis desdeñado de haceros semejante á nosotros para elevarnos hasta Vos! Recibid, pues, este último homenage, que mi mano desfallecida os consigna aquí, y que mi corazon quisiera llevar hasta las extremidades de la tierra. Y miéntras que la impiedad tiene mas que nunca la osadía de blasfemar contra vuestra gloria, dadme el consuelo de hacerla adorar á estos hijos, y dexarles el amor y el zelo como la mas rica succesion.

§. XVII.

Del amor divino.

Ya os he dibuxado, mis amigos, demasiado débilmente, ¡ay! con mis deseos y los de vuestra piedad, las infinitas obligaciones, y las tiernas correlaciones que os enlazan á Jesu-Christo. Vuestra religion suplirá lo que no alcanza mi insuficiencia. Vosotros, me lisongeo, percibis bastante lo que tantos beneficios exigen de vuestro reconocimiento y de vuestro ardor; y las santas disposiciones, que juzgo haber percibido en vosotros hasta aquí, me sirven para consolar mi esperanza y mi fé. ¿Quánto es necesario, hijos mios, para cumplir, á lo ménos otro tanto como os sea posible, estas deudas inmensas? es necesario amar: Ved aquí todo el secreto. Amemos, pues, tiernamente un Dios que tanto nos ha amado. El amor es el primero y el mas indispensable de nuestros deberes, él es la perfeccion y la gloria: Este precepto tan importante, y aun me atrevo á decir tan dulce, ha sido en todo tiempo, como lo sabeis, la materia principal de mis lecciones. ¡Que no haya podido daros una justa idea de este sublime sentimiento; y sobre todo gravarle profundamente en vuestro corazon! Yo hubiera con solo este rasgo acabado el retrato de una perfecta educacion. Yo hubiera con solo este punto cumplido el designio que me propuse, y todo el derecho que teneis, hijos mios, que esperar de mis cuidados.

¿Pero quién me proveerá palabras para hablar dignamente del amor? ¡Aun quando tuviera el lenguage de los Serafines, yo no haria sino tartamudear! Yo no ignoro, ¡O mi Dios! que no pertenece al pecador el anunciar vuestras justicias, y el referir las maravillas de vuestra caridad. El Profeta me lo advierte; pero tambien me dice, que los pecados sinceramente llorados, serán pecados olvidados, y como ahogados en vuestra clemencia. Dignaos de hacerme esperar ese olvido de vuestra parte, y de procurarmele á mí mismo con una santa embriaguez de amor.

Por otra parte sé, que un padre tiene una mision particular por relacion de sus hijos. Tambien sé, que los mas inútiles y viles instrumentos, son algunas veces aquellos, con los que vuestro poder se sirve con mas suceso, á fin de que el hombre no atribuya cosa alguna á sí mismo, y que toda la gloria se dé á vuestra gracia. Sobre este fundamento es, como yo procuraré, mis amigos, el exponeros en pocas palabras las infinitas ventajas, que el amor sagrado nos ofrece.

Este sentimiento profundo que todos tenemos por la felicidad, ha nacido con nosotros, y hace como la esencia de nuestra alma: El fué colocado en nuestro corazon para que fuese su mas dulce encanto, pero ¡ay! ¿cómo el mas bello oro se halla tan obscurecido? ¿Cómo de la fuente de todos nuestros bienes ha hecho el pecado el orígen de todos nuestros males, profanando en nosotros un movimiento, que no se nos dió sino para llevarnos hácia el bien Soberano? Volvámosle, pues, hácia este divino objeto; dexémosle la inclinacion que debe tener. La caridad purificando este fuego le vuelve su direccion primera, y muda nuestra condicion, sin hacernos mudar de naturaleza, y en-

entónces este atractivo secreto viene á ser para nosotros el mas
puro de los placeres; y un gusto anticipado de la felicidad
del cielo.

Verdadero principio de nuestra vida, el amor eleva y perfecciona en nosotros todas las obras de la fé; él es toda la piedad de nuestra alma, el centro de la religion, y el fin de los
mysterios, la fuente de las gracias escogidas, el mas dulce alimento de la virtud, y la mas luminosa candela de la verdad.

Sí, hijos mios, el amor es nuestra vida; el solo nos dá el ser
por respecto á Dios; sin el amor todo se desmaya en nosotros;
él anima nuestra flaqueza, consuela nuestro dolor, enriquece
nuestra indigencia, pone un precio divino á todas nuestras acciones; él es la fuerza del justo, toda la esperanza y todo el remedio del pecador. Sin él, el christiano desaparece, y no queda sino el hombre con sus miserias y sus defectos.

El que no siente las impresiones de este casto fuego, es verdaderamente digno de compasion. Este es un enfermo acometi-
do de un fuego frio el mas mortal; este es un ciego, cuyos ojos
están privados de la luz del mas claro dia; este es un infeliz que
merece todas las desgracias; y en fin, este es un ingrato digno
de todos los anatémas.

Todo nos predica, mis amigos, y todo nos precisa á amar
la soberana hermosura. Las perfecciones, sus beneficios, nuestros mas apreciables intereses, y nuestro mas justo reconocimiento, todo se reune en favor de este amor; pero en dónde halla-
remos bastante ardor para amar, como es necesario un Dios tan
amable? Un Dios, que nos hizo pasar de la nada al honor de
que le pareciésemos, y que formó para nosotros el universo y
todo quanto contiene? Un Dios, que prodiga las riquezas que
vierte á manos llenas sobre nosotros todos los bienes que gozamos, que nos penetra y nos colma de todos los favores; porque
él está sobre la luz que nos alumbra, de baxo es la basa que nos
sostiene, dentro es la substancia que nos sustenta; por fuera
el vestido que nos cubre; y en todo tiempo y por todas partes
él es el Autor, el bienhechor, y el conservador de nuestro ser.

¡Ah Señor! ¿quién puede exceder ni sobrepujar estos do-

nes sino el amor que nos los conceda? triunfad siempre en nosotros, ¡ó amor, que triunfais de Dios mismo! sed en adelante
sobre nuestros corazones como un sello sagrado, que cierre la
entrada á todo quanto nos sea extraño! este es el deseo que yo
formo para vosotros y para mí, hijos mios; entreguémonos á
este sentimiento sin reserva, y que sea tal, como aquella perla
del Evangelio; es necesario venderlo todo y darlo todo para te-
nerle; si mis cuidados pueden dexaros este tesoro, vuestra fortuna está asegurada, y cumplidos todos mis deseos.

Gustad y ved quan dulce es el Senor, segun el consejo del
Profeta. Quanto mas sondeis este abismo de perfecciones, otros
tantos mas atractivos descubrireis, de suerte, que el amor llegará á ser para vosotros una feliz necesidad mas que un mérito.

En esta amable situacion cada dia se verá crecer vuestra dicha con vuestra ternura, este renuevo divino respira-
rá, se mostrará en toda vuestra conducta, se extenderá sobre todas vuestras inclinaciones, y todo tomará su impresion en vosotros; él se hará percibir por los gemidos de
vuestra penitencia, por la amargura de vuestros pesares á
la mas mínima falta por la vivacidad de vuestro zelo y la
delicadeza de vuestros sentimientos, por la alegría de vuestras lágrimas á los pies de los altares, por el ardor de vuestros
votos y de vuestros suspiros, y por las efusiones fecundas de
todo vuestro ser.

Cada instante se apretará con nuevos lazos vuestra union
con Dios, y os cubrirá con sus alas; os guardará como á la niña
de sus ojos, segun la expresion del Profeta, y clamareis como
él: ,, Yo he corrido por el camino de vuestros mandamientos,
,, porque habeis dilatado mi corazon. " Un sentimiento puro y
delicioso os llevará sin cesar hácia el cielo; nada costará á vuestro fervor; todo se allanará á vuestra presencia, vuestra vida
vendrá á ser la expresion de la vida de vuestro amado; vuestro
cuerpo será su altar y su templo; vuestro espíritu será el Sacerdote; vuestros afectos la víctima, y vuestra alma el trono y
el santuario querido.

§. XVIII.

De la felicidad que el amor sagrado nos procura.

Hablándoos de un sentimiento, de donde depende toda vuestra felicidad y toda vuestra gloria, ¿qué no tendria que deciros, si mis débiles esfuerzos correspondiesen á mis deseos? ¡Qué materia mas interesante para vosotros y para mí!

¡Ah hijos mios! si deseais ser felices, ¿y cómo no lo desearíeis, supuesto que hay en el corazon del hombre un deseo invencible de felicidad, el que cosa alguna puede entiviar ni detener? esforzaos, pues, para llegar á este grado de caridad sublime, que se avalanza sin cesar hácia el bien soberano, que le abrasa, y que ya en algun modo le posee.

Por este camino es por donde caminaron los Santos, y por este medio es como cumpliéron todos los deberes de la piedad y de la justicia, y como recibiéron el efecto de las promesas. Estos hombres, de quienes el mundo no era digno, fuéron provados de todos modos; ellos despreciáron los bienes y los males de esta vida presente, y con esto se adquiriéron una gloria inmortal. Seguid sus huellas, mis amigos, y elevaos sobre las flaquezas y repugnancias de la naturaleza; no os limiteis á un sentimiento esteril y pasagero, que por lo comun no es sino una ilusion del corazon y un error de los sentidos. Formaos del amor una mas justa idea, y sed para vuestro Dios, como lo es él para vosotros con las obras.

Semejantes á aquellas flores que se vuelven sin cesar hácia el sol, del mismo modo seguid con vuestra vista al sol de justicia. Retirad de todo otro objeto vuestro corazon para volverselo á su verdadero Señor, y supuesto que vuestro corazon es lo que hay de mas vivo en vosotros, entregadselo todo entero á aquel, de quien recibisteis la vida; y si este corazon es lo que hay de mas tierno y mas vasto en vosotros, dadselo sin reserva á la ternura de este Ser inmenso é infinito, quien solo debe causar vuestra gloria, y todas vuestras mas cumplidas delicias.

¿Qué es lo que podria debilitar, ¡ó mi Dios! en nuestra alma ma un deber tan indispensable y tan dulce? ¿Serían los abismos de aquellas humillaciones que os hiciéron baxar sobre la tierra? ¿Serían los trabajos de una vida dedicada toda á nuestra instruccion? ¿Serían vuestras crueles llagas destilando todas vuestro amor, y abiertas aún para derramarle aún en nuestros corazones? ¿Sería, en fin, vuestra sangre vertida para rescatarnos humeando y corriendo aún? ¿Sería, pues, por todo esto el que hubieseis perdido el derecho de haceros amar por nuestro reconocimiento? ¿Sería, en una palabra, por aquel diluvio de gracias y de beneficios, que como una lluvia de fuego cae sobre nuestros corazones, para deshacer y derretir nuestro hielo?

¡O mi Dios! y quanto mejor que nosotros conocia el Apóstol lo que es debido á vuestro amor, quando desafiando al universo de arrancarsele, clamaba en sus mas vivos éxtasis: ¿Será, decia, la tribulacion, la prision, ó la hambre, quienes puedan arrancarme y desprenderme de este amor? pero no; él es mi fuerza, mi libertad, y mi alimento. ¿Será el peligro, el dolor, ó la pobreza? ¡Ah! él es mi proteccion, mi tesoro, y mi constancia. No; no, proseguia, ni la muerte, ni la vida, ni los atractivos de la vida presente con todos sus bienes, ni el temor de los males los mas crueles podrán separarme de la caridad de Jesu-Christo. ¡Ay, mis queridos hijos! el siglo no os ofrecerá sino disposiciones totalmente contrarias. Nada puede atraer á estos sublimes sentimientos á sus ciegos sectarios, ni las aflicciones y las amarguras que experimentan todos los dias en los caminos del mundo, ni las penas de la ambicion, ni la hambre que les dexan los falsos bienes, tras los que tan ansiosamente corren, ni la espada de la cólera de Dios que les amenaza, ni el temor de una muerte desgraciada, ni los disgustos de una vida siempre agitada, ni la fragilidad de las cosas presentes, ni la dulce esperanza de la futura felicidad, nada, nada, pues, puede abrirles los ojos á estos insensatos. Inclinados sin cesar hácia la tierra, y esclavos de un afrentoso deleite, el amor divino no tiene encanto alguno para ellos. Lastimaos de su triste suerte, mis amigos, y para no participarla, nada tengais de comun con aquellos, á quienes embriaga la fortuna, los placeres les sedu-

cen,

cen, ó el error les arrastra. Estos son unos enfermos, cuyo contagio inficiona á los que se les acercan; huidlos, pues, os vuelvo á decir, y buscad un asilo contra vuestra flaqueza y su seducción entre los brazos del amor sagrado. La virtud y la piedad, que inspira la religion, pueden solas conduciros, estas son las hijas del amor, quienes solo forman el heroismo de la virtud; un corazon apoderado de este bello y divino fuego, se eleva, se extiende, y llega á ser tan grande, que es necesario un Dios para llenarle. Sí, hijos mios; este noble sentimiento forma al verdadero heroe, quiero decir, al verdadero christiano. Reconocedle á estos rasgos. Sola la eternidad puede bastar y satisfacer sus deseos y sus pensamientos. Para él la muerte es una ganancia; ¿luego cómo la temerá? supuesto que está mas allá del sepulcro, en donde tiene puestas todas sus esperanzas, su tesoro, su alegría, y sus placeres? El miedo nada puede sobre su espíritu; esta porcion principal de su ser, nada tiene ni espera de la tierra; ella está unida al Altísimo, y los accidentes de esta baxa region no pueden perjudicarle. El afronta á la derrision y al menosprecio, y es insensible á las alabanzas y á los honores, la gloria humana es muy inferior á su ambicion. El deleyte no tiene parte en él, este fué hecho para los sentidos, y el verdadero christiano es, por decirlo así, alma todo. ¡O! quiera el cielo, mis amigos, que os reconozca algun dia á vosotros mismos semejantes á este retrato!

§. XIX.

De la presencia de Dios.

Sobre las alas del amor y las de la oracion es como el hombre, despues de haberse desprendido de todo quanto le apegaba á la tierra, toma su buelo hácia el cielo, contempla y recorre todas las bellezas, adora al Rey Supremo, y se une á él con un lazo íntimo de su presencia, aunque se halle aun en un cuerpo mortal. Así es como el Aguila se eleva á lo mas alto de los ayres, recorre aquellas regiones superiores, se acerca al sol, y con una vista fixa y firme le mira.

Yo,

Yo, hijos mios, no conozco medio mas seguro ni mas corto, que este santo comercio, para haceros caminar con un paso azelerado por los caminos de la perfección; este es el secreto divino, que el Señor enseñó en otro tiempo á Abraham: Salid, le dixo, de vuestro país, dexad vuestra patria, y á Vos mismo para no veros ya mas, y para no buscar sino á mí solo. Estad sin cesar en mi presencia, y á este precio es como os hareis digno de mis promesas.

La memoria de Dios, por sernos tan necesaria, debria, por decirlo así, sernos tan familiar, como la respiracion. ¡Ay mis queridos amigos! este mundo, en medio del qual vais á hallaros, no es sino un monton de objetos frívolos y pasageros, y un círculo continuado é importuno de cuidados, de vicisitudes, y de trabajos. ¿Qué digo? no es sino una tentacion continua, porque desde la caida de la naturaleza, todo lo que se halla en nosotros y al rededor de nosotros, es un lazo á nuestra flaqueza. La afliccion nos abate, la prosperidad nos infla, el dolor nos irrita, los placeres nos corrompen, el trabajo nos agrava, y la ociosidad nos debilita; todo en fin, parece conspirar nuestra pérdida, y nuestro propio corazon de acuerdo con nuestros enemigos está pomposo, siempre á hacernos traicion, sea que nos atengamos á nosotros, ó que nos apeguemos á los demás.

En esta situacion, hijos mios, ¿qué esperanza podria quedarnos, sino nos proporcionamos un asilo, arrojándonos desde luego y á toda hora en el seno mismo del Salvador nuestro Señor? ¿Qué movimiento mas natural al hombre en el peligro, que el de levantar los ojos al cielo hácia él para obtener su sócorro? ¿Qué sentimiento mas dulce y mas necesario á nuestra fragilidad, como el buscar un apoyo entre los brazos del Omnipotente? ¿Pero qué hago? ¿tengo necesidad, pues, de insistir sobre la necesidad de un deber, que encontramos gravado en el fondo de nuestro ser, en los peligros y los males, que por todas partes nos rodean? nuestro orígen, nuestro fin, nuestras necesidades, y nuestras esperanzas, todo nos advierte el orar, y todo nos hace fácil este deber. Aquí el corazon tiene el lugar del espíritu, los suspiros de la eloqüencia, el sentimiento suple

á

á la expresion, y el amor equivale á los mas sublimes pensamientos.

Nada, pues, ya lo veis, es mas fácil y al mismo tiempo mas necesario, que el conservar con cuidado, y el familiarizarnos con un sentimiento, que puede fortificarnos contra las flaquezas de la juventud, y las enfermedades de una edad abanzada. Sí, mis amigos, la oracion es un recurso asegurado en qualquiera circunstancia que os hallaseis; ella es la vida, la salud, la luz de nuestra alma, y la fuente fecunda de todos los bienes. No solamente nós procura el honor de adorar nuestro Dios, sino que tambien nos eleva á la gloria de un dulce comercio con este Ser Soberano, y hace que participemos del empleo y de la felicidad de las celestiales inteligencias. Privilegio el mas sublime, que asocia al hombre mortal á la dignidad y á las funciones de los inmortales.

La oracion es tambien para nosotros una guarda invencible contra los asaltos de nuestros enemigos los mas peligrosos; ella los pone en huida, y hace que triunfemos de todos sus esfuerzos. Ella es mas necesaria que la claridad que nos dirige, mas que los vestidos que nos cubren, y mas que los alimentos mismos que nos sustentan. Ella es, en una palabra, la llave que nos abre todos los tesoros. ¡O vosotros, para quienes es tan dulce la luz del dia! ¿cómo os atreveis á fixar la vista sobre el Astro brillante que la lleva y la derrama por todos los lugares, sin haber adorado ántes á la mano magnífica que la forma? ¿Cómo os atreveis á usar de los manjares que cubren vuestras mesas ántes de rendir vuestros homenages al Autor de los dones siempre recientes, con que están cargadas? ¿Cómo os atrevereis á entregaros al sueño, sin arrojaros entre los brazos de aquel, quien solo puede defenderos contra aquellos leones rugientes con que os halláis rodeados, y que velan sin cesar para tragarse su presa?

¿Qué os diré aún hijos mios? todas las criaturas pueden servirnos, si queremos, para elevarnos hácia el Criador. En los designios de su Sabiduría y de su bondad, ellas son como un libro abierto, en donde podemos aprender en todo tiempo á renovarnos en su presencia con nuestra atencion para referirle todas.

todas las cosas. El clamor de nuestras necesidades y de nuestros continuos deseos debe traernos sin cesar á la memoria su poder y nuestra flaqueza, sus riquezas y nuestra pobreza, su liberalidad, y todo quanto exîge de nuestro reconocimiento. Nuestras ocupaciones de las que el solo puede facilitarnos el suceso, deben ser un nuevo motivo para hacer que volvamos con freqüencia nuestras atenciones hácia él. Nuestras acciones las mas naturales, y aun nuestros mismos desahogos vendrían á ser para nosotros una suerte de oracion que podriamos ofrecer al Señor, con tal que la modestia y la templanza las acompañasen siempre. Un alma atenta y santamente avára se aprovecha de todo, y no dexa escapar cosa alguna de lo que puede aumentar sus méritos. El sueño de la esposa de los cantares no interrumpe su union con Dios, porque vela su corazon. Así es como todo se ennoblece pasando todo por las manos del amor.

§. XX.

De la Oracion.

El caminante cansado se divierte y encanta sus molestias y cansancios con el pensamiento de su patria. Privado de la dicha de ver á Dios, miéntras que nos hallamos en esta carne mortal, como en una obscura prision, si alguna cosa puede dulcificar y mitigar una ausencia tan rigurosa es sin duda la memoria, que hace presente á nuestro corazon el objeto divino, tras del qual suspiramos, que le acerca, y que nos le hace casi tocar, por decirlo así, con un santo comercio de amor, de adoracion, de arrobo, y de alegría, que hace que encontremos el cielo sobre la tierra, y que llegue á ser, en algun modo, para nosotros el gusto anticipado de aquella vision gloriosa, que debe ser el mas apreciable deseo de un christiano.

Ya os he dicho muchas veces, mis amigos, que es engañarse el creer que la oracion pide los esfuerzos del entendimiento, ni unos discursos seguidos, ni unos pensamientos sublímes; no, hijos mios, un simple movimiento del corazon, un sentimiento secreto de nuestra miseria y de nuestras necesidades, y un si-

len-

lencio de dolor y de compasion, son una oracion eloqüente. Las lágrimas, los deseos, y los suspiros forman un lenguage el mas penetrante, y aun quando á pesar nuestro se estravía nuestro espíritu, los esfuerzos que hacemos para atraerle, dan un nuevo mérito á nuestra Oracion. La confianza, el amor, la perseverancia, y la humildad son las alas misteriosas que la llevan hasta el trono de Dios, para mover su ternura, apaciguar su cólera, y para hacer que baxen sobre nosotros los dones de su liberalidad.

En qualquiera situacion que os halleis, en la prosperidad como en la desgracia, en el recogimiento como en las ocupaciones, en el desmayo ó en el fervor, sostened y fomentad vuestra atencion con aquellos vivos estímulos que naturalmente salen del seno de nuestra indigencia y de nuestros deseos. El Profeta Rey nos ha dibujado los mas perfectos modelos en este género en los admirables canticos que la Iglesia pone muchas veces al dia en la boca de sus ministros. Aquí encontrareis, mis amigos, las mas magnificas pinturas, los encantos de la poesía la mas sublime, los rasgos los mas penetrantes, y las mas enérgicas expresiones. Todo respira piedad, ardor, y confianza: el corazon es quien instruye al corazon, y el amor el que habla al amor. Haceos como propios todos los sentimientos de este santo Rey; excitad en vosotros los mismos transportes, cantando con él las misericordias de nuestro Dios. Prevenid á su exemplo al amanecer el dia para celebrarle con la mas ansiosa presteza, é interrumpid, como él, vuestro sueño para alabar al Autor de todo don. El silencio de la noche favorece los fervores de una alma fiel; nada distrae en esta profunda calma sus mas dulces entretenimientos con su amado, y de esta meditacion salen sin cesar las mas vivas centellas del amor. Unas veces se quéja amorosamente de la duracion de su destierro y de la importunidad de sus pasiones; ella llora la esclavitud en la que sus sentidos la retienen; ¿por qué Señor, le dice, me dexais tan dilatado tiempo entre los habitadores de Cedar? ¡Quándo llegaré yo, ó mi Dios! y apareceré en fin en vuestra presencia? Otras veces clama en un santo éxtasis: ¡vuestras palabras, Señor, son mas de-

li-

liciosas á mi corazon, que la miel mas dulce lo es para mi boca!
Algunas veces le dirige los deseos de su piedad, diciéndole: ¡dadme á conocer, ó mi Dios, todas vuestras voluntades, y yo
las estudiaré sin cesar, é iré delante de ellas con toda el ansia
del amor!

¡Quién dará á mis ojos fuentes de lágrimas, le dice en la
amargura de sus pesares, para llorar dia y noche las infidelida-
des de mi juventud! Objeto divino de los suspiros de Sion, así
es como prorrumpe con freqüencia en sus raptos: tal como un Ciervo sediento corre tras las aguas de las fuentes, mi
alma se avalanza hacia Vos con toda la rapidez de sus deseos!
tales son los sentimientos de un tierno fervor: ella comienza en
el tiempo los cánticos que debe continuar en la eternidad.

Nada os digo, mis amigos, de aquella corta y divina Oracion, que nuestro Señor el mismo se dignó de enseñarnos, y
que vuestro corazon de acuerdo con vuestra boca aprendió á
repetir con freqüencia desde vuestra infancia. Oracion tan consolatoria como sublíme, que contiene todo quanto podemos pe-
dir á Dios, permitiendo que le llamemos nuestro Padre. ¡Qué
augusta prerrogativa! Qué gloria! ¡Qué bienes no nos hace esperar por Jesu-Christo!

§. XXI.

Del sacrificio augusto del Altar.

¡En Vos y por Vos, ó único hijo del Altísimo! es como nos
atrevemos, y como podemos llamar nuestro Padre al Dios,
á quien los Principados del cielo reverencian con un respetuoso temblor. Abatiéndoos hasta nuestra naturaleza, es como os habeis dignado de hacernos participantes de todos vuestros derechos, y de que hayamos venido á ser por esta union tan
gloriosa los hijos adoptivos del Señor. ¿Pero qué os volveremos
por un tan grande beneficio? ¿y qué os daremos á Vos mismo?
Yo me presentaré, decia el Profeta, delante del altar de Dios,
que derrama una nueva alegría sobre mi juventud por el don
que me ha hecho de un medianero Omnipotente; yo tomaré

Ee   el

el caliz de salud, aquel caliz teñido de sangre, á fin de invocar
el nombre del Señor de un modo digno de él. Yo ofreceré á la
soberanía de su Ser un homenage infinito en el sacrificio augusto
de nuestros altares, sacrificio tan antiguo como el mundo, y que
jamas se acabará, y en efecto, mis queridos hijos, Jesu-Christo
se ofrecia en figura en los sacrificios de los Judíos. El se ofrece
segun la verdad, pero de un modo invisible en el sacrificio de
los christianos; él se ofrece segun la verdad y sin velo alguno en
el sacrificio de los Santos, y el sacrificio del Cielo es el mismo
que el de la tierra : Elevemos nuestros corazones, y unamos
nuestros cánticos con los de las celestiales inteligencias, que celebran con una voz comun al Dios tres veces santo, y á quien
alaban y adoran sin cesar por Jesu-Christo. Juntemos pues nuestras adoraciones, nuestras alabanzas, y nuestras acciones de gracias á las de los Angeles y los Arcángeles. ¿Hay para nosotros un
deber mas preciso, mas justo, ni mas ventajoso? Abríos puertas eternas, y dexadnos admirar este pomposo aparato: dexadnos ver al Rey de la gloria recibiendo el homenage supremo, al
que solo puede igualar su infinidad. ¡Qué tropa inmortal rodea
el trono en donde brilla su Magestad! ¡Qué silencio de veneracion y de amor! ¡qué sobrecogimiento! ¡qué raptos! las Dominaciones, las Virtudes, y las Potestades postradas delante de su
presencia deponen á sus pies las coronas en un aniquilamiento
digno de la santidad del Dios que se sacrifica, y del Dios que
recibe esta inmolacion. Si, el Cordero sacrificado merece solo,
claman, el abrir el libro de la eternidad, darle la gloria, y el honor, y la adoracion al que es, que era, y que será en todos los
siglos de los siglos.

¿Pero qué veo? ¡el Dios víctima baxa del cielo para reunirse á la tierra! ¡ah! el Ministro mortal de este sacrificio inefable
desaparece en este momento á los ojos de mi fé, y yá estos no
ven sino al Sacerdote eterno sacrificándose de nuevo por la salud del mundo, purificándole en su sangre, reparando sin cesar sus ruinas, y ofreciendo al Altísimo un homenage y una hos-
tia sola digna de su grandeza.

¡O mysterio adorable, que contiene todos los mysterios,
que

que es el corazon de la religion, el centro de todos los designios, el compendio de todas las maravillas del Omnipotente, y
el culto solo proporcionado á la infinidad de su Ser!

Sí, mis amigos, este sacrificio formidable junta en el mismo instante todos los mysterios relativos á nuestra salud, que
no se cumpliéron sino separadamente otras veces. Es sobre el altar sagrado y á la palabra secunda del Sacerdote como el Verbo
divino toma un nuevo nacimiento aun mucho mas milagroso,
que el que tomó en el seno de una Vírgen por la operacion del
Espíritu Santo. Este es aquí el que llama á sí por los rayos invisibles de su gracia á los pequeños y á los grandes, como en otro
tiempo llamó á los Pastores y á los Magos á su cuna. Este es aquí
quien con una infinidad de prodigios mucho mas admirables,
que los que distinguiéron su mision, cura las almas, las resuci-
ta á la gracia, y las alimenta con su propia sangre y carne con
una multiplicacion como infinita de su cuerpo, de la que los pa-
nes multiplicados en el desierto no eran sino una figura imperfecta. Este es aquí, el que sufre por parte de los hombres ingratos otros tantos, y aun muchos mas ultrages que los que recibió
en su pasion. Este es aquí, el que es de nuevo crucificado por los
pecadores con unas circunstancias mucho mas odiosas, que no
lo fué por sus verdugos. Este es aquí, en fin, quien aparece sin
cesar en un estado de muerte para comunicarnos una vida inmortal, si nos unimos á él con unos sentimientos que correspon-
dan á su amor. ¿Podríamos negarnos sin la mas infame ingratitud?

Ofrezcamos pués cada dia, ofrezcamos con el Sacerdote este sacrificio augusto en un espíritu de aniquilamiento y de
muerte; acerquémonos al Santo de los Santos con un santo temor; que nuestro respeto sea tan profundo, si es posible, como
el abatimiento de un Dios hombre; que nuestra fé abra y aparte
la nube que nos le oculta; que nuestra esperanza se funde sobre
sus méritos infinitos; y que nuestra caridad tome sobre el altar
el fuego que debe solo abrasarla. ¡Qué derecho no debemos
prometernos presentándonos delante del Altísimo con un Medianero tan poderoso!

No nos privemos jamas, por mas ocupaciones que podamos tener, mis amigos, de un socorro tan eficaz. El solo puede
enriquecer nuestra pobreza y cumplir las deudas de nuestro reconocimiento, y él solo puede volver á Dios el honor que le es
debido. Lavémonos, pues, y purifiquémonos con esta sangre
que corre por nosotros, la que mucho mas eloqüente y mas generosa que la de Abel, pide gracia por aquellos mismos que la
derraman; mezclemos con esta sangre nuestras lágrimas, y sino
tenemos la dicha de sacrificarle nuestra vida, á lo ménos que un
vivo dolor nos sacrifique con él. Llevemos en fin al festin sagrado un corazon ansioso, inflamado, y avaro. Que el amor nos
una al amor, y que este mismo fuego consuma á un mismo tiempo las dos víctimas. Un corazon duro y empedernido es por todas partes un gran crimen sin duda; pero aquí es un monstruo
y es un prodigio, que debe causar admiracion el cielo y á la
tierra. ¿Se puede dexar de amar en medio de los mas vivos in-
cendios del amor? ¡ah! esto no es bastante. ¡Qué dichosos seriamos, hijos mios, el espirar de ternura á los pies del altar santo!
Dividid conmigo este deseo, y por precio de mis cuidados, todas las veces que asistieseis al sacrificio adorable, por el que
he tratado de inspiraros la mas justa devocion, acordaos, mis
queridos amigos, de aplicarme el mérito.

§. XXII.

De la confianza en Dios.

Una tierna confianza en la bondad de Dios, es tambien un
sentimiento que quisiera gravar para siempre en vuestros corazones. ¿Debo encontrar el mas mínimo obstáculo despues de lo
que acabo de deciros? Esta virtud tan consolatoria, mis queridos hijos, es hija del amor y de la esperanza. Ella tiene por fundamento á la fé, los méritos infinitos del Salvador, sus promesas, su poder, su caridad, y su liberalidad. ¿Qué motivos mas
divinos puedo ofrecer á vuestra confianza? ¿Si el Eterno nos ha
dado á su Hijo, puede negarnos cosa alguna? ¿Y este don no
contiene todos los dones? ¿Despues de un testimonio tan sobre-

saliente son necesarias otras arras? ¿Son necesarias mas seguridades para contar sobre la palabra de Dios? Nosotros sin duda hariamos escrúpulo de desconfiar de la sinceridad de un amigo fiel y poderoso, y el Señor que es la verdad, y qué con solo su querer hace todo lo que le agrada, expresamente nos declara, que el que confie en él no será confundido, y que si hacemos de su justicia el primer objeto de nuestros cuidados, todo lo restante nos será concedido, como por superogacion. ¿Y seriamos tentados de desconfiar de una promesa tan solemne? ¿Y cómo sino hubiese providencia para Israel nos dexariamos llevar de unos temores pusilánimes? ¡ah! léjos de nosotros unos pensamientos y unos sentimientos tan injuriosos á la bondad y á la atenta perspicacia de nuestro Dios! baxo de una proteccion tan poderosa, ¿qué peligros, hijos mios, podrán intimidarnos? ¿Qué necesidades dexarian sin recurso nuestra indigencia? no, no, desterrad para siempre toda inquietud de nuestro corazon. Verted, como dice el Profeta, todas vuestras penas en el seno del mas tierno de los Padres; abandonadle vuestros cuidados, vuestros proyectos, y vuestras esperanzas, y él mismo os alimentará. Arrojaos entre sus brazos paternales, que no los retirará para dexaros caer. Poseedor y distribuidor de todos los bienes, Señor magnífico, Padre compasivo, amigo fiel, todo esto y aún mucho mas que todo esto es á vuestro respecto el Señor, y así que vuestra confianza llegue, pues, hasta la seguridad; esta virtud gana el corazon de Dios y pacifica el del hombre; no hay obstáculo alguno que ella no pueda vencer. Ella es en algun modo tan poderosa como el Todo-poderoso.

Si vuestro destino dependiese del mejor de vuestros amigos, vosotros no podriais esperar sin duda una tan feliz condicion como la que la misericordia del Señor quiere haceros; ella cubre con sus atenciones á los que recurren á ella; el mortal aun el mas culpable, que reconoce sinceramente sus crímenes, puede postrarse con una humilde confianza á sus pies; jamás desprecia al débil que le implora, jamás niega un asilo al infeliz que busca la paz en su seno.

La impotencia, mis queridos, (vosotros no lo habeis experi-

rimentado, pero mi experiencia tiene derecho á enseñaroslo:)
La impotencia entre los hombres dexa con freqüencia la buena
voluntad sin efecto, en lugar de que en nuestro Dios encontramos reunida la bondad con el poder, y junta la sabiduría con la
liberalidad.

¿Qué mayor consuelo puede haber para el alma fiel, que el
esperar, ¡ó mi Dios! que Vos sois el árbitro de su suerte? ¿con
qué confianza no descansa viendo colocados en Vos sus mas
apreciables intereses?

Sí, mis amigos, en qualquiera situacion, que os hallaseis,
pensad, que la mano del Señor, que os ha colocado, está sin
cesar conducida por su corazon. Dexaos conducir con alegría
por una providencia siempre generosa y amable siempre, y que
sabe mejor que vosotros lo que conviene á vuestra flaqueza, y
á vuestras necesidades.

¡Ah mis queridos hijos! de qualquier lado que el hombre
se vuelva, si busca fuera de Dios los recursos y los socorros,
por todas partes no encontrará sino vacío, disgusto, afliccion ó
miseria: quanto mas se apoyase sobre un brazo de carne, mucho mas la débil caña que eligirá para apoyarse, llegando á quebrantarse, le atravesará con sus agudas puntas la mano. No es
necesario para persuadirse, que preguntar la experiencia de las
gentes del mundo.¿Quántas veces, os dirán.¡Ah! hemos encontra-
do nuestras desgracias en el suceso mismo de nuestros deseos?

No lo dudemos; el hombre injusto huye su felicidad no
buscándola en Dios solo. Quanto mas se apega á un bien extraño, mucho mas siente crecer su indigencia. Semejante á un enfermo, que no conociendo la causa de su mal, acusa á su situacion; él á todas horas la muda; se coloca de todos los diversos
modos en que espera hallar algun socorro á sus dolores, se agi-
ta y se atormenta en vano; su estado se empeora, y sea que se
eche de un lado ó que se vuelva de qualquiera otro modo, todo
le hiere, todo le perjudica, y fatiga sin suceso á todos los que
le sirven.

¡Infeliz del alma infiel y presuntuosa, clama el Profeta, que
espera alguna cosa de los hombres! ellos volverán bien presto á
en-

entrar en el polvo del sepulcro, y la vana confianza que tenia puesta en ellos, se desvanece con ellos. Al contrario, aquel, cuya esperanza no se fixa sino sobre su Dios, semejante á la montaña de Sion, no temerá los temblores ni las tempestades, los sucesos los mas contrarios en la apariencia, serán las mas grandes ventajas. El Señor tomará el cuidado de él, añade el Profeta, velará sobre la conservacion de sus dias, guiará sus pasos trémulos, y le conducirá á los mas felices y abundantes pastos.

¡O quiera el cielo, hijos mios, que os hagais propios todos estos sentimientos de una noble confianza! Vos mismo, ¡ó mi Dios! gravadselos en el corazon, y quando esta virtud, como la Escritura lo dice, honra vuestra providencia, dignaos de honrarles con vuestra proteccion. Venid á ser el defensor de su inocencia y de su juventud, Vos que no abandonais á ninguno de los que esperan en Vos. Sobre el punto en que me hallo de dexaros bien presto, ¿puedo yo proporcionarles un asilo mas bien asegurado, que el seno de vuestra misericordia? ¿y pueden ellos poner el depósito de sus esperanzas y de sus deseos en manos mas poderosas y mas fieles?

§. XXIII.

De los Sacramentos.

Faltaria sin duda un artículo esencial á las instrucciones que mi zelo os debe, mis queridos amigos, si acabándolas no os presentase á la vista lo que tantas veces os he dicho del mérito y de la virtud de los Sacramentos, que todos son como otros tantos canales celestiales, destinados para hacer que corran las aguas vivificantes de la gloria sobre nosotros, y para causar nuestra fuerza, nuestro consuelo, nuestro recurso, y nuestra gracia. ¿Qué mano benéfica derrama con una tan grande profusion estos bienes sobrenaturales? ¡ah! esta es siempre, y no puede ser otra sino la de nuestro Redentor divino; estos son los frutos sagrados de su amor, de sus trabajos, con que su vida y muerte nos han enriquecido; así es, como un padre atento, generoso, y tierno se consume todo entero por los suyos.

Y

Y primeramente, mis amigos, ¿qué glorioso nacimiento no habeis recibido en el Sacramento de la regeneracion, el que de hijos de la cólera, como lo erais por el pecado de nuestro primer padre, os ha hecho los hijos muy amados de Dios, y los herederos de su reyno? ¿Podeis agradecer demasiado una qualidad tan augusta? ¿Podriais resolveros á degenerar de una adopcion tan santa?

¡Ah! jamás olvideis, que la Iglesia os ha abierto su seno al salir del de vuestra madre; que ella os ha lavado y purificado en las fuentes del Salvador, haciendo que corra sobre vuestras cabezas la uncion del Espíritu Santificador y la sal de la sabiduría; que entre sus manos habeis venido á ser los vasos de honor, que os ha marcado con el sello de la salud, y que os ha asociado, por decirlo todo, á la gracia, á la dignidad, y á la herencia de su divino esposo, baxo la promesa solemne que se ha hecho por vosotros á la frente de los altares, de que renunciariais al demonio, al mundo, á sus pompas, y á sus obras; porque con estas condiciones solamente es, como con freqüencia os lo he traido á la memoria, como la vida eterna os ha sido prometida. ¿Quál seria, pues, vuestro crímen, y el horroroso castigo, si jamás llegaseis á retratar el mas irrevocable de vuestros votos? Pero no, vuestros sentimientos tienen derecho para asegurar mis temores. Hijos de la fé y de la religion, vosotros seguireis invariablemente sus máximas, mi confianza y vuestra piedad me lo dicen. Herederos de las promesas del cielo, vosotros despreciareis las de la tierra, enemigos por estado del mundo y de sus vanos placeres, vosotros descubrireis la ilusion, y conculcareis sus cebos y sus echizos.

Vosotros habeis recibido el poder y la facilidad en el Sacramento de la confirmacion, que os fué conferido por el Pontífice. La constancia, la fuerza, y el heroismo de la virtud, son los principales efectos de este Sacramento. ¿Qué intrepidez no inspiraba á los primeros fieles? vosotros no teneis que vencer como ellos los esfuerzos de los tiranos, pero teneis otros combates que sostener en medio de la paz y de la gloria de la Iglesia. Los sentidos, las pasiones, la impiedad, el libertinage, y el error

ror os presentarán los mas peligrosos asaltos. Resistid valerosamente; triunfad de estos enemigos domésticos y extraños, y confundid su audacia con una vigilancia continua, y un generoso menosprecio de sus sujestiones y de sus amenazas. Vosotros habeis estado llenos de la presencia de Dios, vivid, pues, del espíritu de Dios, hablad el lenguage de Dios; manteneos siempre vigilantes; caminad constantemente por sus caminos; no obreis, en fin, sino segun sus miras, y juntad al sacrificio de vuestro corazon esta fidelidad que le renueva sin cesar, y que le extiende á todo quanto Dios pide de nosotros.

Yo nada os diré aquí de los Sacramentos del Orden y del Matrimonio, ya traté esta materia hablándoos de los deberes de la sociedad, y de la eleccion del estado, al que la vocacion del cielo os destine.

Vosotros fuisteis instruidos desde luego sobre las disposiciones que exîge el Sacramento consolatorio de la reconciliacion. ¿Con qué ardor un desgraciado, que se vé en el inminente peligro de ser prontamente sumergido enmedio de las olas, se agarra de una tabla que se le arroja para salvarle? Esta es una figura sensible de los socorros, que nos ofrece este Sacramento. Vosotros, mis queridos hijos, sabeis, que es con la mas humilde confianza, la mas justa confusion, y con el mas sincero dolor, como se debe llegar al Sagrado Tribunal; que aquí se deben manifestar sus faltas de un modo claro, simple, y preciso; que deben detestarse y espiarse con una penitencia proporcionada, supuesto que la ley del órden quiere, que todo sea castigado, ó por el hombre culpable que le comete, ó por el Dios vengador contra quien fué cometido.

Vosotros, mis amigos, no ignorais ya, quales son los sentimientos, con los que deben presentarse á la Sagrada Mesa, á la que el Rey de los Reyes se digna admitirnos. ¡Quán magnífico es este festin, en el que se despliegan y presentan con tanta profusion las mas grandes riquezas del cielo; en donde el hombre es servido por los Angeles; en donde se alimenta con la propia carne de un Dios; en donde se recogen todos los frutos de su muerte y de sus sufrimientos; en donde se sacan de la

fuen-

fuente misma de las gracias todos los bienes y todos los dones
de la divinidad; y en donde, en fin, se recibe la prenda preciosa de una gloria inmortal! No; yo no tengo necesidad de traeros á la memoria sino la pureza la mas perfecta, la fé la mas animada, el mas vivo y el mas profundo abatimiento, la mas ardiente caridad, los deseos mas fervorosos, y que el amor, en una
palabra, tenga solo el derecho de unirse al amor.

Yo he visto con freqüencia con un dulce consuelo corresponder vuestra piedad á mis deseos á este respecto, y el fuego
que brillaba sobre vuestro semblante manifestaba á pesar vuestro, los raptos que animaban vuestro corazon. Es para bendecir
al Autor de todo don, para excitar vuestro reconocimiento, y
ofrecer un nuevo empeño á vuestra fidelidad, el que yo os trai-
ga una memoria tan preciosa á mi religion, y á mi ternura.

En fin, el Sacramento de los moribundos tiene por objeto
la salud del alma y del cuerpo, la que algunas veces se obtiene,
quando se encuentran la gloria de Dios, la fé, y el provecho
del enfermo.

El primer efecto de este Sacramento, y el mas útil sin duda, es el purificar nuestros sentidos profanados ¡ay! con demasiada freqüencia con un uso ilegítimo; el sostenernos contra las
flaquezas de la naturaleza, los terrores de la muerte, los asaltos
y los lazos del tentador... ¿Pero para qué me extenderé sobre
esta materia? Vosotros no tardareis, segun las apariencias, mis
queridos amigos, de ser testigos de las últimas unciones que se
harán sobre vuestro moribundo padre, y ellas os hablarán mas
eloqüentemente que no puedo hacerlo yo mismo; y en efecto,
en la situacion en que me hallo, yo debo mirarme como una víctima, que ha recibido ya la aspersion. Bien sé, que es vuestra
mano, ¡ó mi Dios! la que dá la vida ó la muerte; la que conduce al borde del sepulcro, ó la que le retira. Ella ha parecido sa-
crificarme y hacerme revivir muchas veces. Yo adoro en todo
vuestras órdenes soberanas, y sin hacer votos por mi salud, yo
hago los que son mas dignos de Vos y mas importantes para mí,
y que no tienen por objeto sino vuestro amor, vuestra gloria,
mi fidelidad y mi sumision; en una palabra, un abandono

no entero de todo mi ser en el seno de vuestra eterna misericordia.

§. XXIV.

Conclusion de la última parte.

Yo termino y finalizo aquí, hijos mios, las instrucciones que
mi zelo desde muy largo tiempo os ha consagrado. Pero á fin
de aseguraros, otro tanto como me es posible, los felices efectos, haciéndooslos mas presentes, juzgo que debo reunir los
principales rasgos y presentarlos á vuestra vista como un retrato
abreviado. ¡O quiera el cielo y se digne mi Dios el que jamas
los perdais de vista! ¡O permita su divina Magestad, el que todos juntos podamos recoger algun dia los preciosos frutos de la
eternidad!

Sobre el punto en que me hallo de separarme de vosotros,
pongo entre vuestras manos estas lecciones como un monumen-
to de mis cuidados. Recibidlas, mis queridos hijos, como las
últimas palabras de un padre que siempre tan tiernamente os ha
amado, y que pronto ya á baxar al sepulcro, deposita todos sus
sentimientos en vuestro corazon, como la prenda de una aficion, que en este momento parece, si me atrevo á decirlo, tomar aún un nuevo calor, así como una candela que vá á apagar-
se, que arroja un resplandor mas vivo y mas brillante.

Desde el instante que el cielo me os dió, yo no cesé, mis
amigos, el hacer de vuestra felicidad mi mas apreciable ocupacion. Mi atencion para apartaros de todo quanto podia corrom-
per vuestras costumbres, como juzgo el haberoslo dicho ya,
previno aún vuestro mismo nacimiento, y no he dexado de continuar hasta aquí este punto tan importante, para hacer de él el
mérito esencial de vuestra educacion.

Yo comenzé dandoos á conocer el orígen, la naturaleza, las
qualidades y el fin de vuestro ser, para poder conduciros por
grados al mas sublime de los conocimientos, y elevaros especialmente con el conocimiento y el sentimiento hácia el primer
principio y el único motor de todo lo que existe.

Yo he dirigido hácia este objeto las ciencias humanas, de

las

las que os he mostrado en pocas palabras las correlaciones y la analogía, haciéndoos observar las obscuridades y la incertidumbre inseparable de algunas; la utilidad y las ventajas reales que se encuentran en algunas otras; y en fin, el uso razonable que puede hacerse de todas con la vista siempre en Dios, y estudiándolas con ojos atentos é ilustrados. Pero volvamos un momento sobre nuestros pasos para no confundir cosa alguna.

Retratamos primeramente, mis queridos amigos, un espectáculo que nos es propio: admiramos el arte con que el Criador supo sacar del seno de una vil materia mil qualidades maravillosas, que distinguen al hombre de los demas seres: la magestad que reina sobre su frente, el fuego que brilla en sus ojos, áquella mezcla de vivacidad y de dulzura, que hace, por decirlo así, el alma de sus miradas, y que nada hay de semejante, la hermosura, en una palabra, los agrados y las gracias de su semblante, la estructura, en fin, y las proporciones de todas las partes dé su cuerpo, los resortes, el mecanismo, y el fuego de todos sus órganos, su delicadeza, su flexibilidad, y su situación tan artificiosamente ordenada.

Que vuestra admiracion se redoble y que vuestro reconocimiento la exceda, considerando la nobleza, la dignidad, y las gloriosas prerrogativas de nuestra alma, soplo salido del corazon de Dios aun mucho mas que de su boca, ser simple, inteligente, y espiritual, cuyo pensamiento abraza la extension que se halla entre la nada y el Ser Supremo, cuyos deseos son tan multiplicados y tan bastos, que no podriau llenarse ni satisfacerse con la posesion de mil mundos, y cuyo precio especialmente es tan grande, que la sangre de un Dios Redentor pudo sola pagarle. Miramos despues el honor concedido á nuestra razon por su union con la razon soberana, quando tenemos el cuidado de consultarla sin preocupacion y con rectitud; adorémos la mano invisible que ha gravado en lo íntimo de nuestra alma la ley eterna del órden, que regla nuestras ideas, nuestras inclinaciones, y nuestros juicios; escuchemos la voz secreta é íntima de la conciencia, que nos juzga sobre la qualidad de nuestras acciones. Reconozcamos el imperio de la verdad sobre

los

los corazones á pesar de toda la depravacion del mundo; la independencia y los derechos de la libertad destinados para causar el mérito de nuestros procederes, y de los que con demasiada freqüencia lastimosamente abusamos. Escudriñemos nuestro corazon para desarraigar los desórdenes, que son en nosotros las resultas del pecado; admiremos las propiedades singulares de los sentidos, su utilidad, su uso, y su extension; las maravillas de la palabra, de la que Dios solo puede ser el intérprete; el arte ingenioso de la Escritura que habla á los ojos; el prodigio de la memoria dotada con una especie de infinidad; el poder encantador de la imaginacion, y veamos como entre las diversas facultades, las unas nos enlazan con el universo, y las otras nos dan el dominio; aquellas nos transportan en el espacio, éstas nos hacen presente lo pasado, y aun en algun modo lo venidero, todos los tiempos, en fin, y todos los lugares.

Pero al mismo tiempo gimamos del injusto empleo que hacemos de estos dones. Deploremos los extravíos de la imaginacion y de la razon, y los extravíos del espíritu y del corazon. Desconfiemos de las ilusiones peligrosas del amor propio; temamos los desórdenes de la altivez y de la ambicion, los estragos y las conseqüencias funestas de las pasiones, y principalmente de la mas fatal de todas, la que con qualesquiera colores que la ceguedad y la seduccion la adornen, es un sentimiento que degrada al hombre criado para amar y para poseer al bien Soberano.

¡O prestigio engañador de un amor profano! tú fascinas los ojos de una demasiada crédula juventud, y tu cubres con un velo espeso el abysmo horroroso en el que le has precipitado!

No lo dudemos; la semilla afrentosa de este vicio fecundada y animada por los otros, es la que hace del mundo que habitamos una morada escabrosa y sembrada de espinas, en donde todo hace que tropiezen nuestros pasos; en donde la inocencia y la verdad se hallan desterradas; en donde la virtud es estrangera; en donde la codicia sola regla la eleccion de las condiciones; en donde todos los deberes son desconocidos, descuidados, y aun algunas veces despreciados; en donde todas las diversiones

son

son lazos; y en dónde todos los placeres, en una palabra, ocultan baxo de sus brillantes flores el mas mortal veneno. Yo os he proporcionado un asylo contra una seduccion tan peligrosa en el mas agradable retiro. ¡O quiera el cielo, que os haga fructificar en una sabia libertad los nobles sentimientos que he tratado de transmitir en vuestro corazon! Vosotros podeis á toda hora volver á repasar y gustar siempre mas y mas sus preciosas ventajas.

Nada os digo de los furores, de los remordimientos, y demas males que engendra el crímen de qualquier modo que sea. Apartemos nuestra vista de este horrible é hediondo objeto; pero detengámonos con complacencia sobre la imágen encantadora de la virtud. ¿Se la puede ver sin sentirse prendado de sus atractivos? ella se halla acompañada de la verdadera sabiduría, de la mas sólida piedad, de la modestia que reeleva el mérito verdadero, de la noble simplicidad, de la dulce afabilidad que gana los corazones, de la beneficencia y de la bondad, que compadeciéndose y lastimándose de todas las penas, socorriendo y aun previniendo todas las necesidades, sabe librar de la afrenta tambien de confesarlas. ¡Generosos sentimientos! cuya mutua concordancia, si fuese ménos rara causaria la felicidad de la sociedad, restableciendo la igualdad primitiva, agotando la fuente funesta del interes, el padre de todos los crímenes; de la altivez que lo refiere toda á sí, de la envidia que se atormenta del bien ageno, del odio cruel, y en fin, de todos los monstruos producidos por el primer pecado.

¡O virtud divina, hija del cielo! ¡qué felices serian los hombres baxo de su imperio! Vos purificariais y consagrariais todos sus procederes, y ordenariais todas sus disposiciones; vos sola dictariais la eleccion del estado, y ennobleceriais todas sus disposiciones y las mas viles condiciones; libertariais á los mas elevados de mil escollos ocultos baxo de aquella brillante superficie, que decora las riquezas y los honores. Vos no dexariais á la ambicion sino los deseos eternos y sublímes; asegurariais las dulzuras de la vida privada; reglariais el tiempo: Vos sola embelesariais el retiro del sábio en la campiña, y sembrariais flores sobre
bre

bre todos sus pasos; la decencia y la dignidad entrarían con vos
hasta en la caberna y choza del pobre, y el fausto y el luxo se des-
terrarían á vuestro aspecto de los soberbios palacios del rico. Así
es como todo mudaria de semblante baxo de vuestras amables
leyes, la edad de oro renacería, la concordia apretaria los lazos
de la humanidad, y la tierra, en una palabra, vendria á ser un
nuevo paraiso de delicias, que no ofreceria ya á nuestros ojos y
á nuestros deseos sino frutos de dulzura y de paz. ¿Pero qué digo? ¿no son unos deseos estériles los que yo formo? Si, hijos
mios, si la fé y si la religion, de quienes la virtud saca su orígen
y sus mas dulces atractivos, no vienen ellas mismas á hacerla
brotar en nuestra alma, nosotros no tendremos sino una sombra
vana y sin realidad.

No busquemos, pues, sino en el seno de la religion y de la
fé, y en las grandes verdades, que ellas nos representan, los sublímes motivos de todos nuestros deberes; no pertenece sino á
ellas solas el elevar al Justo sobre su virtud misma, porque en
todo no se ve sino los dones de un Dios Supremo, ni estima, ni
ama, ni adora sino á él. ¿Hay situacion mas digna de nuestros
deseos? tratemos, mis queridos hijos, de establecerla en nosotros
con todos nuestros esfuerzos. Unámonos sin cesar á nuestro
Dios, caminando continuamente en su presencia; avalancémo-
nos hacia él sobre las alas del amor y de la oracion; saquemos de
la fuente misma del sentimiento aquellos santos raptos y aquellos vivos ardores, que la ternura nos permite, y que el mas justo reconocimiento exíge; aprendamos nuestras obligaciones ani-
velándolas con su liberalidad; pesemos todas nuestras acciones
en la exâcta balanza de la justicia; estudiemos sus voluntades en
el libro sagrado de sus Oráculos, y en el que fué sellado con la
sangre de nuestro Redentor, y en el que todas las páginas están
llenas de su amor; libro divino, en donde vemos con el mas dulce consuelo todos los misterios de la fé aclarados, todas las verdades de la religion claramente establecidas, la pureza de la moral, la virtud de sus Sacramentos, la magnificencia de sus promesas, y la extension de sus misericordias y de nuestras esperanzas echas sensibles; libro santo, en donde descubrimos toda
la

la enormidad del pecado al lado del precio que le borra, toda
la necesidad de la gracia al lado de nuestra propia flaqueza, todas las ventajas de una humilde confianza, que sabe sosegarse en
el seno de una providencia sabia y atenta, en donde percibimos
las tiernas correlaciones que nos enlazan con Jesu-Christo, en
donde oramos, adoramos, y nos sacrificamos con él en el sacrificio que ofrece, y en el que nos alimentamos con su propia substancia, y no formamos sino un todo con él; y este es aquí, mis
queridos hijos, el punto de vista el mas brillante, y como el cielo del retrato que he tratado dibujaros. ¡Que no haya podido
acabar el dibujo! la gloria del Señor se mostraria á vuestros
ojos, si me hubiera sido permitido el levantar y correr solamente por un lado el magestuoso velo que la cubre.

　　¿Quién es, pues, el hombre, ó mi Dios, para que os digneis
el visitarle y uniros tan íntimamente con él? ¿Quáles son los sentimientos que tiene derecho para excitar en nosotros una tan
augusta prerrogativa? mi corazon se inflama á esta vista; y yá
no escucho mas á mis enfermedades; ya casi no siento mi desfallecimiento, yo clamo con el Profeta Rey: " El Señor me sos-
,, tiene, yo me veré sin temor rodeado de las sombras de la
,, muerte: nada puede faltarme en los pastos fértiles á donde él
,, mismo guia mis pasos; él me ha preparado en el exceso de su
,, amor una mesa cubierta de un manjar delicioso que da la vi-
,, da. La copa en que me ha echo beber encanta y amortigua to-
,, dos mis dolores. El ha derramado sobre mi cabeza un aceyte
,, de consolacion y de alegría. Su misericordia no parará aquí;
,, ella me conducirá en su santa morada para habitar eternamen-
,, te con él. "

§. XXV.

Ultimo á Dios Paternal.

He solicitado ocultaros por algun tiempo mi situacion por
no contristar vuestra ternura: mi desfallecimiento me va acaban-
do, mis queridos hijos; mis fuerzas me abandonan, y todo, en fin,
me anuncia que el tiempo de mi disolucion no está distante. Mi
des-

desmayo mismo os dice, ya lo veis: yo no soy mas que como aquellos vasos quebrantados, que no son buenos sino para ser pisados y reducirlos á polvo. ¿Por qué me lisongearia yo aun de una curacion que cesaria en fin algun dia? La muerte es una deuda que contraemos todos al nacer, y que no podemos dispensarnos de pagarla; cumplamos, pues, de buena gracia esta deuda, á fin de mudarla en un gracioso presente. Una parte de mí mismo está ya pronta á dexarme, ¿por qué titubearia á subscrivir la otra á una separacion necesaria? esto es, pues, echo: vuestros deseos y vuestros cuidados no podrian exempcionarme de la ley comun, y este padre que os es tan querido, y á quien quisierais rescatar los dias á costa de los vuestros, va en fin dentro de muy poco á dexaros. Sí, mis amigos, es necesario separarnos. Un estado permanente no se hizo para el hombre. Ya el sepulcro se abre á mi presencia, la tierra devenga sus derechos; ella me espera y me pide. Recibid con mi último á Dios mis mas tiernos abrazos: recibid todas las bendiciones que un padre christiano, y que un padre moribundo tiene derecho de dar á sus hijos fieles y queridos... ¿Pero que hago, mis queridos amigos? ¿quál es pues mi designio? ¡ay! yo me habia prometido el ocultaros mi ternura, y percibo que yo excito la vuestra. Yo queria ocultarme vuestras lágrimas, y siento que en vano quiero contener las mias... tratemos de moderar un sentimiento demasiado humano y demasiado natural; ¡ah! ¿Si yo deseo la immortalidad, debo volverme atras en el camino que puede conducirme? ¿y si amais y apeteceis mi felicidad, debeis afligiros?

Cesemos, pues, de enternecernos mutuamente. Que la fé nos eleve sobre las flaquezas de la naturaleza. El dolor debe ceder á la fé y á la esperanza de vernos reunidos para siempre en el seno inmortal de la caridad. Esto será en aquel seno divino del que las llagas de Jesu-Christo nos han abierto la entrada, y en el que me encontrareis á todas horas quando hubiese desaparecido de vuestra vista. Yo no os dexo para siempre, yo solamente voy á esperaros. La muerte que nos separa por algunos instantes, nos volverá á juntar bien presto en el cielo, como lo espero por el beneficio de las grandes y muy grandes misericorcordias de nuestro Redentor. ¿No ha destruido nuestra muerte muriendo, como lo canta solemnemente la Iglesia, y vuelto y echo nuestra vida inmortal resucitando? luego que tenemos que temer si nos unimos y nos abrazamos tan estrechamente á él con nuestra confianza; que la justicia del Altísimo no pueda distinguirnos de este hijo tan amado; en el tesoro inmenso de sus méritos es en donde encontramos con que pagar todas nuestras deudas por multiplicadas que ellas sean. Ved aquí lo que puede asegurar nuestra alma abatida, y causar vuestro consuelo perdiéndome. Arrojémonos todos entre los brazos de aquel quien solo es nuestra esperanza y nuestra vida. ¡Ay hijos mios! amad únicamente á este Dios tan clemente y tan amable, á este Dios tan digno de nuestro amor! Esta es la primera cosa que os he recomendado desde que habeis podido entenderme, y esto será lo último que os repetiré quando se extinga mi voz. Apreciad y respetad siempre despues de él á la mas apasionada de las madres; traed á vuestra memoria todo lo que ha hecho, y todo lo que ha sufrido por vosotros, el afecto maternal va sin cesar siempre en aumento, en lugar que la filial ternura se disminuye algunas veces á medida que los hijos se abanzan en edad; que la vuestra crezca en lugar de resfriarse. Reemplazad con vuestros sentimientos el apoyo y el consuelo que van á faltarla. Ella va á perder en mí la mitad de su vida; que cada uno de vosotros redoble sus cuidados para conservarla la otra, y que el nudo sagrado de esta union sagrada por la caridad, me haga revivir en algun modo en medio de vosotros.

Dexándoos así unidos, mi espíritu y mi corazon os quedan; vosotros no venis á quedar privados sino de la mas vil parte de mi ser. No, vuelvo á repetir, la mas noble no os dexará. Yo estaré aun entre vosotros. Independentes del espacio y de la extension las almas no se detienen por las distancias. Por otra parte mi memoria, la expresion de mis sentimientos, y las lecciones de mi zelo y de mi amor os acompañarán en todos los lugares hasta tanto que volvamos á juntarnos. Moderad pues vuestro dolor, y no aumenteis mi pena con la vuestra. Arrojémonos mutuamente entre los brazos del Señor; una íntima resignacion

le

le mueve, y una humilde confianza le honra. Que vuestros deseos los mas puros y los mas fervorosos imploren por mí su clemencia; que las oraciones de la Iglesia, los sufragios reunidos de los Angeles y de los Santos, y la tierna proteccion de su augusta Reyna, la divina María, á quien siempre he mirado como el refugio asegurado de los pecadores, hagan una santa violencia en mi favor al Cielo. Haced principalmente, haced correr sobre mí la sangre del Cordero sacrificado: todo cede á sus méritos; ellos borran todos los pecados, y causan mi única esperanza. Sin él, sin su amor, ¡ay! ¿qué vendría yo á ser en el agravamiento en que me hallo? los gemidos de la muerte, puedo decir con el Profeta, se hacen oír ya de mí. Los dolores del Infierno me aprietan y por todas partes me rodean; pero el Libertador, á quien invoco en mi pena, puede ponerme á cubierto de la muerte y del dolor: ¡O Dios protector de la viuda y del huérfano! ¡no abandoneis una Esposa desconsolada y á unos hijos tan queridos, que en vuestra bondad me habeis dado! ¡Es sobre ellos como en este momento se reunen todas las atenciones de mi espíritu, todos los afectos de mi corazon, y todos los deseos de un christiano! Oid, Señor, las humildes oraciones que os dirijo por su felicidad; rendios á los que ellos hacen con tanta instancia por la mia; y atended al precio que os ofrecen para apresurarla. Este es vuestro único hijo; este es mi Redentor; este es mi Dios; este es mi Salvador y mi todo. Recibidme, y recibidlos algun dia en su seno adorable, como en nuestro centro comun, y el punto eterno de nuestra reunion.

FIN.

FEE DE ERRATAS.

Pag. 22. línea 17, *se lee* en ella, *lease* ella. Pag. 29. línea 15. *se lee* mucho admirable, *lease* mucho mas admirable. Pag. 29. línea 30. *se lee* convenidos, *lease* convencidos. Pag. 30. línea 20. *se lee* hacer, *lease* haber. Pag. 32. línea 21. *se lee* efectos, *lease* afectos. Pag. 33. línea 35. *se lee* que pare con, *lease* solo parecen. Pag. 46. línea 8. *se lee* entiende, *lease* enciende. Pag. 51. línea 4. *se lee* yo no no, *lease* yo no. Pag. 53. línea 21. *se lee* refiere todo, *lease* refiere todo á sí. Pag. 57. línea 12. *se lee* buelo, *lease* velo. Pag. 74. línea 18. *se lee* repenti, *lease* repentinamente. Pag. 96. línea 6. *se lee* la complacencia, *añadasele* de buscar, y encontrar. Pag. 102. línea 20. *se lee* reemplea, *lease* reemplaza. Pag. 125. línea 15. *se lee* Brigore, *lease* Bruyere. Pag. 137. línea 17, y 18. *se lee* Señor, dones son estos que publico, *lease* estos son, Señor, dones vuestros los que publico. Pag. 185. línea 30. *se lee* propension, *lease* indiferencia. Pag. 197. línea 4. *se lee* de conoceros, *lease* desconoceros. Pag. 197. línea 15. *se lee* vano, *lease* vanamente. Pag. 199. línea 1. *se lee* esto, *lease* esta. Pag. 208. línea 2. *se lee* toda, *lease* todo. Pag. 213. línea 21. *se lee* pomposo, *lease* pronto. Pag. 229. línea 2. *se lee* la indepencia, *lease* la independencia. Pag. 230. línea 24. *se lee* toda *lease* todo.

CPSIA information can be obtained
at www.ICGtesting.com
Printed in the USA
BVHW022025170323
660716BV00003B/12